播音主持艺术语音发声基础

许成龙
杨 帆 编著

中国广播影视出版社

图书在版编目（CIP）数据

播音主持艺术语音发声基础/许成龙，杨帆编著
. -- 北京：中国广播影视出版社，2021.8（重印 2024.12）
ISBN 978-7-5043-8526-0

Ⅰ. ①播… Ⅱ. ①许… ②杨… Ⅲ. ①播音—发声法
②主持人—发声法 Ⅳ. ① G222.2

中国版本图书馆 CIP 数据核字（2020）第 227372 号

播音主持艺术语音发声基础

许成龙　杨　帆　编著

责任编辑	王　佳　刘雨桥	
装帧设计	新立风格	
责任校对	龚　晨	

出版发行	中国广播影视出版社	
电　话	010-86093580　　010-86093583	
社　址	北京市西城区真武庙二条9号	
邮　编	100045	
网　址	www.crtp.com.cn	
电子信箱	crtp8@sina.com	

经　销	全国各地新华书店
印　刷	河北鑫兆源印刷有限公司

开　本	880毫米×1230毫米　1/32
字　数	270（千）字
印　张	11.125
版　次	2021年8月第1版　2024年12月第2次印刷

书　号	ISBN 978-7-5043-8526-0
定　价	39.00元

前　言

人工智能技术打造了能"说"普通话的"AI主播"。众媒时代，"内容为王"的理念越来越深入人心。能讲一口标准、流利的普通话和拥有一个好的声音还重要吗？

答案是肯定的。

人类对"好声音"的追求永远都不会止步！

越来越挑剔的耳朵，只会对"好声音"的要求越来越高。

好声音滋养我们的耳朵、我们的语言和我们的生活。

越来越多的人开始重视自己的语音面貌，热衷于学习科学的发声方法。

这本书秉持"守正"和"创新"的理念：

守正——坚守前辈们总结的理论基础和框架。

创新——多维度系统整合训练材料，全景展示汉语普通话音节特点；进一步借鉴曲唱艺术吐字和发声的方法。

愿《播音主持艺术语音发声基础》一书成为你的朋友，与你一同成长！

目　录

上编　语音准

中编 发声美

下编 运用活

上 篇

语 音 准

第一单元　声母——字音清晰

第一节　声母简介

一、声母概说

声母是汉语音节中使用在韵母前面的辅音，与韵母和声调一起构成完整的音节。发音时，呼出的气流在口腔中受到阻碍。我们可以把声母的发音过程分为三个阶段——形成阻碍（成阻）、保持阻碍（持阻）和解除阻碍（除阻）。

汉语普通话声母共有 21 个，包括 b、p、m、f、d、t、n、l、g、k、h、j、q、x、zh、ch、sh、r、z、c、s。

汉语普通话中有一些音节不以声母开头，韵母自成音节，如 ān（安）、ào（奥）、ǒu（偶）、ēng（鞥）等，我们习惯上把这些没有声母的音节叫作零声母音节。韵母为 i、u、ü 的零声母音节，我们在书写时用 yi、wu、yu 来表示；其他以 i、u 开头的音节在书写时用 y、w 来代替 i、u，如 yān 是零声母音节 iān 的改写，wō 是零声母音节 uō 的改写，y、w 不算作声母。但是在实际的习惯拼法中，我们会以声母与韵母相拼的方式拼出，例如我们把 wan 拼读成"w-ān-wān"，此时我们默认 y、w 也算作声母，这种情况下，汉语普通话声母有 23 个；其他以 ü 开头的音节在书写时要用 yu 来代替 ü，如 yuān 是零声母音节 üān 的改写。

注：整体认读音节不能拼读。16 个整体认读音节有 yi、wu、yu、zi、ci、si、zhi、chi、shi、ri、ye、yue、yuan、yin、yun、ying。

二、声母的分类

（一）根据发音部位分类

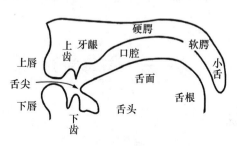

口腔示意图

发音部位：发音时气流在口腔中形成阻碍的部位。

1. 双唇音（由上唇和下唇构成阻碍而形成的音）：b、p、m

2. 唇齿音（由上齿和下唇构成阻碍而形成的音）：f

3. 舌尖前音（由舌尖和上齿背构成阻碍而形成的音）：z、c、s

4. 舌尖中音（由舌尖和上齿龈前部构成阻碍而形成的音）：d、t、n、l

5. 舌尖后音（舌尖翘起和上齿龈后部构成阻碍而形成的音）：zh、ch、sh、r

6. 舌面音（由舌面前部和硬腭前部构成阻碍而形成的音）：j、q、x

7. 舌根音（由舌根和软腭构成阻碍而形成的音）：g、k、h

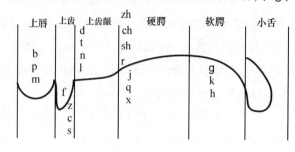

（二）根据发音方法分类

发音方法：克服阻碍的方式、声带振动与否、气流的强弱

1. 克服阻碍的方式

（1）塞音（爆破音）：b、p、d、t、g、k

发音时，构成阻碍的两个部位紧闭，然后气流突然冲破阻碍，爆破成声。

（2）擦音（摩擦音）：f、h、s、sh、r、x

发音时，构成阻碍的两个部位靠近，形成缝隙，气流通过缝隙摩擦成声。

（3）塞擦音：z、c、zh、ch、j、q

发音时，构成阻碍的部位紧闭，气流冲破阻碍，形成缝隙，气流通过缝隙继而摩擦成声。（先爆破，后摩擦）

（4）鼻音：m、n

发音时，软腭下降，关闭口腔通路，打开鼻腔通路，气流从鼻腔通过。

（5）边音：l

发音时，气流从舌头的两侧通过。

2. 声带是否振动

（1）清音（不振动）：b、p、f、d、t、g、k、h、j、q、x、zh、ch、sh、z、c、s

气流呼出时，声门打开，声带不振动，发出的音不响亮。

（2）浊音（振动）：m、n、l、r

气流呼出时，声带振动，发出的音比较响亮。

3. 气流的强弱（针对塞音和塞擦音）

（1）不送气音（呼出的气流较弱）：b、d、g、j、z、zh

（2）送气音（呼出的气流较强）：p、t、k、q、c、ch

三、普通话声母总表

发音部位	声母	塞音		塞擦音		擦音	鼻音	边音
		清音					浊音	
		不送气	送气	不送气	送气	—	—	—
双唇音	b、p、m	b	p				m	
唇齿音	f					f		
舌尖前音	z、c、s			z	c	s		
舌尖中音	d、t、n、l	d	t				n	l
舌尖后音	zh、ch、sh、r			zh	ch	sh	r	
舌面音	j、q、x			j	q	x		
舌根音	g、k、h	g	k			h		

注：汉语普通话中的浊辅音音素有5个：m、n、ng、l、r。其中，ng是非声母辅音音素，只能作后鼻韵尾，不能作声母；n既可以作声母，又可以作前鼻韵尾。

第二节　声母发音

一、双唇音 b、p、m

（一）发音部位：双唇
（二）发音提示：

1. 应避免唇部无力的问题。

2. 声音着力点位于双唇中央。

3. 不要抿唇。

4. bo、po、mo 的实际发音为 buo、puo、muo，根据实际发声可归入合口呼音节。

5. 双唇用"喷"法。

❖ b——不送气清塞音

韵母	单字词	双字词	四字词	绕口令
开口呼	八 a 播 o 白 ai 杯 ei 包 ao 班 an 奔 en 帮 ang 崩 eng	罢工 播音 摆布 被褥 报仇 班级 奔丧 榜样 崩溃	八方风雨 博大精深 白璧无瑕 杯水车薪 包罗万象 班门弄斧 笨手笨脚 榜上无名 蹦蹦跳跳	**巴老爷和芭蕉树**（b） 巴老爷有八十八棵芭蕉树，来了八十八个把式要在巴老爷八十八棵芭蕉树下住。巴老爷拔了八十八棵芭蕉树，不让八十八个把式在八十八棵芭蕉树下住。八十八个把式烧了八十八棵芭蕉树，巴老爷在八十八棵树边哭。
齐齿呼	毕 i 标 iao 别 ie 边 ian 滨 in 冰 ing	比较 标志 别样 边界 宾馆 冰霜	比比皆是 标新立异 别出心裁 变本加厉 彬彬有礼 冰清玉洁	
合口呼	不 u （播 uo）	布衣 （播音）	步步登高 （博大精深）	
撮口呼	——	——	——	

❖ p——送气清塞音

韵母	单字词	双字词	四字词	绕口令
开口呼	怕 a 坡 o 拍 ai 陪 ei 抛 ao 剖 ou 潘 an 喷 en 旁 ang 彭 eng	爬行 破坏 排队 配偶 抛弃 剖析 判断 喷薄 旁边 澎湃	爬山越岭 婆婆妈妈 排山倒海 配套成龙 抛头露面 剖肝沥胆 判若两人 喷薄欲出 旁征博引 鹏程万里	**八百标兵**（b、p） 八百标兵奔北坡，炮兵并排北边跑。 炮兵怕把标兵碰，标兵怕碰炮兵炮。 **一平盆面**（b、p） 一平盆面，烙一平盆饼，饼碰盆，盆碰饼。 **葡萄皮儿**（b、p） 吃葡萄不吐葡萄皮儿， 不吃葡萄倒吐葡萄皮儿。
齐齿呼	皮 i 飘 iao 撇 ie 篇 ian 拼 in 平 ing	脾气 缥缈 瞥见 骗子 聘请 屏幕	匹夫有责 漂泊不定 撇呆打堕 翩翩起舞 拼命三郎 萍水相逢	**爸爸抱宝宝**（b、p） 爸爸抱宝宝，跑到布铺买布做长袍。 宝宝穿了长袍不会跑，跑了八步就拉破了布长袍。布长袍破了还要用布补，再跑到布铺买布补长袍。
合口呼	铺 u （坡 uo）	瀑布 （破坏）	铺天盖地 （婆婆妈妈）	
撮口呼	——	——	——	

❖　m——浊鼻音

韵母	单字词	双字词	四字词	绕口令
开口呼	妈 a 么 e 莫 o 埋 ai 没 ei 毛 ao 某 ou 满 an 门 en 忙 ang 蒙 eng	抹布 什么 墨水 脉络 魅力 茂密 谋求 谩骂 门口 芒果 萌生	麻木不仁 默默无语 埋头苦干 没日没夜 毛手毛脚 谋财害命 满门抄斩 闷闷不乐 盲人摸象 蒙蒙细雨	**白庙和白猫**（b、m） 白庙外蹲着一只白猫， 白庙里有一顶白帽。 白庙外的白猫看见了白庙里的白帽， 叼着白庙里的白帽跑出了白庙。
齿齿呼	迷 i 苗 iao 灭 ie 谬 iou（iu） 面 ian 民 in 名 ing	秘密 渺茫 蔑视 谬论 面对 民兵 命名	靡靡之音 妙不可言 灭门绝户 谬种流传 面面相觑 民不聊生 生命中注定	
合口呼	木 u （莫 uo）	幕布 （墨水）	目不转睛 （默默无语）	
撮口呼	——	——	——	

二、唇齿音 f

（一）发音部位：上齿与下唇

（二）发音提示：

1. 上齿不要用力"咬"下唇，应自然接触，接触面积小一点，轻巧发力。

2. 上齿接触下唇内缘。

3. 擦音要特别控制好气流，避免出现过多摩擦噪音。

4. fo 的实际发音为 fuo，根据实际发音可归入合口呼音节。

❖ f——唇齿清擦音

韵母	单字词	双字词	四字词	绕口令
开口呼	发 a 佛 o 非 ei 否 ou 帆 an 分 en 方 ang 风 eng	法律 佛祖 废弃 否定 饭碗 芬芳 方向 锋利	发愤图强 佛法无边 非分之想 否定主义 凡夫俗子 奋发图强 防不胜防 风生水起	**缝裤缝**（f） 一条裤子七道缝，斜缝竖缝和横缝。 缝了斜缝缝竖缝，缝了竖缝缝横缝。 **画凤凰**（f、h） 粉红墙上画凤凰，凤凰画在粉红墙。 红凤凰、粉凤凰、红粉凤凰、花凤凰。 **一座棚**（b、p、f） 一座棚傍峭壁旁，峰边喷泻瀑布长。
齐齿呼	——	——	——	不怕暴雨瓢泼冰雹落， 不怕寒风扑面雪飘扬。
合口呼	夫 u （佛 uo）	赋予 （佛祖）	赴汤蹈火 （佛法无边）	并排分班翻山爬坡把宝找， 聚宝盆里松柏飘香百宝藏。
撮口呼	——	——	——	背宝奔跑爆矿炮劈火， 篇篇捷报飞伴金凤凰。

三、舌尖前音（平舌音）z、c、s

（一）发音部位：舌尖与上齿背

（二）发音提示：

1. 成阻部位可适当后移，舌尖往往轻触下齿背，用舌尖偏后的位置与上齿背形成阻碍。

2. 形成阻碍的面积要小，力量要集中。

3. 要避免舌尖放到上下齿中间，否则会给人一种"大舌头"的感觉。

4. 舌不要向前使蛮劲，缺乏"弹"性，要有点"后缩"感，轻巧成阻、除阻。

5. 注意区分平舌音 z、c、s 与翘舌音 zh、ch、sh、r 这两组音。

❖　z——不送气清塞擦音

韵母	单字词	双字词	四字词	绕口令
开口呼	杂 a 则 e 字 -i（前） 灾 ai 贼 ei 早 ao 邹 ou 赞 an 怎 en 脏 ang 增 eng	杂货 择偶 字词 栽赃 贼窝 遭罪 奏效 暂时 怎样 藏族 憎恨	杂草丛生 择善而行 字里行间 栽赃枉法 贼眉鼠眼 早出晚归 走投无路 赞不绝口 潜下谩上 葬身鱼腹 增砖添瓦	**紫茄子**（z） 紫紫茄子，茄子紫。 紫茄子结籽，紫紫茄子皮紫肉不紫。 紫紫茄子结籽，紫紫茄子皮紫籽也紫。 你喜欢吃紫肉不紫的紫茄子，还是喜欢吃紫皮紫籽的紫紫茄子？

续表

韵母	单字词	双字词	四字词	绕口令
齐齿呼	——	——	——	
合口呼	足 u 做 uo 最 uei（ui） 钻 uan 尊 uen（un） 宗 ung（ong）	祖籍 佐料 罪责 钻探 尊贵 棕榈	足斤足两 做牛做马 罪加一等 钻木取火 尊古卑今 总而言之	
撮口呼				

❖ c——送气清塞擦音

韵母	单字词	双字词	四字词	绕口令
开口呼	擦 a 测 e 词 -i（前） 才 ai 草 ao 凑 ou 餐 an 岑 en 仓 ang 层 eng	擦拭 厕所 刺杀 踩踏 草丛 凑数 餐食 涔涔 沧桑 层次	擦拳摩掌 侧目而视 词不达意 才华盖世 草木皆兵 东拼西凑 惨不忍睹 参差不齐 沧海桑田 层林尽染	**二人山前来比腿**（c） 山前有个崔粗腿， 山后有个崔腿粗。 二人山前来比腿， 不知是崔粗腿比崔腿粗的腿粗， 还是崔腿粗比崔粗腿的腿粗。 **做早操**（z、c） 早晨早早起，早起做早操。 人人做早操，做操身体好。
齐齿呼	——	——	——	
合口呼	粗 u 搓 uo 崔 uei（ui） 蹿 uan 村 uen（un） 聪 ung（ong）	醋酸 挫折 翠绿 篡夺 存在 丛林	猝不及防 错综复杂 催人泪下 篡党夺权 寸步不离 聪明伶俐	
撮口呼	——	——	——	

❖　s——清擦音

韵母	单字词	双字词	四字词	绕口令
开口呼	撒 a 色 e 丝 -i（前） 赛 ai 缫 ao 搜 ou 三 an 森 en 桑 ang 僧 eng	撒娇 色泽 丝绸 赛道 扫除 搜索 散落 森林 嗓子 僧侣	撒手人寰 色厉内荏 丝丝入扣 塞翁失马 扫地出门 搜肠刮肚 三思而行 森严壁垒 丧尽天良 僧多粥少	**三哥、三嫂与酸枣**（s、z） 三哥三嫂子， 借给我三斗三升酸枣子。 等我明年收了酸枣子， 就如数还三哥三嫂这三斗三升酸 枣子。 **桑树与枣树**（z、c、s） 操场前面有三十三棵桑树， 操场后面有四十四棵枣树。 张三把三十三棵桑树认作枣树， 赵四把四十四棵枣树认作桑树。
齐齿呼	——	——	——	**子词丝**（z、c、s） 四十四个字和词，组成一首子词丝 的绕口词。 桃子李子梨子栗子橘子柿子槟子和
合口呼	苏 u 所 uo 岁 uei（ui） 算 uan 孙 uen（un） 宋 ung（ong）	速率 索求 随从 酸爽 损坏 怂恿	俗不可耐 所向披靡 岁月蹉跎 酸甜苦辣 损人利己 松柏之寿	榛子，栽满院子村子和寨子。 刀子斧子锯子凿子锤子刨子尺子， 做出桌子椅子和箱子。 名词动词数词量词代词副词助词连 词，造成语词诗词和唱词。
撮口呼	——	——	——	蚕丝生丝熟丝缫丝染丝晒丝纺丝织 丝，自制粗丝细丝人造丝。

四、舌尖中音 d、t、n、l

（一）发音部位：舌尖与上齿龈

（二）发音提示：

1. 这组音的发音强调"舌尖有力"，着力点应是舌尖中部，形成阻碍的接触面宜小不宜大。

2. 可以把发音部位稍稍前移，舌尖与上齿龈和上齿背的交界处构成阻碍。

3. 舌尖用"弹"法。

❖ d——不送气清塞音

韵母	单字词	双字词	四字词	绕口令
开口呼	大 a 德 e 带 ai 得 ei 刀 ao 都 ou 单 an 当 ang 灯 eng	达到 德行 贷款 得亏 到达 逗乐 担当 当代 灯塔	大刀阔斧 得道多助 代代相传 道貌岸然 豆蔻年华 单刀直入 当打之年 灯火通明	**炖冻豆腐**（d） 会炖我的炖冻豆腐， 来炖我的炖冻豆腐， 不会炖我的炖冻豆腐， 就别炖我的炖冻豆腐。 要是混充会炖我的炖冻豆腐， 炖坏了我的炖冻豆腐， 那就吃不成我的炖冻豆腐。
齐齿呼	低 i 叼 iao 爹 ie 丢 iou（iu） 点 ian 丁 ding	抵挡 掉头 跌落 丢脸 店铺 定型	地大物博 调虎离山 喋喋不休 丢三落四 点石成金 顶天立地	

续表

韵母	单字词	双字词	四字词	绕口令
合口呼	肚 u 多 uo 堆 uei（ui） 端 uan 蹲 uen（un） 东 ung（ong）	读书 堕落 堆砌 段落 敦煌 栋梁	独树一帜 多灾多难 堆积如山 断壁残垣 敦本务实 栋梁之材	
撮口呼	——	——	——	

❖ t——送气清塞音

韵母	单字词	双字词	四字词	绕口令
开口呼	他 a 特 e 胎 ai 涛 ao 偷 ou 谈 an 唐 ang 疼 eng	塔楼 特别 泰山 逃脱 头像 弹琴 搪塞 藤萝	他山之石 特立独行 泰山鸿毛 涛声依旧 投其所好 谈虎色变 堂堂正正 腾蛟起凤	**打特盗**（d、t） 调到敌岛打特盗，特盗太刁投短刀。 挡推顶打短刀掉，踏盗得刀盗打倒。 **风吹藤动铜铃响**（d、t） 东洞庭，西洞庭， 洞庭山上一条藤， 藤条顶上挂铜铃。 风吹藤动铜铃响， 风停藤定铜铃静。
齐齿呼	题 i 条 iao 贴 ie 天 ian 听 ing	剔除 挑选 帖子 填空 庭院	体无完肤 条分缕析 铁面如山 添油加醋 亭亭玉立	**大兔和小兔**（d、t） 大兔肚子大， 小兔肚子小， 大兔比小兔肚子大， 小兔比大兔肚子小。
合口呼	图 u 托 uo 推 uei（ui） 团 uan 吞 uen（un） 通 ung（ong）	突然 脱落 推脱 团队 吞吐 通道	突如其来 脱缰之马 推心置腹 团结一心 吞云吐雾 同日而语	**白石塔**（b、d、t） 白石塔，白石搭，白石搭白塔，白 塔白石搭，搭好白石塔，白塔白 又大。
撮口呼	——	——	——	

❖　n——浊鼻音

注：n 在 i、ü 前时的发音是［ȵ］，近似于舌面音。

韵母	单字词	双字词	四字词	绕口令
开口呼	那 a	拿手	拿腔作调	见"l"。
	讷 e	讷讷	讷口少言	
	乃 ai	耐热	耐人咀嚼	
	内 ei	内测	内外交困	
	孬 ao	孬种	恼羞成怒	
	耨 ou	耨耕	深耕易耨	
	男 an	难题	男女老幼	
	嫩 en	嫩绿	柔枝嫩条	
	囊 ang	囊括	囊中羞涩	
	能 eng	能耐	能言善辩	
齐齿呼	尼 i	尼姑	泥沙俱下	
	鸟 iao	袅娜	袅袅炊烟	
	捏 ie	涅槃	蹑手蹑脚	
	牛 iou（iu）	牛犊	牛郎织女	
	年 ian	黏稠	年年有余	
	您 in	您好		
	娘 iang	酿造	半老徐娘	
	宁 ing	凝聚	宁死不屈	
合口呼	奴 u	努力	怒发冲冠	
	诺 uo	挪用	懦弱无能	
	暖 uan	暖心	暖衣饱食	
	麿 uen（un）	温麿	弄假成真	
	浓 ung（ong）	农民		
撮口呼	女 ü	女性	女中尧舜	
	虐 üe	虐待	虐老兽心	

❖ l——浊边音

韵母	单字词	双字词	四字词	绕口令
开口呼	拉 a 乐 e 来 ai 类 ei 劳 ao 楼 ou 兰 an 郎 ang 冷 eng	辣椒 勒索 来临 泪目 唠叨 楼层 蓝天 浪花 冷静	腊尽春回 乐而不淫 来势汹汹 雷厉风行 老当益壮 漏洞百出 滥竽充数 郎才女貌 冷言冷语	**牛郎恋刘娘**（n、l） 牛郎年年恋刘娘，刘娘连连念牛郎。 牛郎恋刘娘，刘娘念牛郎，郎恋娘来娘念郎。 **男旅客和女旅客**（n、l） 男旅客穿着蓝上装，女旅客穿着呢大衣，男旅客扶着拎篮子的老大娘，女旅客搀着拿笼子的小男孩儿。
齐齿呼	里 i 俩 ia 聊 iao 列 ie 刘 iou（iu） 连 ian 林 in 梁 iang 零 ing	力量 咱俩 料理 裂缝 留恋 练习 林子 量瓶 凌辱	力不从心 有三有俩 聊以自慰 列祖列宗 流连忘返 恋恋不舍 林林总总 良莠不齐 另辟蹊径	**老龙和老农**（n、l） 老龙恼怒闹老农，老农恼怒闹老龙。 龙怒农恼龙更怒，龙恼农怒龙怕农。 **小罗小梁拉马车**（n、l） 门口有四辆四轮大马车，你爱拉哪两辆就拉哪两辆。小罗要拉前两辆，小梁不要后两辆。小梁偏要抢小罗的前两辆，小罗只好拉小梁的后两辆。
合口呼	卢 u 罗 uo 栾 uan 轮 uen（un） 龙 ung（ong）	录像 落花 孪生 轮回 隆冬	碌碌无为 落叶知秋 乱作一团 论长道远 龙飞凤舞	**颠倒歌**（d、t、l） 太阳从西往东落，听我唱个颠倒歌。天上打雷没有响，地下石头滚上坡。江里骆驼会下蛋，山里鲤鱼搭成窝。腊月苦热直流汗，六月暴冷打哆嗦。姐在房中头梳手，门外口袋把驴驮。
撮口呼	驴 ü 略 üe	律动 掠夺	绿水青山 略胜一筹	**牛碾牛料**（n、l） 牛拉碾子碾牛料，碾完了牛料留牛料。

17

五、舌尖后音（翘舌音）zh、ch、sh、r

（一）发音部位：舌尖与硬腭前部（上齿龈后部）

（二）发音提示：

1. 这组音叫作"翘舌音"，应与舌尖前音（平舌音）z、c、s
区分开来。

2. 着力点在舌尖，不在唇部。

3. zhi（知）、chi（吃）、shi（诗）、ri（日）四个音在发音时不
要噘唇或圆唇，应展唇发音。

4. 下巴要放松，避免发音僵滞。

❖ zh——不送气清塞擦音

韵母	单字词	双字词	四字词	绕口令
开口呼	扎 a 折 e 之 -i（后） 摘 ai 这 ei 招 ao 周 ou 站 an 真 en 张 ang 正 eng	札记 浙江 知识 债款 这个 招聘 轴承 战栗 甄别 章节 整合	扎根串连 辙乱旗靡 指鹿为马 摘句寻章 招兵买马 周而复始 沾沾自喜 针锋相对 张目结舌 正大光明	**撕字纸**（z、zh） 刚往窗上糊字纸， 你就隔着窗户撕字纸。 一次撕下横字纸， 一次撕下竖字纸， 横竖两次撕了四十四张湿字纸。 是字纸你就撕字纸，不是字纸，你 就不要胡乱地撕一地纸。
齐齿呼	——	——	——	
合口呼	猪 u 抓 ua 卓 uo 拽 uai	著作 抓狂 桌球 拽住	诸如此类 抓耳挠腮 卓尔不群 生拉硬拽	

续表

韵母	单字词	双字词	四字词	绕口令
合口呼	追 uei（ui） 专 uan 准 uen（un） 装 uang 中 ung（ong）	坠落 转圈 准确 装饰 忠实	惴惴不安 专心一致 谆谆教诲 庄周梦蝶 众志成城	
撮口呼	——			

❖ **ch——送气清塞擦音**

韵母	单字词	双字词	四字词	绕口令
开口呼	查 a 车 e 吃 -i（后） 柴 ai 超 ao 抽 ou 产 an 陈 en 常 ang 程 eng	插曲 撤离 齿轮 拆解 吵架 丑陋 禅宗 尘埃 唱歌 称赞	茶余饭后 车水马龙 痴心妄想 豺狼成性 潮起潮落 愁眉苦脸 颤颤巍巍 沉鱼落雁 长篇大论 乘风破浪	见"sh"。
齐齿呼	——	——	——	
合口呼	出 u 欻 ua 戳 uo 踹 uai 吹 uei（ui） 船 uan 春 uen（un） 床 uang 冲 ung（ong）	触发 欻啦 戳穿 揣测 垂落 船票 春风 窗台 充值	出类拔萃 绰绰有余 揣合逢迎 吹毛求疵 川流不息 春意盎然 窗明几净 冲锋陷阵	
撮口呼	——	——	——	

19

❖ sh——清擦音

韵母	单字词	双字词	四字词	绕口令
开口呼	沙 a 蛇 e 时 -i（后） 筛 ai 谁 ei 烧 ao 收 ou 山 an 深 en 伤 ang 生 eng	沙尘 设置 室内 筛选 少年 守护 删除 深沉 商机 省城	沙里淘金 舍生忘死 时不我待 筛锣擂鼓 少安毋躁 守株待兔 山清水秀 审时度势 伤风败俗 生机盎然	**知道不知道**（zh、sh） 认识从实践始，实践出真知。知道就是知道，不知道就是不知道。 不要知道说不知道，也不要不知道说知道。老老实实，实事求是，一定要做到不折不扣的真知道。 **朱叔锄竹笋**（zh、ch） 朱家一株竹，竹笋初长出，朱叔处处锄，锄出笋来煮，锄完不再出，朱叔没笋煮，竹株又干枯。
齐齿呼	——	——	——	**学时事**（zh、ch、sh） 史老师讲时事，常学时事长知识。 时事学习看报纸，报纸登的是时事。 常看报纸要多思，心里装着天下事。
合口呼	书 u 刷 ua 说 uo 衰 uai 水 uei（ui） 栓 uan 顺 uen（un） 霜 uang	树木 耍滑 硕果 衰败 睡莲 涮碗 瞬间 霜降	书声琅琅 耍笔杆子 说古谈今 衰草连天 水中捞月 闩门闭户 顺水推舟 双管齐下	**四和十**（s、sh） 四是四，十是十，十四是十四，四十是四十。不要把四十说成是十四，也不要把十四说成是四十。
撮口呼	——	——	——	

❖ r——浊擦音

韵母	单字词	双字词	四字词	绕口令
开口呼	热 e 日 -i (后) 绕 ao 肉 ou 然 an 人 en 嚷 ang 仍 eng	惹怒 日月 绕道 柔弱 然而 认知 让与 仍然	热血沸腾 日理万机 绕梁之音 柔情似水 冉冉升起 人山人海 让枣推梨 仍是少年	**说日 (r)** 夏日无日日益热， 冬日有日日亦寒。 春日日出天渐暖， 晒衣晒被晒褥单。 秋日天高复云淡， 遥看红日迫西山。 **晒人肉 (sh、r)** 日头热，晒人肉，晒得心里好难受。 晒人肉，好难受，晒得头上直冒油。
齐齿呼	——	——	——	
合口呼	如 u 若 uo 瑞 uei (ui) 软 uan 润 uen (un) 荣 ung (ong)	入口 若何 睿智 软缎 闰日 融合	入不敷出 弱肉强食 锐意进取 软红香土 润物无声 荣归故里	
撮口呼	——	——	——	

六、舌面音（也叫"舌面前音"）j、q、x

（一）发音部位：舌面前部与硬腭前部

（二）发音提示：

1. 容易出现尖音问题（汉语普通话里没有尖音），要做好辨音。可以通过"刮舌"练习（见第九单元第一节）来加强舌面前部的隆起力。

注："团音"是指声母 j、q、x 与 i、ü 或 i、ü 开头的韵母相拼。"尖音"是指声母 z、c、s 与 i、ü 或 i、ü 开头的韵母相拼。汉语普通话中，声母 j、q、x 只与齐齿呼和撮口呼韵母相拼。

2. 要明确舌面的位置，舌尖可以轻触下齿背，避免舌尖参与发音。

3. 练习 ji、qi、xi 三个音时，把更多的注意力放在后面的韵母 i 上，将韵母 i 轻巧"带"出，不要"死守"声母 j、q、x 不放。

❖ j——不送气清塞擦音

韵母	单字词	双字词	四字词	绕口令
开口呼	——	——	——	**尖塔和尖杆（j）** 尖塔尖，尖杆尖，
齐齿呼	及 i 家 ia 交 iao 节 ie 久 iou（iu） 见 ian 金 in 将 iang 经 ing	即刻 嫁祸 教导 解释 救援 间接 尽头 讲课 竞技	岌岌可危 家长里短 教学相长 借花献佛 就地取材 间不容缓 今非昔比 江郎才尽 井底之蛙	杆尖尖似塔尖尖， 塔尖尖似杆尖尖。 有人说杆尖比塔尖尖， 有人说塔尖比杆尖尖。 不知到底是杆尖比塔尖尖， 还是塔尖比杆尖尖。 **京剧与警句（j）** 京剧叫京剧，警句叫警句。 京剧不能叫警句，警句不能叫京剧。

续表

韵母	单字词	双字词	四字词	绕口令
合口呼	——	——	——	
撮口呼	菊 ü 绝 üe 捐 üan 军 ün 炅 üng（iong）	具体 决然 镌刻 峻岭 窘迫	居安思危 绝无仅有 涓涓细流 军令如山 炯炯有神	

❖ q——送气清塞擦音

韵母	单字词	双字词	四字词	绕口令
开口呼	——	——	——	**氢气球（q）** 氢气球，气球轻，轻轻气球轻擎起，擎起气球心欢喜。 **七加一，七减一（j、q）** 七加一，七减一， 加完减完等于几？ 七加一，七减一， 加完减完还是七。
齐齿呼	期 i 恰 ia 桥 iao 切 ie 求 iou（iu） 前 ian 亲 in 腔 iang 青 ing	奇迹 恰巧 悄然 茄子 秋季 钱包 秦腔 腔调 轻盈	气壮山河 恰如其分 巧夺天工 窃窃私语 秋高气爽 黔驴技穷 沁人心脾 强词夺理 轻描淡写	
合口呼	——	——	——	
撮口呼	区 ü 缺 üe 全 üan 群 ün 穷 üng（iong）	取缔 确实 劝解 逡巡 穹顶	去伪存真 缺衣少食 全神贯注 群龙无首 穷寇勿追	

❖ x——清擦音

韵母	单字词	双字词	四字词	绕口令
开口呼	——	——	——	**漆匠和锡匠**（j、q、x） 七巷一个漆匠，西巷一个锡匠。 七巷漆匠用了西巷锡匠的锡，西巷锡匠拿了七巷漆匠的漆。 七巷漆匠气西巷锡匠用了漆，西巷锡匠讥七巷漆匠拿了锡。
齐齿呼	西 i 瞎 ia 萧 iao 些 ie 修 iou（iu） 心 in 先 ian 乡 iang 星 ing	戏曲 夏季 萧条 写信 绣球 欣喜 县令 向往 星球	西窗剪烛 下不为例 骁勇善战 写经换鹅 修身养性 心心相印 鲜为人知 相夫教子 形神兼备	**稀奇**（x、q、j） 稀奇稀奇真稀奇， 麻雀踩死老母鸡， 蚂蚁身长三尺六， 老爷爷坐在摇篮里。
合口呼	——	——	——	
撮口呼	需 ü 学 üe 宣 üan 勋 ün 兄 üng（iong）	序曲 血液 选择 勋章 兄长	栩栩如生 血海深仇 选兵秣马 循规蹈矩 汹涌澎湃	

七、舌根音（也叫"舌面后音"）g、k、h

（一）发音部位：舌根前部与软腭

（二）发音提示：

1. 这三个音是21个声母中发音位置最靠后、音色最暗的一组音。

2. 要有意识地将发音位置稍稍前移，即舌根与软腭和硬腭的交界处构成阻碍，避免把韵母向后"拽"，特别是 h 容易产生明显的喉音。

3. 发音着力点在舌根，舌根和软腭处肌肉要适度紧张，可以描述为：舌根音用"啃"法。

❖ g——不送气清塞音

韵母	单字词	双字词	四字词	绕口令
开口呼	尬 a 哥 e 该 ai 给 ei 高 ao 沟 ou 干 an 跟 en 刚 ang 更 eng	咖喱 格式 改变 给力 告状 沟壑 感言 亘古 刚强 更改	不尴不尬 歌舞升平 改朝换代 高谈阔论 沟满壕平 敢作敢为 亘古不变 刚愎自用 耿耿于怀	**哥哥和姑姑（g）** 哥哥挂钩，钩挂哥哥刚穿的白小褂儿。姑姑隔着隔扇去钩鼓，鼓高姑姑难钩鼓。哥哥帮姑姑去钩鼓，姑姑帮哥哥把小褂儿补。
齐齿呼	——	——	——	
合口呼	古 u 瓜 ua 郭 uo 乖 uai 归 uei（ui） 关 uan 棍 uen（un） 光 uang 宫 ung（ong）	故乡 刮风 聒噪 怪癖 贵族 管理 棍棒 广阔 宫廷	古往今来 瓜田李下 国士无双 怪诞不经 鬼哭狼嚎 官官相护 滚瓜烂熟 光天化日 共为唇齿	
撮口呼	——	——	——	

❖ k——送气清塞音

韵母	单字词	双字词	四字词	绕口令
开口呼	咖 a 科 e 开 ai 考 ao 抠 ou 刊 an 肯 en 康 ang 坑 eng	喀什 课程 凯旋 犒劳 口误 砍价 恳切 康复 坑人	卡车司机 刻不容缓 开源节流 靠天吃饭 口无遮拦 侃侃而谈 肯堂肯构 康庄大道 坑蒙拐骗	**哥挎瓜筐过宽沟**（g、k） 哥挎瓜筐过宽沟， 赶快过沟看怪狗。 光看怪狗瓜筐扣， 瓜滚筐空哥怪狗。
齐齿呼	——	——	——	
合口呼	哭 u 夸 ua 阔 uo 快 uai 亏 uei (ui) 宽 uan 坤 uen (un) 狂 uang 空 ung (ong)	枯萎 垮台 扩充 会计 窥探 款项 昆仑 矿产 恐怖	枯株朽木 夸夸其谈 阔论高谈 快马加鞭 亏心短行 宽以待人 困而不学 狂妄自大 孔融让梨	
撮口呼	——	——	——	

❖ h——清擦音

韵母	单字词	双字词	四字词	绕口令
开口呼	哈 a 合 e 孩 ai 黑 ei 号 ao 后 ou 韩 an 痕 en 航 ang 亨 eng	哈达 贺卡 海洋 黑白 皓月 候鸟 寒暄 痕迹 航行 横竖	低头哈腰 和气生财 海枯石烂 黑白分明 号令如山 厚古薄今 寒蝉凄切 恨相知晚 行行蛇蚓 横扫千军	**华华和红红**（h） 华华有两朵黄花，红红有两朵红花， 华华要红花，红红要黄花。 华华送给红红一朵黄花，红红送给 华华一朵红花。 **画花也是花**（h） 画上盛开一朵花，花朵开花花非花。 花非花朵花，花是画上花， 画上花开花，画花也是花。
齐齿呼	——	——	——	**读古能古**（g、k、h） 苦读古书懂古通古熟古， 不读古书不懂古不通古糊涂古。
合口呼	呼 u 话 ua 或 uo 坏 uai 会 uei（ui） 环 uan 魂 uen（un） 黄 uang 红 ung（ong）	呼唤 花朵 获得 怀揣 回眸 换取 馄饨 谎言 红运	呼风唤雨 花好月圆 祸不单行 怀才不遇 诲人不倦 环环相扣 魂飞胆丧 恍然大悟 红男绿女	**王婆夸瓜又夸花**（g、k、h） 王婆卖瓜又卖花，一边卖来一边夸， 又夸花，又夸瓜，夸瓜大，大夸花， 夸来夸去没人来理她。
撮口呼	——	——	——	

第三节 声母辨读

一、送气音和不送气音的分辨 b–p、d–t、g–k、j–q、z–c、zh–ch

送气与不送气在发音中是相对的，送气指气流较强，不送气指气流较弱、较短。

不送气音：b d g j z zh

送气音：p t k q c ch

（一）双唇音 b–p

1. 单字词对比练习

拔—爬　波—坡　白—排　背—佩

薄—抛　班—潘　奔—喷　棒—胖

崩—烹　鼻—皮　憋—瞥　标—飘

变—骗　鬓—聘　冰—乒

2. 两字词对比练习

被服—佩服　补血—谱写　鼻子—皮子　毕竟—僻静

罢休—怕羞　宝马—跑马　火爆—火炮　七遍—欺骗

3. 两字词连用练习

摆拍　补拍　帮派　逼迫　奔跑　背叛

旁白　跑步　普遍　陪伴　拼搏　叛变

（二）舌尖中音 d–t

1. 单字词对比练习

大—踏　德—特　待—胎　得—忒　刀—涛

都—偷　单—贪　荡—烫　灯—疼　地—替

跌—贴　吊—跳　颠—天　顶—挺　读—图

多—脱　堆—推　端—团　蹲—吞　东—通

2. 两字词对比练习

读书—图书　胆子—毯子　赌注—土著　动机—痛击

兑换—退换　导论—讨论　动感—痛感　抵制—体质

3. 两字词连用练习

搭台　顶天　打探　电台　丹田

铁道　妥当　态度　同等　团队

（三）舌根音 g-k

1. 单字词对比练习

嘎—咖　哥—科　该—开　告—靠　够—扣　干—看

根—恳　刚—康　更—坑　姑—哭　瓜—夸　过—阔

怪—快　贵—溃　观—宽　棍—困　光—框　宫—空

2. 两字词对比练习

歌谱—科普　古语—苦雨　个体—客体　关心—宽心

感伤—砍伤　鼓励—苦力　工匠—空降　颌骨—何苦

3. 两字词连用练习

贯口　观看　公筷　高考　概括　国考　管窥

开关　空格　控股　旷工　口感　考官　宽广

（四）舌面音 j-q

1. 单字词对比练习

吉—其　家—掐　揭—切　交—敲　揪—丘　见—欠　晋—沁

江—枪　境—庆　居—区　决—瘸　捐—圈　俊—群　窘—穷

2. 两字词对比练习

介意—惬意　及时—其实　季度—气度　集权—齐全

举目—曲目　精华—清华　监工—谦恭　长江—长枪

3. 两字词连用练习

技巧　假期　景区　机器　较强　街区　剧情

全景　秋季　清净　请假　奇迹　亲近　强劲

（五）舌尖前音 z-c

1. 单字词对比练习

字—次　杂—擦　泽—侧　在—菜　遭—糙　揍—凑

赞—灿　怎—岑　脏—苍　赠—蹭　足—醋　做—错

最—脆　钻—蹿　尊—村　宗—从

2. 两字词对比练习

早稻—草稻　子弟—此地　在世—菜市　早唐—草塘

字符—赐福　坐落—错落　总理—丛里　青枣—青草

3. 两字词连用练习

再次　字词　早餐　早操　走错　自裁　杂草

紫菜　刺字　嘈杂　存在　参赞　操作　操纵

（六）舌尖后音 zh-ch

1. 单字词对比练习

知—吃　渣—查　这—彻　摘—拆　招—超　周—抽

粘—掺　振—趁　章—昌　争—撑　珠—初　桌—戳

拽—揣　追—吹　专—川　准—蠢　庄—窗　中—冲

2. 两字词对比练习

展示—阐释　招式—超市　章程—长城　宅门—柴门

争霸—称霸

3. 两字词连用练习

章程　主持　正常　主创　照常　职称　战场

成长　初中　长征　重置　充值　常州　城镇

二、舌尖前音、舌尖后音的分辨 z-zh、c-ch、s-sh

　　z、c、s 和 zh、ch、sh 两组声母在发音时的区别主要是成阻部位不同。zh、ch、sh 是舌尖翘起，抵住或靠近齿龈后部（硬腭前部）形成阻碍，因此也叫作翘舌音。z、c、s 是舌尖平伸，抵住或靠近上齿背形成阻碍，因此也叫作平舌音。

（一）两字词对比练习

z-zh

资助—支柱　　资源—支援　　自学—治学

祖父—嘱咐　　字典—质点　　综合—中和

赠品—正品　　粽叶—中叶　　自力—智力

早茶—找茬　　栽花—摘花　　足部—逐步

c—ch

擦车—叉车　　操守—抄手　　词家—持家

草鸡—炒鸡　　村庄—春装　　粗布—初步

粗气—出气　　粗糙—出操　　从速—重塑

岑寂—沉寂　　蚕食—禅师　　木材—木柴

s-sh

诉说—述说　　斯文—诗文　　搜集—收集

肆意—适宜　　僧人—生人　　肃立—树立

司法—施法　　三寸—山村　　俗语—熟语

散光—闪光　　三哥—山歌　　饲料—史料

（二）两字词连用练习

z-z　　　自在　　自尊　　宗族　　造作　　簪子　　粽子　　栽赃　　藏族

z-c　　　字词　　早餐　　暂存　　紫菜　　早操　　自从　　杂草　　左侧

z-s	走私	阻塞	增速	赠送	紫色	子嗣	棕色	再三
z-zh	组织	最终	作者	资助	尊重	杂志	自制	增长
z-ch	赞成	组成	做出	早茶	嘴唇	早晨	资产	总称
z-sh	自身	字数	遵守	综述	紫薯	赞赏	作诗	杂耍

c-c	粗糙	此次	从此	匆匆	璀璨	仓促	措辞	层次
c-z	存在	操作	嘈杂	刺字	参赞	操纵	词组	村子
c-s	参赛	彩色	厕所	测算	猝死	沧桑	测速	醋酸
c-zh	村庄	采摘	参照	从众	挫折	侧重	辞职	才智
c-ch	此处	促成	存储	操场	磁场	餐车	擦除	痤疮
c-sh	措施	从事	促使	测试	苍山	操守	参数	草率

s-s	诉讼	搜索	洒扫	色素	琐碎	思索	松散	瑟瑟
s-z	塑造	私自	嗓子	松子	色泽	宿醉	梭子	嫂子
s-c	素材	色彩	宋词	酸菜	四层	苏菜	三餐	三寸
s-zh	素质	所长	思政	苏州	散装	四周	算账	扫帚
s-ch	四川	赛场	丝绸	宋朝	色差	俗称	司乘	扫除
s-sh	四十	丧失	宿舍	诉说	随时	嵩山	随手	所属

zh-z	制作	正在	著作	桌子	准则	站姿	追责	知足
zh-c	注册	榨菜	驻村	制裁	致辞	珍藏	中层	中餐
zh-s	住宿	止损	诊所	追随	转速	竹笋	撞色	宙斯
zh-zh	政治	郑州	战争	纸质	主旨	转折	执着	整治
zh-ch	主持	正常	主创	章程	职称	忠诚	争吵	找茬
zh-sh	展示	着手	知识	证书	驻守	装饰	主食	中暑

| ch-z | 创作 | 吃字 | 承载 | 创造 | 重组 | 出租 | 迟早 | 插座 |
| ch-c | 差错 | 出彩 | 揣测 | 尺寸 | 吃醋 | 冲刺 | 纯粹 | 场次 |

ch-s	场所	传送	出色	超速	撤诉	沉思	穿梭	初赛
ch-zh	成长	初中	长征	重置	长针	产值	船长	车展
ch-ch	传承	出差	戳穿	充斥	踌躇	出厂	查抄	查重
ch-sh	城市	阐述	超市	出售	厨师	长沙	厂商	初始

sh-z	扇子	受阻	数枣	身姿	实在	水藻	失踪	擅自
sh-c	生存	首层	收藏	山村	说辞	蔬菜	赏赐	身材
sh-s	收缩	深邃	申诉	寿司	誓死	食宿	上诉	深思
sh-zh	受众	设置	伸张	深圳	省长	始终	市政	神州
sh-ch	上传	审查	商场	删除	生成	说唱	奢侈	视察
sh-sh	首饰	收视	硕士	硕鼠	设施	神圣	摔伤	时尚

（三）绕口令练习

做早操（z-c）

早晨早早起，早起做早操。人人做早操，做操身体好。

湿字纸（z-zh、s-sh）

刚往窗上糊字纸，你就隔着窗户撕字纸。一次撕下横字纸，一次撕下竖字纸，横竖两次撕了四十四张湿字纸。是字纸你就撕字纸，不是字纸，你就不要胡乱地撕一地纸。

晒白菜（c-ch）

大柴和小柴，帮助爷爷晒白菜。大柴晒的是大白菜，小柴晒的是小白菜，晒好的白菜做成干菜。

石狮子，涩柿子（s-sh）

山前有四十四棵死涩柿子树，山后有四十四只石狮子。山前的四十四棵死涩柿子树，涩死了山后的四十四只石狮子。山后的四十四只石狮子，咬死了山前的四十四棵死涩柿子树。不知是山前的四十四棵死涩柿子树涩死了山后的四十四只石狮子，还是山后的四十四只石狮子咬死了山前的四十四棵死涩柿子树。

三、舌尖后音与舌面音的分辨 zh-j、ch-q、sh-x

粤方言、闽方言、湘方言及吴方言区会出现声母 zh、ch、sh 与 j、q、x 混用的情况，如战术（zhàn）读成剑术（jiàn）、长处（cháng）读成强处（qiáng）、闪耀（shǎn）读成显耀（xiǎn）。

区分这两组声母，首先我们要掌握这两组声母的发音要领，找出两组声母发音时的异同。相同的是：zh 和 j、ch 和 q 都是清塞擦音，sh 和 x 都是清擦音。不同的是：两组声母的发音部位不同，舌尖后音 zh、ch、sh 是舌尖抵住或接近上齿龈后部（硬腭前部）形成阻碍，而舌面音 j、q、x 则是舌尖轻触下门齿背，舌面前部隆起抵住或接近硬腭中前部成阻。

（一）zh-j

1. 单字词对比练习

知—机　扎—家　粘—坚　章—江

2. 两字词对比练习

标致—标记　杂志—杂记　朝气—娇气

3. 两字词连用练习

至今　直接　浙江　逐渐　支教　中介　着急　整洁
记者　截至　剧照　建筑　机制　竞争　价值　局长

（二）ch-q

1. 单字词对比练习

吃—七　叉—掐　掺—签　昌—枪

2. 两字词对比练习

常胜—强盛　池子—旗子　传神—全神　痴人—奇人

3. 两字词连用练习

出勤　拆迁　初期　插曲　重启　充钱　城区　传奇
全程　汽车　清楚　青春　启程　牵扯　球场　清唱

（三）sh-x

1. 单字词对比练习

诗—西　山—先　商—香

2. 两字词对比练习

使人—喜人　湿气—吸气

3. 两字词连用练习

首先　盛行　熟悉　赏析　属性　升学　实习　陕西

学生　形式　欣赏　兴衰　叙事　喜事　相识　形势

四、唇齿音与舌根音的分辨 f-h

一些方言区没有声母 f，会将声母 f 读成声母 h；还有一些方言区会将声母 h 读成声母 f。要想分清、辨别唇齿音 f 和舌根音 h，首先要了解两个声母的发音要领，并弄清异同。相同的是：唇齿音 f 与舌根音 h 都是清擦音。不同的是：发音成阻部位不同，唇齿音 f 是上齿和下唇形成阻碍，舌根音 h 是舌根前部与软腭和硬腭的交界处形成阻碍。除了掌握发音部位的不同，认识哪些字的声母是 f、哪些字的声母是 h 也十分必要，这需要日常多积累。

f-h

（一）单字词对比练习

发—哈　非—黑　否—吼　翻—憨　份—恨　房—行

风—哼　赴—护

（二）两字词对比练习

翻腾—欢腾　废话—绘画　福利—狐狸　防控—航空

幅度—弧度　发挥—花卉　公费—工会　舅父—救护

（三）两字词连用练习

复合　凤凰　丰厚　防护　繁华　防滑　负荷　反悔

回复　花费　合肥　横幅　回放　盒饭　婚房　荒废

（四）绕口令练习

红饭碗，黄饭碗（f-h）

红饭碗，黄饭碗，红饭碗盛满饭碗，黄饭碗盛半饭碗，黄饭碗添半饭碗，就像红饭碗一样满饭碗。

费话费（f-h）

发废话会花话费，回发废话话费花，发废话花费话费会后悔，回发废话会费话费，花费话费回发废话会耗费话费。

买混纺（f-h）

丰丰和芳芳，上街买混纺。红混纺，粉混纺，黄混纺，灰混纺。红花混纺做裙子，粉花混纺做衣裳。穿上衣裳多漂亮，丰丰和芳芳乐得喜洋洋。

黑肥混灰肥（f-h）

黑肥混灰肥，灰肥混黑肥。

黑肥混灰肥，黑肥黑又灰。

灰肥混黑肥，灰肥灰又黑。

黑肥混灰肥，肥比黑肥黑。

灰肥混黑肥，肥比黑肥灰。

画凤凰（f-h）

粉红墙上画凤凰，凤凰画在粉红墙。

红凤凰、粉凤凰、粉红凤凰、花凤凰。

五、鼻音和边音的分辨 n-l

一些方言区会将鼻音 n 和边音 l 相混，要想读准这两个音，首先要掌握他们的发音要领，同时要能够识辨声母是 n 和 l 的汉字。

鼻音 n 和边音 l 的成阻部位相同，都是舌尖抵住上齿龈。发鼻音 n 时，软腭下降，气流从鼻腔通过。当捏住鼻子时，我们发不出鼻音 n。而发边音 l 时，软腭上升，堵住鼻腔通路，气流从舌头两边通过，舌身会收窄，不带鼻音。控制好软腭的升降是区分鼻音 n 和边音 l 的关键。

n-l

（一）单字词对比练习

拿—拉　讷—乐　耐—赖　内—累　闹—老　男—篮　馕—狼

能—棱　你—理　聂—列　鸟—了　牛—刘　年—连　您—林

娘—量　宁—零　奴—炉　挪—罗　暖—卵　农—龙　女—吕

虐—略

（二）两字词对比练习

南山—兰山　牛油—流油　男子—篮子　难住—拦住

浓重—隆重　油腻—游历　无奈—无赖　河南—荷兰

（三）两字词连用练习

年龄　能力　脑力　奶酪　尼龙　奴隶　逆流　农林

老年　留念　理念　辽宁　岭南　冷暖　列宁　落难

（四）绕口令练习

六六和妞妞（n-l）

六六妞妞去放牛，大牛小牛有六头。

六六拉着大牛走，妞妞牵着小牛遛。

六头牛，牛六头，六六妞妞、妞妞六六都爱牛。

面铺面冲南（n-l）

南门外有个面铺面冲南，面铺挂了个蓝布棉门帘。

摘了蓝布棉门帘瞧了瞧，面铺还是面冲南。

挂上蓝布棉门帘瞧了瞧，面铺还是面冲南。

牛郎恋刘娘（n-l）

牛郎年年恋刘娘，

刘娘连连念牛郎。

牛郎恋刘娘，刘娘念牛郎，

郎恋娘来娘念郎。

第四节　五音

喉、舌、齿、牙、唇，谓之"五音"；开、齐、撮、合，谓之"四呼"。欲正五音，而不于"喉舌齿牙唇"处着力，则其音必不真；欲准四呼，而不习"开齐撮合"之势，则其呼必不清。所以欲辨真音，先学口法。口法真，则其字无不真矣。

——《乐府传声·出声口诀》徐大椿

盖喉舌齿牙唇者，字之所从生；开齐撮合者，字之所从出。喉舌齿牙唇，各有开齐撮合，故五音为经，四呼为纬。

——《乐府传声·四呼》徐大椿

"五音""四呼"是中国戏曲演唱术词，是戏曲演员唱念时吐字发音的规范要求之一，是出声阶段的"口法"，强调"五音"要正、"四呼"要准。旧有"凡读字五音为经，四呼为纬，音乃清真"的说法。

"五音"是五类声母的发声位置——唇、齿、舌、牙、喉，对应字音的开头部分——声母（传统称为字头）。俗话说的"咬字千斤重，听者自动容"，就是指咬字要准确、有力，才能打动听众。字头的发音是一个字音的"统帅"，可以带响后面的韵母。

"四呼"是四类韵母的发声口形，即开、齐、合、撮。传统音韵学家根据发音时开头元音的口形，把韵母分为开口呼、齐齿呼、合口呼、撮口呼四类。现代汉语语音学则是根据韵母的韵头（介音）或韵腹来区分四呼的。（"四呼"内容详见第二单元）

"五音""四呼"亦可作为播音员主持人规范吐字发音的方法。它们从声母（传统称声母为字头）和韵母（特别是韵头）两个维度对出字阶段提出要求。

注释： 沈宠绥将汉字读音分为"头""腹""尾"三个部分。从音素角度来看，"字头"是指声母，"字腹"是指韵腹（主要元音）或介音加韵腹，"字尾"是指韵尾。在徐大椿看来，"出字"指的是字头和字腹连结时发出的音。播音学讲的"出字"是指字头（即声母或声母加韵头）的发音。

喉、舌、齿、牙、唇，谓之"五音"。此审字之法也。声出于喉为喉，出于舌为舌，出于齿为齿，出于牙为牙，出于唇为唇，其详见《等韵》《切韵》等书。

——《乐府传声·五音》徐大椿

现代汉语根据声母的发音部位将声母分为七类：双唇音、唇齿音、舌尖前音、舌尖后音、舌尖中音、舌面音和舌根音。其实，"五音"可以被理解为是声母的另一种分类方法。但是，"五音"有一部分说法也并不科学，例如"牙音"和"齿音"的概念并不清楚。

徐大椿在《乐府传声》中说："最深为喉音，稍出为舌音，再出在两旁牝齿间为齿音，再出在前牡齿间为牙音，再出在唇上为唇音。虽分五层，其实万殊。喉音之浅深不一，舌音之浅深亦不一，余三音皆然。故五音之正声皆易辨，而交界之间甚难辨。然其界限，又复井然。一口之中，并无疆畔，而丝毫不可乱，此人之所以为至灵，造物之所以为至奇也。"我们可以这样理解这段话：每个人的发音器官存在细微差异，有声语言的语速和语气会随着具体语境和目的的不同而千变万化，再加上发音时韵母的协同作用等，声母的发音就像"戴着镣铐跳舞"，"虽分五层，其实万殊"。意思是说，声母的发音部位虽然是一个具体的位置，但在实际发音时会发生细微的变化，目的是使字音发得灵动、自然、不僵化。

实际上，"五音"并非徐大椿首创，早在《五音声论》（南北朝时期）就有"喉舌齿唇牙"的说法，宋代的《韵镜》又有"七音"之论……潘耒在《类音·声音元本论》中将声母归于"喉舌颚齿唇"五音。徐大椿的五音之说沿用了潘耒的方法，将"颚音"改回原来"牙音"的说法，采用"喉、舌、牙、齿、唇"的命名方式。其中，牙音和齿音的概念模糊，存在争议。学者李昂认为："不管怎么说，牙齿之辩实际只是名称问题，但是五音位置的排列是从喉到舌到两颚臼齿，再到前齿，最后到唇，这个顺序是没有异议的。"

关于"五音"，很多概念和分类方法在不同时期、不同著作里，描述都有出入。此外，戏曲艺术的咬字和播音艺术的咬字也存在一些差异，这里引入"五音'概念，旨在强调"咬字"对于"字音清真"的重要作用。相比之下，前面提到的现代汉语根据发音部位对声母进行分类的方法更宜于理解和练习。

第二单元　韵母——字音圆润

第一节　韵母简介

一、韵母概说

汉语普通话音节结构中，声母后面的部分叫韵母。汉语普通话韵母共有 39 个，一部分韵母由元音组成，如 ɑ、o、e、ai、ei、ou 等；还有一部分韵母由元音和辅音组成，如 an、en、ing、iang 等。汉语普通话中能构成韵母的辅音只有两个鼻辅音 n 和 ng，由元音和鼻辅音构成的韵母我们称为鼻韵母。

二、韵母的分类

根据韵母的构成结构中音素的成分和性质，我们通常可以将韵母分为单元音韵母（单韵母）、复元音韵母（复韵母）和鼻韵母三大类。

单韵母（10 个）：ɑ、o、e、ê、i、u、ü、–i（前）、–i（后）、er

复韵母（13 个）：ai、ei、ao、ou、ia、ie、ua、uo、üe、iao、iou、uai、uei

鼻韵母（16 个）：an、en、in、ian、uan、uen、ün、üan；
　　　　　　　　　ang、eng、ong、ing、iang、uang、ueng、iong

还可以根据韵母开头元音发音时的口唇形特点，把韵母分为四类，即开口呼、齐齿呼、合口呼、撮口呼，俗称"四呼"。（详见第六节"四呼"）

三、韵母的发音

（一）单韵母

单元音韵母的发音条件主要包括三个：口腔的开度、舌位的高低前后和唇形的圆展。这也是我们发音器官能发出不同元音韵母的关键。

舌位：舌头隆起的最高点。我们主要通过最高点在口腔中所处位置的高低和前后两个方面来描述。舌位的高低与口腔的开度成反比：舌位越高，口腔开度越小；舌位越低，口腔开度越大。

唇形：发音时嘴唇的形状。嘴唇的形状可以描述为圆唇或展唇。

普通话中有10个元音音素，我们可以根据舌位的变化将它们分为三类：舌面元音、舌尖元音和卷舌元音。

舌面元音：ɑ、o、e、ê、i、u、ü

舌尖元音：–i（前）、–i（后）

卷舌元音：er（er 亦可归入舌尖元音）

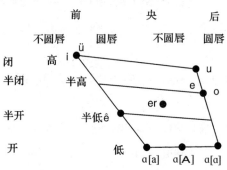

舌面元音和卷舌元音舌位唇形图

通过"舌面元音和卷舌元音舌位唇形图"，我们可以清晰地了解到每个元音的舌位高低、前后和唇形的圆展。四边形的四角分别表示发音时舌头在口腔中的极限位置，其中横向表示舌位的前后，纵向表示舌位的高低和口腔的开度。元音字母标记在竖线右侧代表圆唇元音，标记在左侧代表不圆唇元音（展唇元音）。

单元音韵母表

	舌面元音					舌尖元音		卷舌元音
	前		央	后		前	后	央
	展	圆	展	展	圆	展	展	展
高	i	ü			u	-i（前）	-i（后）	
半高				e	o			
中								er
半低	ê							
低			ɑ					

（二）复韵母

复元音韵母由两个或三个单元音韵母组合而成。发音时，舌位和唇形会发生动态的变化，我们可以称这种变化为"动程"，其中舌位的高低前后变化可以叫作"舌位的动程"。形式上，复元音韵母是几个单元音韵母的简单组合，但是在发音上，我们强调从一个元音到另一个元音的"动程"要有"滑动"感。

（三）鼻韵母

发鼻韵母时，在发元音的基础上，通过下降软腭来打开鼻腔通路，使气流流入鼻腔，产生鼻腔共鸣（鼻音）。

第二节　单韵母

一、单韵母概说

由一个元音构成的韵母叫作单元音韵母，简称"单韵母"。单元音韵母一共有 10 个，分别是 a、o、e、ê、i、u、ü、-i（前）、-i（后）、er。原则上，发单韵母时，舌位和唇形自始至终不变。10 个单元音可以进一步分为三类：一是舌面元音 a、o、e、ê、i、u、ü，二是舌尖元音 -i（前）和 -i（后），三是卷舌元音 er。

需要注意的是，单韵母 ê 除了用于语气词"欸"之外，很少单独使用，一般与元音 i、ü 组合成复韵母"iê""üê"，书写时要省去符号"∧"，写成"ie""üe"。舌尖前元音 -i（前）只与舌尖前音 z、c、s 相拼，构成 zi、ci、si；舌尖后元音 -i（后）只与舌尖后音 zh、ch、sh、r 相拼，构成 zhi、chi、shi、ri。

二、单韵母发音

（一）ɑ——舌面、央、低、不圆唇元音

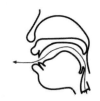

发音提示：发音时口腔打开，舌头自然放平，舌面中部微微隆起与硬腭后部相对，双唇展开。发音过程中要避免鼻腔通路打开，造成鼻化音。

声母		单字词	双字词	四字词	绕口令
零声母		啊	阿姨	阿猫阿狗	**妈妈开拉达**（ɑ） 妈妈开拉达，爸爸桑塔纳，娃娃是警察，会开雅马哈。
双唇音 b、p、m		b 八 p 爬 m 马	把持 扒手 马达	跋山涉水 怕生怕死 麻木不仁	**胖娃和蛤蟆**（ɑ） 一个胖娃娃，捉了三个大花活蛤蟆。三个胖娃娃，捉了一个大花活蛤蟆。捉了一个大花活蛤蟆的三个胖娃娃，真不如捉了三个大花活蛤蟆的一个胖娃娃。
唇齿音 f		f 法	发蜡	发愤图强	
舌尖音	舌尖前音 z、c、s	z 杂 c 擦 s 撒	杂耍 擦边 洒脱	杂乱无章 擦肩而过 撒手人寰	
	舌尖中音 d、t、n、l	d 达 t 塔 n 那 l 辣	答案 塔楼 拿手 喇叭	打抱不平 他山之玉 拿手好戏 拉帮结派	**马大哈**（ɑ） 马大妈的儿子叫马大哈，马大哈的妈妈叫马大妈。 马大妈让马大哈买麻花，马大哈给马大妈买西瓜。 马大妈叫马大哈割芝麻，马大哈给马大妈摘棉花。 马大妈告诉马大哈，以后不能再马大哈，马大哈不改马大哈，马大妈就不要马大哈。
	舌尖后音 zh、ch、sh、r	zh 炸 ch 茶 sh 纱	闸门 查抄 沙漠	乍暖还寒 插科打诨 沙里淘金	
舌面音 j、q、x		—	—	—	
舌根音 g、k、h		g 尬 k 卡 h 哈	嘎吱 咖啡 蛤蟆	叽叽嘎嘎 卡片相机 哈萨克族	

（二）o——舌面、后、半高、圆唇元音

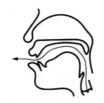

发音提示：发音时，舌面后部隆起与软腭相对，舌面中部略凹，双唇自然拢圆。同样要关闭鼻腔通路，避免鼻音化。o与e的发音，主要的区别体现在唇形的圆展上，o是圆唇音，e是展唇音，可以先发e音，然后唇形逐渐拢圆，即可发出o音。发o音时，要区别于uo。

声母		单字词	双字词	四字词	绕口令
零声母		喔			**磨墨（o）** 磨房磨墨，墨碎磨房一磨墨；梅香添煤，煤爆梅香两眉灰。 **老婆婆（o）** 王大伯家老婆婆，今年年末八十多。背不驼，腿不跛，为晒太阳爬坡坡。爱吃菠萝、菠菜、胡萝卜，白天馍馍蘸芥末，晚上芥末夹饽饽。捧着笸箩簸一簸，簸出茶叶剩下末儿。 **买饽饽（o）** 白伯伯，彭伯伯，饽饽铺里买饽饽。白伯伯买的饽饽大，彭伯伯买的大饽饽。拿到家里喂婆婆，婆婆又去比饽饽。不知是白伯伯买的饽饽大，还是彭伯伯买的饽饽大。 **墨与馍（o）** 老伯伯卖墨，老婆婆卖馍，老婆婆卖馍买墨，老伯伯卖墨买馍。墨换馍老伯伯有馍，馍换墨老婆婆有墨。
双唇音b、p、m		b 波 p 迫 m 摸	播音 迫害 魔法	波澜壮阔 迫不及待 模棱两可	
唇齿音f		f 佛	佛像	佛口蛇心	
舌尖音	舌尖前音 z、c、s				
	舌尖中音 d、t、n、l				
	舌尖后音 zh、ch、sh、r				
舌面音j、q、x					
舌根音g、k、h					

注：bo、po、mo、fo的实际发音为buo、puo、muo、fuo，这四个音亦可算作合口呼音节，默认其介音为u。

（三）e——舌面、后、半高、不圆唇元音

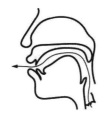

发音提示：发音时，口半闭，舌头要向后缩，舌面后部微微隆起与软腭相对，舌位比元音 o 略高而偏前。注意嘴角要向两侧展开，呈"微笑"状。

声母		单字词	双字词	四字词	绕口令
零声母		额	恶魔	恶语相向	**鹅和河**（e） 坡上立着一只鹅，坡下就是一条河。宽宽的河，肥肥的鹅，鹅要过河，河要渡鹅，不知是鹅过河，还是河渡鹅。 **阁上一窝鸽**（e） 阁上一窝鸽，鸽渴叫咯咯。哥哥登阁搁水给鸽喝，鸽子喝水不渴不咯咯。
双唇音 b、p、m		m 么	什么		
唇齿音 f		——			
舌尖音	舌尖前音 z、c、s	z 则 c 册 s 色	责任 策划 色彩	责全求备 侧目而视 色彩缤纷	
	舌尖中音 d、t、n、l	d 得 t 特 n 讷 l 乐	德行 特殊 木讷 勒索	德高望重 特立独行 讷口寡言 乐不思蜀	
	舌尖后音 zh、ch、sh、r	zh 这 ch 车 sh 社 r 热	哲学 彻底 设计 热烈	折戟沉沙 车水马龙 舍己救人 热血沸腾	
舌面音 j、q、x		——			
舌根音 g、k、h		g 哥 k 科 h 喝	格调 科学 喝彩	格物致知 刻舟求剑 和蔼可亲	

（四）ê——舌面、前、半低、不圆唇元音

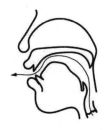

发音提示：发音时，口半开，舌尖放松下靠齿背，舌面前部隆起与硬腭相对，嘴角咧开。这个音对于初学者来说可能有些陌生，单韵母ê除了用于语气词"欸"之外，很少单独使用，一般与元音i、ü组合成复韵母"ie""üe"，可以延长ie和üe的尾音来体会ê［ε］的发音感觉。

ê自成音节"欸"：

1. 读第一声表示招呼：～，你过来！（又 ēi）

2. 读第二声表示诧异：～，他怎么来了！（又 éi）

3. 读第三声表示不同意、不认可：～，你这么说可不对啊！（又 ěi）

4. 读第四声表示同意或答应：～，就这么定了！（又 èi）

声母		单字词	双字词	四字词	绕口令
零声母		欸			**孩子和鞋子**（ie）
双唇音 b、p、m		——			孩子是孩子，鞋子是鞋子，孩子不是鞋子，鞋子不是孩子。是孩子穿鞋子，不是鞋子穿孩子。
唇齿音 f		——			
舌尖音	舌尖前音 z、c、s				**茄子**（ie）
	舌尖中音 d、t、n、l				姐姐借刀切茄子，去把儿去叶儿斜切丝，切好茄子烧茄子、炒茄子、蒸茄子，还有一碗焖茄子。
	舌尖后音 zh、ch、sh、r				
舌面音 j、q、x					**真绝**（üe）
舌根音 g、k、h					真绝，真绝，真叫绝，皓月当空下大雪，麻雀游泳不飞跃，鹊巢鸠占鹊喜悦。

（五）i——舌面、前、高、不圆唇元音

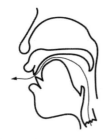

发音提示：舌尖接触下齿背，使舌面前部隆起与硬腭前部相对，嘴角向两边咧开。一般来说，舌位的高低与口腔开度成反比，i 的舌位最高，意味着 i 音的口腔开度是最小的，所以我们在发音过程中要根据"窄音宽发"的原则，稍微加大口腔开度，以避免极端发音状态。

声母		单字词	双字词	四字词	绕口令
零声母		衣	医护	异口同声	**七加一**（i） 七加一，七减一，加完减完等于几？七加一，七减一，加完减完还是七。 **七个阿姨来摘果**（i） 一二三，三二一，一二三四五六七。七个阿姨来摘果儿，七个花篮儿手中提。七棵树上结七样儿，苹果、桃儿、石榴、柿子、李子、栗子、梨。
双唇音 b、p、m		b 比 p 劈 m 米	逼迫 批复 秘密	比比皆是 皮开肉绽 弥天大谎	
唇齿音 f		——	——	——	
舌尖音	舌尖前音 z、c、s				
	舌尖中音 d、t、n、l	d 地 t 梯 n 泥 l 力	抵达 提拔 匿名 离歌	滴水穿石 提纲挈领 泥沙俱下 里应外合	
	舌尖后音 zh、ch、sh、r	——	——	——	
舌面音 j、q、x		j 基 q 漆 x 西	积极 奇迹 稀奇	积少成多 七上八下 熙熙攘攘	
舌根音 g、k、h		——	——	——	

（六）u——舌面、后、高、圆唇元音

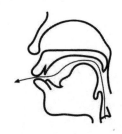

发音提示：双唇收缩呈圆形，舌体向后移，舌面后部隆起与软腭相对。注意控制唇部的力量，使唇部内侧尽可能与牙齿贴合，避免噘唇增加唇齿间的共鸣腔。发音时，唇部要有一种"内收"感。

	声母	单字词	双字词	四字词	绕口令
	零声母	屋	误解	五味杂陈	**读古能古**（u） 苦读古书懂古通古熟古， 不读古书不懂古不通古糊涂古。
	双唇音 b、p、m	b 不 p 铺 m 木	布料 瀑布 木屋	不折不扣 铺天盖地 目不转睛	
	唇齿音 f	f 府	富足	福星高照	**破裤补破鼓**（u） 老爷堂上一面鼓，鼓上一只皮老虎，皮老虎抓破了鼓，就拿块破布往上补，只见过破布补破裤，哪见过破布补破鼓。
舌尖音	舌尖前音 z、c、s	z 租 c 醋 s 俗	祖宗 促成 苏醒	足智多谋 猝不及防 素不相识	
	舌尖中音 d、t、n、l	d 毒 t 凸 n 怒 l 鲁	杜甫 突兀 奴役 路途	独善其身 徒劳无功 怒气冲天 碌碌无为	**胡苏夫和吴夫苏**（u） 胡庄有个胡苏夫，吴庄有个吴夫苏。胡庄的胡苏夫爱读诗书，吴庄的吴夫苏爱读古书。胡苏夫的书屋里摆满了诗书，吴夫苏的书屋里放满了古书。
	舌尖后音 zh、ch、sh、r	zh 珠 ch 初 sh 暑 r 入	主播 处理 舒服 入门	珠联璧合 初出茅庐 书香门第 乳臭未干	**树、醋、鹿和裤**（u） 山上五株树，架上五壶醋，林
	舌面音 j、q、x	——	——	——	

50

声母	单字词	双字词	四字词	绕口令
舌根音 g、k、h	g 谷 k 哭 h 胡	孤独 哭诉 糊涂	孤芳自赏 苦不堪言 狐假虎威	中五只鹿，柜中五条裤。伐了山上树，取下架上醋，捉住林中鹿，拿出柜中裤。 **顾老头打醋（u）** 有个老头本姓顾，上街打醋带买布。打了醋，买了布，抬头碰见鹰捉兔。放下醋，丢下布，上前去追鹰和兔，回头不见布和醋。飞了鹰，跑了兔，丢了布，撒了醋，他满肚子怨气没处诉。 **一匹布，一瓶醋（u）** 肩背一匹布，手提一瓶醋，走了一里路，看见一只兔，卸下布，放下醋，去捉兔。跑了兔，丢了布，洒了醋。

（七）ü——舌面、前、高、圆唇元音

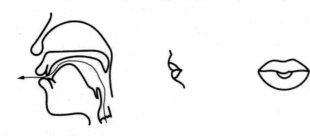

发音提示：双唇拢圆，与u音相比，嘴唇略向前突，但是仍要寻找一种"内收"的感觉。ü与i的发音，主要的区别体现在唇形的圆展上，ü是圆唇音，i是展唇音。

声母		单字词	双字词	四字词	绕口令
零声母		于	雨水	与众不同	**养鱼（ü）** 大渠养大鱼，小渠养小鱼。大渠养大鱼不养小鱼，小渠养小鱼不养大鱼。一天天下雨，大渠水流进小渠，小渠水流进大渠，大渠里有了小鱼不见大鱼，小渠里有了大鱼不见小鱼。
双唇音b、p、m		——	——	——	
唇齿音f		——	——	——	
舌尖音	舌尖前音 z、c、s	——	——	——	
	舌尖中音 d、t、n、l	n女 l吕	女性 吕布	女娲补天 绿酒红灯	**村里新开一条渠（ü）** 村里新开一条渠，弯弯曲曲上山去。河水雨水渠里流，满山庄稼一片绿。
	舌尖后音 zh、ch、sh、r	——	——	——	
舌面音j、q、x		j居 q曲 x序	聚集 曲剧 序曲	居安思危 屈打成招 蓄谋已久	
舌根音g、k、h		——	——	——	

注：发ü音时，实际上是i的舌位与u的唇形的综合。护照等公文中，Nü写成NYU、Lü写成LYU，我们就能理解其中的原因了。而且在拼写上，以ü开头的音节，我们用"yu"代替，例如：yu、yue、yuan。

（八）-i（前）——舌尖前、高、不圆唇元音

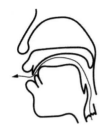

发音提示：口略开，展唇，舌尖和上齿背相对，保持适当距离。这个音只与平舌音（舌尖前音）z、c、s 拼合，其舌位与发声母 z、c、s 时相似，可以发 zi、ci、si 的延长音，来体会尾音-i（前）的发音感觉。

声母		单字词	双字词	四字词	绕口令
零声母		——	——	——	**老黎和老李 -i（前）**
双唇音 b、p、m		——	——	——	老黎拉了一车梨，
唇齿音 f		——	——	——	老李拉了一车栗。
舌尖音	舌尖前音 z、c、s	z 资 c 词 s 寺	子嗣 辞别 思考	恣意妄为 此去经年 撕心裂肺	老黎人称大力黎， 老李人称李大力。 老黎拉梨做梨酒， 老李拉栗去换梨。
	舌尖中音 d、t、n、l	——	——	——	**大嫂子和大小子 -i（前）**
	舌尖后音 zh、ch、sh、r	——	——	——	一个大嫂子，一个大小子。大嫂子跟大小子比包饺子，看是大嫂子包的饺子好，还是大小子包的饺子好，再看是大嫂子包的饺子少，还是大小子包的饺子少。大嫂子包的饺子又小又好又不少，大小子包的饺子又小又少又不好。
舌面音 j、q、x		——	——	——	
舌根音 g、k、h		——	——	——	

（九）-i（后）——舌尖后、高、不圆唇元音

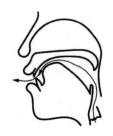

发音提示：口略开，展唇，舌尖抬起和硬腭相对。这个音只与翘舌音（舌尖后音）zh、ch、sh、r相拼，其舌位与发zh、ch、sh、r时相似，可以发zhi、chi、shi、ri的延长音，来体会尾音-i（后）的发音感觉。

注意：拼写时，用一个字母i同时表示i、-i（前）和-i（后）三个元音，避免使用时发生混淆。

声母		单字词	双字词	四字词	绕口令
零声母		——	——	——	**求真知-i（后）** 知之为知之，不知为不知，不以不知为知之，不以知之为不知，唯此才能求真知。
双唇音 b、p、m		——	——	——	
唇齿音 f		——	——	——	
舌尖音	舌尖前音 z、c、s	——	——	——	**石狮市没石狮 -i（后）** 经三省过五市， 狮子跑到华清池。 栀子花香桂树直， 贵妃沐浴石岸湿。 历史风云卷书志， 中华大地写新诗。 池水清清映红日， 枝头石榴笑红柿。 石狮回头望东南， 思乡泪下发毛湿。
	舌尖中音 d、t、n、l	——	——	——	
	舌尖后音 zh、ch、sh、r	zh 知 ch 吃 sh 诗 r 日	芝士 尺度 实质 日子	知无不胜 魑魅魍魉 诗情画意 日理万机	
舌面音 j、q、x		——	——	——	
舌根音 g、k、h		——	——	——	

（十）er——卷舌元音韵母

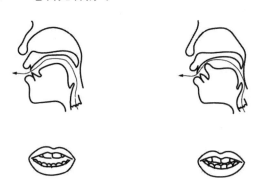

发音提示：在发 e 音的基础上，再加上卷舌的动作（即舌尖向后卷起）。

声母		单字词	双字词	四字词	绕口令
零声母		儿	儿戏 而且 耳环 二十	儿女情长 尔虞我诈 耳熟能详	**说"尔"（er）** 要说"尔"专说"尔"，马尔代夫，喀布尔，阿尔巴尼亚，扎伊尔，卡塔尔，尼泊尔，贝尔格莱德，安道尔，萨尔瓦多，伯尔尼，利伯维尔，班珠尔，厄瓜多尔，塞舌尔，哈密尔顿，尼日尔，圣皮埃尔，巴斯特尔，塞内加尔的达喀尔，阿尔及利亚的阿尔及尔。
双唇音 b、p、m		——	——	——
唇齿音 f		——	——	——
舌尖音	舌尖前音 z、c、s	——	——	——
	舌尖中音 d、t、n、l	——	——	——
	舌尖后音 zh、ch、sh、r	——	——	——
舌面音 j、q、x		——	——	——
舌根音 g、k、h		——	——	——

第三节　复韵母

一、复韵母概说

（一）概念

由两个或三个元音复合成的韵母叫作复元音韵母，简称"复韵母"。普通话中复韵母有 13 个，分别是 ai、ei、ao、ou、ia、ie、ua、uo、üe、iao、iou、uai、uei。

（二）发音

复韵母的发音不是几个单元音的机械相加，从一个元音到另一个元音，舌位的高低、舌位的前后、口腔的开闭和唇形的圆展，都是在气流不断的情况下逐渐"滑动"变化的。

（三）结构

汉语传统音韵学把韵母分为韵头、韵腹、韵尾三个部分。发音时，复韵母中各个元音成分的响度、强弱和长短都是不同的。韵腹是复韵母中的主要元音，发音时口腔开度最大，声音最响亮，所占时间最长。韵头位于韵腹前面，发音轻而快，是复韵母发音的起点。韵尾位于韵腹后面，表示舌位和唇形滑动的最后方向，发音较弱。例如在复韵母"iou"中，"i"是韵头，"o"是韵腹，"u"是韵尾。

不是每一个韵母都由韵头、韵腹和韵尾三个部分组成，如"ia"只有韵头和韵腹，"ai"只有韵腹和韵尾，"e"只有韵腹。韵腹在一个音节中是必不可少的。

（四）复韵母的分类

根据主要元音（即韵腹）在复韵母中所处位置的不同，我们把复韵母分为前响复韵母、后响复韵母、中响复韵母三类：

1. 前响复韵母（无韵头、有韵尾）4 个：ai、ei、ao、ou

2. 后响复韵母（有韵头、无韵尾）5 个：ia、ie、ua、uo、üe

3. 中响复韵母（有韵头、有韵尾）4 个：iao、iou、uai、uei

二、复韵母发音

（一）前响复韵母：ai、ei、ao、ou

1. ai

发音提示：由 a 的舌位滑向 i 的舌位，口形稍有闭合，唇形由稍展到展。在前、高（这里为次高）、不圆唇元音 i 音的影响下，这里 a 的舌位要比单发 a 略靠前，为前、低、不圆唇元音。

声母		单字词	双字词	四字词	绕口令
零声母		挨	爱戴	爱恨交织	**白菜和海带**（ai） 买白菜，搭海带，不买海带就别买大白菜。 买卖改，不搭卖，不买海带也能买到大白菜。
双唇音 b、p、m		b 白 p 排 m 买	摆拍 派送 买卖	百发百中 排山倒海 脉脉相通	
唇齿音 f		——	——	——	
舌尖音	舌尖前音 z、c、s	z 在 c 菜 s 赛	灾难 采摘 塞外	载歌载舞 才高八斗 塞翁失马	**掰、搬白菜**（ai、an） 掰白菜，搬白菜， 掰完白菜搬白菜， 搬完白菜掰白菜。
	舌尖中音 d、t、n、l	d 呆 t 台 n 奈 l 赖	带来 太太 奈何 赖皮	戴罪立功 太平盛世 耐人寻味 来者不善	**小艾和小戴**（ai） 小艾和小戴， 一起来买菜。 小艾把一斤菜给小戴，
	舌尖后音 zh、ch、sh、r	zh 宅 ch 拆 sh 晒	摘编 拆除 筛子	债台高筑 柴米油盐	小戴有比小艾多一倍的菜； 小戴把一斤菜给小艾， 小艾小戴就有一样多的菜。
舌面音 j、q、x		——	——	——	请你想想猜猜，
舌根音 g、k、h		g 该 k 开 h 海	改正 开采 海带	盖世英雄 开天辟地 海阔天空	小艾和小戴各买了多少菜？

2. ei

发音提示：由 e 的舌位滑向 i 的舌位，口形稍有闭合，唇形由稍展到展。在前、高（这里为次高）、不圆唇元音 i 的影响下，这里 e 的舌位比单发 e 略靠前。

声母		单字词	双字词	四字词	绕口令
零声母		欸			**雪花是宝贝**（ei） 北风吹，雪花飞，冬天雪花是宝贝，去给麦苗盖上被，明年麦子多几倍。
双唇音 b、p、m		b 贝 p 陪 m 媒	北美 配备 美味	背道而驰 配套成龙 美不胜收	
唇齿音 f		f 飞	肥美	飞沙走石	**废话和话费**（ei） 废话费话费，会花费话费，废话飞，飞话费，付话费会怪话费贵。
舌尖音	舌尖前音 z、c、s	z 贼	贼窝	贼眉鼠眼	
	舌尖中音 d、t、n、l	d 得 n 内 l 累	得亏 内贼 泪水	内外兼修 泪如雨下	**背水杯**（ei） 贝贝背水杯， 水杯贝贝背， 贝贝背水杯背背水杯， 水杯贝贝背， 贝贝背水杯。
	舌尖后音 zh、ch、sh、r	zh 这 sh 谁	这个 谁家	花落谁家	
舌面音 j、q、x		——	——	——	**乌鸦说黑猪**（u、ei） 乌鸦站在黑猪背上说黑猪黑，黑猪说乌鸦比黑猪还要黑。乌鸦说它身比黑猪黑嘴不黑，黑猪听罢笑得嘿嘿嘿。
舌根音 g、k、h		g 给 h 黑	给力 黑梅	口谐辞给 黑白分明	

3. ao

发音提示：由 a 的舌位滑向 u [ʊ] 的舌位，唇形由展到圆，口形逐渐拢圆。ao、iao 中的 o 的实际读音为 [ʊ]，为了避免手写体 u 与 n 相混淆，所以不标做 u，而标做 o。在后、高、圆唇元音 u 的影响下，这里 a 的舌位要比单独发 a 略靠后，为后、低、不圆唇元音。

声母		单字词	双字词	四字词	绕口令
零声母		熬	熬夜	傲气冲天	**扔草帽**（ao）
双唇音 b、p、m		b 包 p 跑 m 貌	报道 抛锚 冒泡	包罗万象 抛砖引玉 茅塞顿开	隔着墙头扔草帽，也不知道草帽套老头，还是老头套草帽。
唇齿音 f		——	——	——	**姥姥和老姥姥**（ao） 老姥姥问姥姥老不老，姥姥问老姥姥小不小。
舌尖音	舌尖前音 z、c、s	z 早 c 曹 s 扫	早朝 操劳 搔挠	早出晚归 草长莺飞 扫地出门	**一大绕**（ao） 天下事，一大绕， 看你会绕不会绕。 会绕无绕绕千绕， 不绕有绕绕绕跑， 有时绕绕绕难绕， 硬着头皮再绕绕。 往左绕，往右绕， 往前绕，往后绕， 东西南北绕四绕。
	舌尖中音 d、t、n、l	d 到 t 掏 n 脑 l 牢	到达 套牢 脑力 牢靠	刀光剑影 滔滔不绝 恼羞成怒 老态龙钟	
	舌尖后音 zh、ch、sh、r	zh 召 ch 超 sh 少 r 绕	昭告 超道 少林 饶恕	照本宣科 超前绝后 少安毋躁 饶有风趣	
舌面音 j、q、x		——	——	——	**姥姥和淘淘**（ao） 姥姥疼淘淘，淘淘疼姥姥。 姥姥疼淘淘，她喊淘淘叫"宝宝"；淘淘疼姥姥，他喊姥姥叫"脑脑"。
舌根音 g、k、h		g 告 k 考 h 好	膏药 考试 蒿草	告老还乡 靠山吃山 好自为之	

4. ou

发音要领：由 o 的舌位滑向 u 的舌位，唇形由稍圆到圆。这里的 o 和 u 都是圆唇音，且舌位均偏高，为了加大该复韵母的动程，这里的起点元音 o 的舌位比单发 o 音略低、略前，接近央元音 [ə]，唇形略圆。

声母		单字词	双字词	四字词	绕口令
零声母		欧	偶数	藕断丝连	**颠倒话**（ou） 忽听门外人咬狗，拿起门来开开手，拾起狗来打砖头，又被砖头咬了手。从来不说颠倒话，口袋驼着驴子走。
双唇音 b、p、m		p 剖 m 某	剖开 谋略	剖腹藏珠 谋财害命	
唇齿音 f		f 否	否定	否定主义	
舌尖音	舌尖前音 z、c、s	z 走 c 凑 s 艘	奏效 凑数 搜索	走马观花 东拼西凑 搜章摘句	**猴发愁**（ou） 猴子山上上山猴，猴山山陡猴发愁。猴子发愁猴挠头，猴挠猴头愁山猴。
	舌尖中音 d、t、n、l	d 都 t 头 n 耨 l 楼	斗酒 透漏 耨耕 楼道	斗米尺布 头头是道 深耕细耨 漏洞百出	**扁娃拔扁豆**（ou） 扁扁娃背个扁口背篓，上扁山拔扁豆，拔了一扁背篓扁豆，扁扁娃背不起一扁背篓扁豆，背了半扁背篓扁豆。
	舌尖后音 zh、ch、sh、r	zh 周 ch 丑 sh 手 r 肉	周到 踌躇 收购 柔软	周而复始 踌躇满志 受宠若惊 柔肠寸断	
舌面音 j、q、x		——	——	——	
舌根音 g、k、h		g 沟 k 口 h 侯	沟壑 叩首 后轴	沟满壕平 口是心非 厚此薄彼	

（二）后响复韵母：ia、ie、ua、uo、üe

1. ia

发音提示：由 i 的舌位滑向 a 的舌位，口腔稍开，唇形由展到稍展。

声母		单字词	双字词	四字词	绕口令
零声母		鸭	压强	牙牙学语	**鸭和霞（ia）**
双唇音 b、p、m		——	——	——	天上飘着一片霞，水上漂着一
唇齿音 f		——	——	——	群鸭。霞是五彩霞，鸭是麻花
舌尖音	舌尖前音 z、c、s				鸭。麻花鸭游进五彩霞，五彩
					霞挽住麻花鸭。乐坏了鸭，拍
	舌尖中音 d、t、n、l	l 俩	咱俩	仨瓜俩枣	碎了霞，分不清是鸭还是霞。
	舌尖后音 zh、ch、sh、r	——	——	——	**养虾和养鸭（ia）**
					贾家有女初出嫁，
舌面音 j、q、x		j 家 q 恰 x 夏	家庭 洽谈 峡谷	家财万贯 恰如其分 下自成蹊	嫁到夏家学养虾，
					喂养的对虾个头儿大，
					卖到市场直加价。
					贾家爹爹会养鸭，
					鸭子虽肥伤庄稼，
					邻里吵架不融洽，
舌根音 g、k、h		——	——	——	贾家也学养对虾。
					小虾卡住鸭子牙，
					大鸭咬住虾的夹。
					夏家公公劝，
					贾家爹爹压，
					大鸭不怕吓，
					小虾装得嗲，
					夏家贾家没办法。
					（嗲 diǎ〈方〉）

2. ie

发声提示：由 i 的舌位滑向 ê 的舌位，口腔稍开，唇形由展到稍展。

声母		单字词	双字词	四字词	绕口令
零声母		耶	耶鲁	夜郎自大	见"üe"。
双唇音 b、p、m		b 别 p 撇 m 灭	憋屈 瞥视 蔑视	别出新裁 惊鸿一瞥 泯灭人性	
唇齿音 f		——	——	——	
舌尖音	舌尖前音 z、c、s	——	——	——	
	舌尖中音 d、t、n、l	d 爹 t 铁 n 聂 l 列	跌倒 帖子 捏造 猎奇	跌宕起伏 铁石心肠 蹑手蹑脚 烈火真金	
	舌尖后音 zh、ch、sh、r	——	——	——	
舌面音 j、q、x		j 节 q 切 x 歇	结亲 切实 协议	节节高升 窃窃私语 闭门谢罪	
舌根音 g、k、h					

3. üe

发音提示：由 ü 的舌位滑向 ê 的舌位，口腔稍开，唇形由圆到展。

声母		单字词	双字词	四字词	绕口令
零声母		约	月缺	约定俗成	**真绝**（üe） 真绝，真绝，真叫绝，皓月当空下大雪，麻雀游泳不飞跃，鹊巢鸠占鹊喜悦。
双唇音 b、p、m		——	——	——	
唇齿音 f		——	——	——	**雪**（üe） 天上下雪，空中飘雪，地上积雪，小孩滑雪，大人扫雪。 屋上是雪，树上是雪，车上是雪，到处都是雪。
舌尖音	舌尖前音 z、c、s	——	——	——	
	舌尖中音 d、t、n、l	n 虐 l 略	疟疾 掠夺	助纣为虐 略胜一筹	

续表

声母		单字词	双字词	四字词	绕口令
舌尖音	舌尖后音 zh、ch、sh、r	——	——	——	**瘸子拔橛子**（üe、ie） 打南边来了个瘸子，手里托着个碟子，地下钉着个橛子，绊倒了拿碟子的瘸子，气得瘸子撇了碟子，拔了橛子。
舌面音 j、q、x		j 决 q 雀 x 雪	诀别 雀跃 血液	绝处逢生 缺衣少食 雪中送炭	**扫雪和打铁**（üe、ie） 谢老爹在街上扫雪，薛大爷在屋里打铁。薛大爷见谢老爹扫雪，就放下手里打着的铁，到街上帮谢老爹扫雪。谢老爹扫完街上的雪，进屋去帮薛大爷打铁。俩人同扫雪，俩人同打铁。
舌根音 g、k、h		——	——	——	**瘸子和矬子**（üe、uo、ie） 南面来了个瘸子， 腰里别着个橛子， 北边来了个矬子， 肩上挑着担茄子。 别橛子的瘸子要用橛子换挑茄子的矬子的茄子，挑茄子的矬子不给别橛子的瘸子茄子。 别橛子的瘸子抽出腰里的橛子打了挑茄子的矬子一橛子，挑茄子的矬子拿起茄子打了别橛子的瘸子一茄子。

4. uɑ

发音提示：由 u 的舌位滑向 ɑ 的舌位，口腔稍开，唇形由圆到展。

声母		单字词	双字词	四字词	
零声母		蛙	瓦解	挖空心思	**瓜和花（uɑ）** 小花和小华，一同种庄稼。小华种棉花，小花种西瓜。小华的棉花开了花，小花的西瓜结了瓜。小花找小华，商量瓜换花。小花用瓜换了花，小华用花换了瓜。
双唇音 b、p、m		——	——	——	
唇齿音 f		——	——	——	
舌尖音	舌尖前音 z、c、s	——	——	——	
	舌尖中音 d、t、n、l	——	——	——	**王婆夸瓜又夸花（uɑ）** 王婆卖瓜又卖花， 一边卖来一边夸， 又夸花，又夸瓜， 夸瓜大，大夸花， 夸来夸去没人理她。
	舌尖后音 zh、ch、sh、r	zh 抓 ch 欻 sh 刷	抓阄 欻啦 刷新	抓耳挠腮 洗眉刷目	
舌面音 j、q、x		——	——	——	
舌根音 g、k、h		g 瓜 k 夸 h 花	挂花 跨越 话匣	瓜田李下 夸夸其谈 花红柳绿	**南瓜和胖娃（uɑ、ɑ）** 墙头上有个老南瓜，掉下来打着胖娃娃。娃娃叫妈妈，妈妈摸娃娃，娃娃骂南瓜。 **胖娃娃和大花活蛤蟆（uɑ）** 一个胖娃娃，抓了三个大花活蛤蟆。三个胖娃娃，抓了一个大花活蛤蟆。抓了一个大花活蛤蟆的三个胖娃娃，真不如抓了三个大花活蛤蟆的一个胖娃娃。

5. uo

发音提示：由 u 的舌位滑向 o 的舌位，唇形由圆到略圆。后、高、圆唇元音 u 与后、半高、圆唇元音 o 的舌位和唇形相近，发音动程很窄。为了拉开动程，发音过程中，o 的口腔开度比单发 o 音稍闭，唇形稍圆即可。

声母		单字词	双字词	四字词	绕口令
零声母		窝	卧倒	运筹帷幄	**花朵像云朵**（uo）
双唇音 b、p、m		（b 波） （p 坡） （m 摸）	（播音） （迫害） （魔法）	（波澜壮阔） （迫不及待） （模棱两可）	绿秧棵，开花朵，花朵朵朵结果果。果果开花一朵朵，朵朵花朵像云朵。
唇齿音 f		——	——	——	**锅和窝**（uo）
舌尖音	舌尖前音 z、c、s	z 作 c 错 s 锁	座位 挫折 索取	左右逢源 错综复杂 索然无味	树上一个窝，树下一口锅，窝掉下来打着锅。锅要窝赔锅，窝要锅赔窝，搞了半天，不知是锅赔窝，还是窝赔锅。
	舌尖中音 d、t、n、l	d 多 t 脱 n 挪 l 落	夺取 拖沓 诺言 逻辑	多此一举 拖泥带水 懦弱无能 落落大方	**菠萝和陀螺**（uo） 坡上长菠萝， 坡下玩陀螺。
	舌尖后音 zh、ch、sh、r	zh 桌 ch 戳 sh 说 r 若	卓越 戳穿 说辞 若干	卓尔不群 绰绰有余 硕果累累 弱不禁风	坡上掉菠萝， 菠萝砸陀螺， 砸破陀螺补陀螺， 顶破菠萝剥菠萝。
舌面音 j、q、x		——	——	——	
舌根音 g、k、h		g 国 k 阔 h 火	过度 阔绰 火热	国富民强 波澜壮阔 活力四射	

（三）中响复韵母：iao、iou、uai、uei

1. iao

发音提示：由 i 的舌位滑向 ao 的舌位（这里的 a 为后、低、不圆唇元音），唇形由展到圆，归音的收尾唇形接近于 u［ʊ］。

声母		单字词	双字词	四字词	绕口令
零声母		腰	要强	药到病除	**慢表**（iao） 表慢，慢表， 慢表慢慢半秒。 慢半秒，拨半秒， 拨过半秒多半秒； 多半秒，拨半秒， 拨过半秒少半秒。 拨来拨去是慢表， 慢表表慢慢慢半秒。
双唇音 b、p、m		b 标 p 飘 m 妙	标兵 缥缈 描写	表里如一 飘泼大雨 妙手回春	
唇齿音 f		——	——	——	
舌尖音	舌尖前音 z、c、s	——	——	——	
	舌尖中音 d、t、n、l	d 调 t 跳 n 鸟 l 聊	吊销 跳蚤 袅袅 镣铐	调虎离山 挑肥拣瘦 鸟语花香 了如指掌	**描庙**（iao） 东描庙，西描庙， 左描庙，右描庙， 调转头来描描庙。 前描庙，后描庙， 这一描，那一描， 描得判官满面毛。
	舌尖后音 zh、ch、sh、r	——	——	——	
舌面音 j、q、x		j 教 q 桥 x 笑	教师 巧妙 逍遥	脚踏实地 悄然无声 小题大做	**老老道和小老道**（ao、iao） 高高山上有座庙，庙里住着俩老道，一个年纪老，一个年纪小。庙前长着许多草，有时候老老道煮药，小老道采药，有时候小老道煮药，老老道采药。
舌根音 g、k、h		——	——	——	**猫闹鸟**（ao、iao） 东边庙里有个猫，西边树梢有只鸟。猫鸟天天闹，不知是猫闹树上鸟，还是鸟闹庙里猫。

2. iou（iu）

发音提示：由前、高元音 i 开始，舌位降至央（略后）元音［ə］，然后自然向后、次高、圆唇元音 u［ʊ］的方向滑动，唇形由展到圆。

声母		单字词	双字词	四字词	绕口令
零声母		优	友善	油光发亮	**酒换油**（iou） 一葫芦酒，九两六。一葫芦油，六两九。六两九的油，要换九两六的酒，九两六的酒，不换六两九的油。
双唇音 b、p、m		m 谬	谬论	荒谬绝伦	
唇齿音 f		——	——	——	
舌尖音	舌尖前音 z、c、s				**六十六岁的陆老头**（iou、ou） 六十六岁的陆老头，盖了六十六间楼，买了六十六篓油，养了六十六头牛，栽了六十六棵垂杨柳。六十六篓油，堆在六十六间楼；六十六头牛，扣在六十六棵垂杨柳。忽然一阵狂风起，吹倒了六十六间楼，翻倒了六十六篓油，折断了六十六棵垂杨柳，砸死了六十六头牛，急煞了六十六岁的陆老头。
	舌尖中音 d、t、n、l	d 丢 n 牛 l 流	丢失 扭转 流油	丢三落四 扭转乾坤 流芳千古	
	舌尖后音 zh、ch、sh、r	——	——	——	
舌面音 j、q、x		j 酒 q 球 x 秀	酒肉 求救 绣球	九牛一毛 秋高气爽 秀外慧中	
舌根音 g、k、h		——	——	——	**买肉和买油**（ou、iou） 尤大嫂去买肉，冉大妈去买油，尤大嫂买肉不买油，冉大妈买油不买肉。俩人集上碰了头，尤大嫂请冉大妈到家吃炖肉，冉大妈请尤大嫂去她家喝蜂蜜白糖加香油。

注：韵母 iou 与声母拼合，书写时要缩写为 iu，但是其零声母音节不能缩写，要写成 you。在发音时，受到声母和声调的影响，中间的元音 o 会发生不同程度的弱化。

3. uai

发音提示：由 u 的舌位滑向 ai 的舌位（这里的 a 为前、低、不圆唇元音），唇形由圆到展。受到圆唇元音 u 的影响，这里 a 的唇形要比单独发 a 时稍圆。

声母		单字词	双字词	四字词	绕口令
零声母		歪	外语	歪门邪道	**槐树槐**（uai） 槐树槐，槐树槐，槐树底下搭戏台，人家的姑娘都来了，我家的姑娘还没来。说着说着就来了，骑着驴，打着伞，歪着脑袋上戏台。
双唇音 b、p、m		——		——	
唇齿音 f		——		——	
舌尖音	舌尖前音 z、c、s	——	——	——	
	舌尖中音 d、t、n、l				
	舌尖后音 zh、ch、sh、r	zh 拽 ch 揣 sh 帅	拽住 揣测 摔倒	生拉硬拽 揣时度力 衰败不堪	
舌面音 j、q、x		——		——	
舌根音 g、k、h		怪 快 槐	拐弯 会计 淮南	怪诞不经 快步流星 怀才不遇	

4. uei（ui）

发音提示：由 u 的舌位滑向 ei 的舌位，唇形由圆到展。

声母		单字词	双字词	四字词	绕口令
零声母		威	尾随	危机四伏	**飞毛腿和风难追**（uei） 梅小卫叫飞毛腿， 卫小辉叫风难追。 俩人参加运动会， 百米赛跑快如飞。 飞毛腿追风难追， 风难追追飞毛腿， 梅小卫和卫小辉， 最后不知谁胜谁。
双唇音 b、p、m		——	——	——	
唇齿音 f		——	——	——	
舌尖音	舌尖前音 z、c、s	z 醉 c 崔 s 随	最美 璀璨 随意	醉生梦死 催人泪下 随机应变	
	舌尖中音 d、t、n、l	d 队 t 退	堆积 推背	对症下药 推波助澜	**风吹灰**（uei） 风吹灰堆灰乱飞， 灰飞花上花堆灰。 风吹花灰灰飞去， 灰在风里灰又飞。
	舌尖后音 zh、ch、sh、r	zh 追 ch 吹 sh 水 r 瑞	追随 吹灰 水杯 锐减	追根究底 吹毛求疵 水木年华 锐不可当	
舌面音 j、q、x		——	——	——	**嘴和腿**（uei） 嘴说腿，腿说嘴， 嘴说腿爱跑腿， 腿说嘴爱卖嘴， 光动嘴，不动腿， 不如不长腿。 光动腿，不动嘴， 不如不长嘴。 又动腿，又动嘴， 腿不再说嘴，嘴不再说腿。
舌根音 g、k、h		g 贵 k 亏 h 会	贵妃 葵花 荟萃	鬼斧神工 愧不敢当 绘声绘色	

注：韵母 uei 与声母拼合，书写时要缩写为 ui，但是其零声母音节不能缩写，要写成 wei。在发音时，受到声母和声调的影响，中间的元音 e 会发生不同程度的弱化。

第四节　鼻韵母

一、鼻韵母概说

由一个或两个元音后面加上鼻辅音（"n"或"ng"）组成的韵母叫作鼻韵母，汉语普通话鼻韵母共有16个。发鼻音时，软腭下降，打开鼻腔通路，气流振动声带后从鼻腔通过。

二、鼻韵母的分类

我们可以根据鼻韵母韵尾是舌尖鼻音 n，还是舌根鼻音 ng，将鼻韵母分成前鼻韵母和后鼻韵母两类：

（一）前鼻韵母： an、en、uan、uen、in、ian、ün、üan

（二）后鼻韵母： ang、eng、ong、uang、ueng、ing、iang、iong

三、鼻韵母发音

（一）前鼻韵母：an、en、uan、uen、in、ian、ün、üan

1. an

发音提示：先发 a，然后软腭下降，打开鼻腔通路，同时舌尖抵住上齿龈，气流在口腔中受到阻碍后从鼻腔流出，收鼻韵尾音 n。受到前鼻韵尾 n 的影响，这里 a 的舌位要比单发 a 略靠前，为前、低、不圆唇元音。

声母		单字词	双字词	四字词	绕口令
零声母		安	暗藏	安身立命	**长扁担和短扁担（an）** 长扁担，短扁担， 长扁担比短扁担长半扁担， 短扁担比长扁担短半扁担。 长扁担绑在短板凳上， 短扁担绑在长板凳上。 长板凳不能绑在比长扁担短半扁担的短扁担上，短板凳也不能绑在比短扁担长半扁担的长扁担上。 **满、懒、难（an）** 学习就怕满、懒、难，心里有了满、懒、难，不看不钻就不前；心里去掉满、懒、难，永不自满，边学边干，蚂蚁也能搬泰山。
双唇音 b、p、m		b 半 p 盘 m 满	斑斓 盘旋 漫天	半路出家 盘龙卧虎 漫不经心	
唇齿音 f		f 番	饭碗	翻来覆去	
舌尖音	舌尖前音 z、c、s	z 咱 c 餐 s 散	攒钱 惨淡 散漫	赞不绝口 参天大树 三言两语	
	舌尖中音 d、t、n、l	d 单 t 坛 n 难 l 蓝	淡然 贪婪 南山 揽件	单枪匹马 谈笑风生 南来北往 烂熟于心	
	舌尖后音 zh、ch、sh、r	zh 展 ch 产 sh 山 r 染	展览 产蛋 闪电 冉冉	战无不胜 馋涎欲滴 山高路远 燃眉之急	
舌面音 j、q、x		——	——	——	
舌根音 g、k、h		g 干 k 看 h 汉	橄榄 看见 喊叫	甘拜下风 侃侃而谈 汗流满面	

2. en

发音提示：先发 e（舌位居中），然后软腭下降，打开鼻腔通路，同时舌尖抵住上齿龈，气流在口腔中受到阻碍后从鼻腔流出，收鼻韵尾音 n。

声母		单字词	双字词	四字词	绕口令
零声母		恩	恩泽	恩深似海	**针和盆**（en） 小陈去卖针，小沈去卖盆。俩人挑着担，一起出了门。小陈喊卖针，小沈喊卖盆。也不知是谁卖针，也不知是谁卖盆。
双唇音 b、p、m		b 笨 p 盆 m 闷	本分 盆栽 闷热	笨手笨脚 喷薄欲出 闷闷不乐	
唇齿音 f		f 分	愤懑	分道扬镳	**闷娃和笨娃**（en） 闷娃闷，笨娃笨。 闷娃嫌笨娃笨， 笨娃嫌闷娃闷。 闷娃说笨娃我闷你笨， 笨娃说闷娃我笨你闷。 也不知是闷娃笨还是笨娃闷。
舌尖音	舌尖前音 z、c、s	z 怎 c 岑 s 森	谮言 涔涔 森严	谮下谩上 参差不齐 森严壁垒	
	舌尖中音 d、t、n、l	n 嫩	嫩黄	娇皮嫩肉	
	舌尖后音 zh、ch、sh、r	zh 真 ch 辰 sh 申 r 人	振奋 沉沦 深沉 人参	真知灼见 陈年往事 身不由己 任劳任怨	
舌面音 j、q、x		——	——	——	
舌根音 g、k、h		g 根 k 肯 h 狠	根据 恳请 狠毒	根深蒂固 勤勤恳恳 恨之入骨	

3. uan

发音提示：舌位由 u 向 an 滑动，唇形由圆到展。受到前鼻音 n 的影响，这里 a 的舌位要比单发 a 略靠前，为前、低、不圆唇元音。u 的唇形比单发 u 时稍圆。

声母		单字词	双字词	四字词	绕口令
零声母		弯	玩耍	万全之策	**红黄饭碗**（uan） 红饭碗，黄饭碗。 红饭碗盛满饭碗， 黄饭碗盛饭半碗， 黄饭碗添了半碗饭， 红饭碗减了饭半碗， 黄饭碗比红饭碗又多半碗饭。
双唇音 b、p、m		——	——		
唇齿音 f		——	——	——	
舌尖音	舌尖前音 z、c、s	z 钻 c 窜 s 酸	钻孔 攒动 算盘	钻心刺骨 篡位谋权 酸甜苦辣	
	舌尖中音 d、t、n、l	d 端 t 团 n 暖 l 栾	断言 团圆 暖阳 栾川	短吃少穿 团花锦簇 暖衣饱食 鸾凤和鸣	**潘判官和管判官**（an、uan） 苏州玄妙观，东西俩判官，东判官姓潘，西判官姓管，管判官要管潘判官，潘判官要管管判官，闹得谁也不服管。
	舌尖后音 zh、ch、sh、r	zh 专 ch 穿 sh 栓 r 软	转换 传说 栓子 软缎	专心致志 川流不息 软弱无能	
舌面音 j、q、x		——	——	——	
舌根音 g、k、h		g 关 k 宽 h 环	冠冕 宽限 患难	管中窥豹 宽宏大量 欢天喜地	

4. uen（un）

发音提示：舌位由 u 向 en 滑动，唇形由圆到展。

声母		单字词	双字词	四字词	绕口令
零声母		文	稳重	闻鸡起舞	**礅和棍**（un）
双唇音 b、p、m		——	——	——	礅下压个棍，棍上压个礅，
唇齿音 f		——	——	——	礅压棍滚，棍滚礅滚。
舌尖音	舌尖前音 z、c、s	z 尊 c 存 s 笋	遵命 存心 损失	尊老爱幼 寸步难行 损人利己	**孙伦打靶**（en、un） 孙伦打靶真叫准，半蹲射击特别神，本是半路出家人，摸爬滚打练成神。
	舌尖中音 d、t、n、l	d 吨 t 吞 n 麕 l 伦	蹲守 吞吐 温麕 轮回	抑扬顿挫 吞吞吐吐 论今说古	
	舌尖后音 zh、ch、sh、r	zh 谆 ch 纯 sh 顺 r 闰	准备 春雨 瞬间 润色	谆谆教诲 蠢蠢欲动 瞬息万变 润物无声	
舌面音 j、q、x		——	——	——	
舌根音 g、k、h		g 棍 k 昆 h 昏	滚动 昆仑 馄饨	滚瓜烂熟 昆山之玉 昏天黑地	

注：韵母 uen 与声母拼合，书写时要缩写为 un，但是其零声母音节不能缩写，要写成 wen。在发音时，受到声母和声调的影响，中间的元音 e 会发生不同程度的弱化。

5. in

发音提示：先发 i，然后（软腭下降，打开鼻腔通路），同时（舌尖抵住上齿龈），气流在口腔中受到阻碍后从鼻腔流出，收鼻韵尾音 n。i 到 n 的动程较小，可以适当扩大 i 的开口度，即"窄音宽发"的原则，增加这个音的圆润度。

声母		单字词	双字词	四字词	绕口令
零声母		音	因果	阴云蔽日	**土变金**（in） 你也勤来我也勤， 生产同心土变金。 工人农民亲兄弟， 心心相印团结紧。
双唇音 b、p、m		b 宾 p 拼 m 民	濒临 拼音 民心	彬彬有礼 品头论足 泯灭人性	
唇齿音 f		——	——	——	
舌尖音	舌尖前音 z、c、s	——	——	——	
	舌尖中音 d、t、n、l	n 您 l 林	您好 邻里	淋漓尽致	
	舌尖后音 zh、ch、sh、r	——	——	——	
舌面音 j、q、x		j 今 q 琴 x 心	近亲 亲信 辛勤	今非昔比 琴瑟和鸣 心心相印	
舌根音 g、k、h		——	——	——	

6. ian

发音提示：舌位由 i 向 an 滑动。这里 a 的舌位比单发 a 略高略前，实际读音接近于〔ɛ〕。

声母		单字词	双字词	四字词	绕口令
零声母		烟	眼眶	奄奄一息	**左半边和右半边**（ian） 一条布裙，左边半边，右边半边。左边半边包不住右边半边，右边半边包不住左边半边。
双唇音 b、p、m		b 边 p 偏 m 勉	变脸 片面 面谈	变化多端 片言只语 勉为其难	
唇齿音 f		——	——	——	**半边莲和半边天**（ian） 半边莲，莲半边，半边莲长在山涧边。半边天路过山涧边，发现这片半边莲。半边天拿来一把镰，割了半筐半边莲。半筐半边莲，送给边防连。
舌尖音	舌尖前音 z、c、s	——	——	——	
	舌尖中音 d、t、n、l	d 电 t 天 n 年 l 连	店面 天线 黏连 练拳	电闪雷鸣 天昏地暗 念念有词 廉洁奉公	**扁斑鸠要吃扁扁豆**（ian） 西场里晒一席扁鼻子扁眼扁扁豆，东边飞来一群扁鼻子扁眼扁斑鸠，要吃这一席扁鼻子扁眼扁扁豆，我拾起一块扁鼻子扁眼扁砖头，吓跑那群扁鼻子扁眼扁斑鸠。
	舌尖后音 zh、ch、sh、r	——	——	——	
舌面音 j、q、x		j 见 q 前 x 先	检点 浅显 鲜艳	见字如面 千人一面 鲜为人知	
舌根音 g、k、h		——	——	——	

7. ün

发音提示：舌位由 ü 向 n 滑动，先发 ü，然后软腭下降，打开鼻腔通路，同时舌尖抵住上齿龈，收鼻韵尾 n。ü 到 n 的动程较小，可以适当扩大 ü 的开口度，即"窄音宽发"的原则，增加这个音的圆润度。ü 的唇形比单发 ü 略展，但依旧呈圆形，要避免错读成"üin"。

声母		单字词	双字词	四字词	绕口令
零声母		晕	云朵	运筹帷幄	**换绿裙**（ün） 军车运来一堆裙，一色军用绿色裙。军训女生一大群，换下花裙换绿裙。
双唇音 b、p、m		——	——	——	
唇齿音 f		——	——	——	
舌尖音	舌尖前音 z、c、s				**军军和群群**（ün） 军军和群群，一起去军训，扛起小步枪，学做解放军。
	舌尖中音 d、t、n、l				
	舌尖后音 zh、ch、sh、r				
舌面音 j、q、x		j 军 q 群 x 勋	均匀 群体 询问	军令如山 群策群力 训练有素	
舌根音 g、k、h		——	——	——	

8. üan

发音提示：舌位由 ü 向 an 滑动，唇形由圆到展。受到前鼻韵尾 n 的影响，这里 a 的舌位比单发 a 略靠前且略高，实际读音接近于 [æ]。

声母		单字词	双字词	四字词	绕口令
零声母		员	远程	源远流长	**画圆圈**（üan） 圆圈圆，圈圆圈，圆圆娟娟画圆圈。娟娟画的圈连圈，圆圆画的圈套圈。娟娟圆圆比圆圈，看看谁的圆圈圆。
双唇音 b、p、m		——	——	——	
唇齿音 f		——	——	——	
舌尖音	舌尖前音 z、c、s	——	——	——	**谁眼圆**（ian、üan） 山前有个阎圆眼，山后有个阎眼圆，二人山前来比眼，不知是阎圆眼的眼圆，还是阎眼圆的眼圆。
	舌尖中音 d、t、n、l	——	——	——	
	舌尖后音 zh、ch、sh、r	——	——	——	**山岩和山泉**（ian、üan） 山岩出山泉，山泉源山岩，山泉抱山岩，山岩依山泉，山泉冲山岩。
舌面音 j、q、x		j 卷 q 全 x 轩	捐献 全面 轩辕	涓涓细流 全军覆没 炫彩斑斓	**男演员、女演员**（ian、üan） 男演员、女演员， 同台演戏说方言。 男演员说吴方言， 女演员说闽南言。 男演员演远东旅行飞行员， 女演员演鲁迅文学研究员。 研究员、飞行员，吴方言、闽南言。你说男女演员演得全不全?
舌根音 g、k、h		——	——	——	

（二）后鼻韵母：ang、eng、ong、uang、ueng、ing、iang、iong

1. ang

发音提示：先发 a，舌体后缩，舌面后部隆起，软腭下降，打开鼻腔通路，同时舌根抵住软腭，气流受到阻碍后从鼻腔流出，收后鼻韵尾 ng。受到后鼻韵尾 ng 的影响，这里 a 的舌位比单发 a 略靠后，为后、低、不圆唇元音。

声母		单字词	双字词	四字词	
零声母		肮	盎然	昂首阔步	***海水涨**（ang）* 海水涨，常常涨，常涨常消。
双唇音 b、p、m		b 棒 p 旁 m 芒	帮忙 膀胱 莽撞	棒打鸳鸯 庞然大物 盲人说象	
唇齿音 f		f 方	芳香	放虎归山	
舌尖音 d、t、n、l	舌尖前音 z、c、s	z 脏 c 藏 s 桑	葬送 沧桑 嗓音	葬身火海 藏头露尾 丧权辱国	
	舌尖中音 d、t、n、l	d 当 t 堂 n 囊 l 狼	党派 汤勺 囊括 浪花	当仁不让 堂而皇之 囊中羞涩 狼吞虎咽	
	舌尖后音 zh、ch、sh、r	zh 张 ch 常 sh 商 r 让	张扬 敞亮 伤口 嚷嚷	张冠李戴 长久不衰 赏罚分明 让枣推梨	
舌面音 j、q、x		——	——	——	
舌根音 g、k、h		g 钢 k 康 h 夯	刚强 慷慨 航行	刚正不阿 康庄大道 航空母舰	

2. eng

发音提示：先发央元音 e ［ə］，舌体后缩，舌面后部隆起，软腭下降，打开鼻腔通路，同时舌根抵住软腭，气流受到阻碍后从鼻腔流出，收后鼻韵尾 ng。

声母		单字词	双字词	四字词	绕口令
零声母		鞥			**藤与绳**（eng） 丝瓜藤，绕丝藤，丝绳绕上丝瓜藤，藤长绳长绳藤绕，绳长藤伸绳绕藤。
双唇音 b、p、m		b 崩 p 碰 m 梦	绷紧 澎湃 梦想	蹦蹦跳跳 蓬头垢面 梦寐以求	
唇齿音 f		f 风	锋芒	风驰电掣	**峰、蜂、风**（eng） 峰中有蜂，峰上风飞蜂望风； 风中有风，风中蜂飞风斗蜂。 不知到底是峰上蜂望风，还是风中风斗蜂。
舌尖音	舌尖前音 z、c、s	z 增 c 层 s 僧	赠送 曾经 僧侣	憎爱分明 层出不穷 僧多粥少	
	舌尖中音 d、t、n、l	d 登 t 疼 n 能 l 棱	灯火 腾空 能耐 冷静	登峰造极 腾云驾雾 能说会道 冷嘲热讽	
	舌尖后音 zh、ch、sh、r	zh 正 ch 成 sh 省 r 仍	郑重 成功 升腾 仍然	郑重其事 乘龙快婿 生龙活虎 一仍其旧	
舌面音 j、q、x		——	——	——	
舌根音 g、k、h		g 更 k 坑 h 恒	更正 铿锵 衡量	更深人静 坑蒙拐骗 横眉竖眼	

3. ong

发音提示：舌位由 o 滑向 ng，这里的 o 是比后、高、圆唇元音 u 舌位略低的次高、圆唇元音［ʊ］。先发［ʊ］，舌体后缩，舌面后部隆起，软腭下降，打开鼻腔通路，同时舌根抵住软腭，气流受到阻碍后从鼻腔流出，收后鼻韵尾 ng。注意唇形要始终拢圆。

	声母	单字词	双字词	四字词	绕口令
	零声母	——	——	——	**老龙和老农**（ong）
	双唇音 b、p、m	——	——	——	老龙恼怒闹老农，
	唇齿音 f	——	——	——	老农恼怒闹老龙。
舌尖音	舌尖前音 z、c、s	z 宗 c 聪 s 嵩	纵横 从容 宋城	总而言之 耳聪目明 送故迎新	龙怒农恼龙更怒， 龙恼农怒龙怕农。 **栽葱和栽松**（ong） 冲冲栽了十畦葱，松松栽了十
	舌尖中音 d、t、n、l	d 冬 t 童 n 农 l 笼	东风 童星 农耕 龙腾	冬去春来 通宵达旦 浓墨重彩 龙潭虎穴	棵松。冲冲说栽松不如栽葱，松松说栽葱不如栽松。是栽松不如栽葱，还是栽葱不如栽松？
	舌尖后音 zh、ch、sh、r	zh 中 ch 充 r 荣	中庸 冲动 荣升	众说纷纭 重归于好 融会贯通	**补桶**（ong） 桐木桶，桶有洞，补洞用桐不用铜。用铜补洞补不住，用桐补桶桶无洞。
	舌面音 j、q、x	——	——	——	
	舌根音 g、k、h	g 工 k 空 h 洪	宫廷 空军 红肿	供不应求 空中楼阁 宏图大志	**风、松、钟、弓**（eng、ong） 走如风，站如松，坐如钟，睡如弓。风、松、钟、弓、弓、钟、松、风，连念七遍口齿清。

注：ong 的实际发音是 u 的唇形、e 的舌位和 ng 的收音三者的综合，ong 根据读音可归入合口呼。ong 要与声母拼合成音节，而 ueng 只能独立自成音节（weng），所以 ong≠ueng。用"ong＝ung"这一表述方法，既体现了这个韵母是合口呼，又能够避免与 ueng 音混淆。ong 和 ung 是一个韵母的不同表现形式，用 ong 而不用 ung 表示［ʊŋ］，可避免 ung 与 ang 的手写体相混。

4. uang

发音提示：舌位由 u 向 ang 滑动，唇形由圆到展。这里的 a 为后、低、不圆唇元音。

	声母	单字词	双字词	四字词	绕口令
	零声母	汪	往常	网罗万象	**王庄和匡庄（uang）** 王庄卖筐，匡庄卖网，王庄卖筐不卖网，匡庄卖网不卖筐，你要买筐别去匡庄去王庄，你要买网别去王庄去匡庄。
	双唇音 b、p、m	——	——	——	
	唇齿音 f	——	——	——	
舌尖音	舌尖前音 z、c、s	——	——	——	
	舌尖中音 d、t、n、l	——	——	——	
	舌尖后音 zh、ch、sh、r	zh 庄 ch 床 sh 霜	装箱 闯荡 霜降	装模作样 窗明几净 双喜临门	
	舌面音 j、q、x	——	——	——	
	舌根音 g、k、h	g 光 k 框 h 皇	广场 狂妄 黄冈	光明磊落 旷世奇才 恍然大悟	

5. ueng

发音提示：舌位由 u 向 eng 滑动，先发 u 音，然后舌位滑到央元音 [ə] 的位置，舌位升高，软腭下降，同时舌根抵住软腭，气流在口腔中受到阻碍流向鼻腔，收后鼻韵尾 ng。唇形由圆到展。

声母		单字词	双字词	四字词	绕口令
零声母		翁	蓊郁	瓮中捉鳖	**老翁和小瓮**（ueng） 老翁卖酒小瓮买， 小瓮买酒老翁卖。
双唇音 b、p、m		——	——	——	
唇齿音 f		——	——	——	
舌尖音	舌尖前音 z、c、s	——	——	——	
	舌尖中音 d、t、n、l	——	——	——	
	舌尖后音 zh、ch、sh、r	——	——	——	
舌面音 j、q、x		——	——	——	
舌根音 g、k、h		——	——	——	

6. ing

发音提示：先发 i，舌体后缩，然后软腭下降，打开鼻腔通路，同时舌根抵住软腭，气流受到阻碍后从鼻腔流出，收后鼻韵尾 ng。注意这个音直接从 i 滑向鼻韵尾 ng 音，口形没有明显变化，中间不要加"e"音，错读成"ieng"。

声母		单字词	双字词	四字词	绕口令
零声母		英	应急	影影绰绰	**天上七颗星**（ing） 天上七颗星，树上七只鹰，梁上七个钉，台上七盏灯。拿扇扇了灯，用手拔了钉，举枪打了鹰，乌云盖了星。
双唇音 b、p、m		b 兵 p 平 m 命	冰霜 乒乓 铭记	并驾齐驱 萍水相逢 明察秋毫	
唇齿音 f		——	——	——	**任命和人名**（ing） 任命是任命，人名是人名，任命不能说成人名，人名也不能说成任命。
舌尖音	舌尖前音 z、c、s	——	——	——	
	舌尖中音 d、t、n、l	d 定 t 停 n 拧 l 令	叮咛 庭审 拧绳 领情	鼎鼎大名 亭亭玉立 宁死不屈 玲珑八面	**银鹰炸冰凌**（in、ing） 春风送暖化冰层，黄河上游漂冰凌，水中冰凌碰冰凌，集成冰坝出险情。人民空军为人民，飞来银鹰炸冰凌，银鹰轰鸣黄河唱，爱民歌声震长空。
	舌尖后音 zh、ch、sh、r	——	——	——	
舌面音 j、q、x		j 京 q 请 x 姓	惊醒 庆幸 星空	惊涛骇浪 情不由衷 星星之火	
舌根音 g、k、h		——	——	——	**敬母亲**（in、ing） 生身亲母亲，谨请您就寝，请您深放心，身心很要紧。您请我进来，进来敬母亲。 **冰棒碰瓶**（eng、ing） 半盆冰棒半盆瓶，冰棒碰盆，盆碰瓶，盆碰冰棒盆不怕，冰棒碰瓶瓶必崩。

续表

声母	单字词	双字词	四字词	绕口令
				停和行（ing、eng） 十字路口指示灯，红黄绿灯分得清，红灯停，绿灯行，行停、停行看灯明。 **洞庭铃**（en、eng、in、ing） 东洞庭，西洞庭，洞庭山上一根藤，藤上挂个大铜铃。风起藤动铜铃响，风停藤定铜铃静。

7. iang

发音提示：舌位由 i 滑动到 ɑ，然后舌位升高，软腭下降，打开鼻腔通路，同时舌根抵住软腭，气流受到阻碍后从鼻腔流出，收后鼻韵尾 ng。这里 ɑ 的舌位要比单发 ɑ 略靠后，为后、低、不圆唇元音。受到不圆唇元音 i 的影响，这里 ɑ 的唇形比单发央 ɑ 稍扁。

声母		单字词	双字词	四字词	绕口令
零声母		央	阳光	洋洋得意	**羊和墙**（iang） 杨家养了一只羊，蒋家修了一道墙。杨家的羊撞倒了蒋家的墙，蒋家的墙压死了杨家的羊。杨家要蒋家赔杨家的羊，蒋家要杨家赔蒋家的墙。 **绵羊和黄狼**（ang、iang） 山下放绵羊，山上有黄狼。黄狼追绵羊，绵羊满山藏。放羊的打狼狼追羊，眼看绵羊要遭殃，忽然一阵鞭子响，打跑了黄狼保住羊。
双唇音 b、p、m		——	——	——	
唇齿音 f		——	——	——	
舌尖音	舌尖前音 z、c、s	——	——	——	
	舌尖中音 d、t、n、l	n 娘 l 量	酿造 亮相	半老徐娘 量体裁衣	
	舌尖后音 zh、ch、sh、r	——	——	——	
舌面音 j、q、x		j 江 q 强 x 响	江洋 抢粮 湘江	将计就计 强人所难 响彻心扉	
舌根音 g、k、h		——	——	——	

8. iong

发音提示：这里 io 是 ü 的改写，io 的实际发音接近于 ü，iong 要发成撮口呼韵母。先发 ü，舌体后缩，舌面后部隆起，软腭下降，打开鼻腔通路，同时舌根抵住软腭，气流受到阻碍后从鼻腔流出，收后鼻韵尾 ng。

声母		单字词	双字词	四字词	绕口令
零声母		用	勇敢	庸人自扰	**学游泳**（iong） 小涌勇敢学游泳， 勇敢游泳是英雄。
双唇音 b、p、m		——	——	——	
唇齿音 f		——	——	——	
舌尖音	舌尖前音 z、c、s	——	——	——	
	舌尖中音 d、t、n、l				
	舌尖后音 zh、ch、sh、r				
舌面音 j、q、x		j 囧 q 穷 x 熊	窘迫 穹顶 雄鹰	迥然不同 穷途末路 胸有成竹	
舌根音 g、k、h		——	——	——	

注：《汉语拼音方案》根据字母形式将 iong 归入齐齿呼，根据实际发音应将 iong 归入撮口呼。

用 iong 而不用 üng 表示 [yŋ]，可以避免 u 和 a 的手写体相混。此外，i 和 o [u] 并非相继发音，而是同时发音，是 i 的舌位和 u 的唇形的综合。

说明：鼻音韵尾在语流中，会根据下一个字开头辅音的变化而变化，甚至只需将鼻韵尾前的元音鼻化并脱落鼻音即可。举例说明：

①前鼻音后音节开头是 b、p、m 的字时，–n 字尾变为 [m]，如：板报、山坡、面包。

②棉袄（mián'ǎo）一词中的"棉"字，只需将 mián 的主要元音 a 鼻化即可，读成 miã'ao。

语音学把鼻音韵尾的具体变化一一罗列，我们在这里只作简单说明，目的是希望学习者了解鼻音的语流音变，避免在语流中僵死地按照鼻韵母的要求发音，那样只会让语流变得不自然。我们在规范舌位、唇形的同时，也要兼顾自然、舒服的语流。

附：《普通话韵母结构表（例字）》

例字	韵母			
	韵头	韵腹	韵尾	
			元音	辅音
啊 ā		a		
爱 ài		a	i	
恩 ēn		e		n
音 yīn		i		n
叶 yè		i	ê	
我 wǒ	u	o		
王 wáng	u	a		ng
外 wài	u	a	i	
邀 yāo	i	a	o	
未 wèi	u	e	i	
闻 wén	u	e		n
优 yōu	i	o	u	

拓展——/a/的音位变体

音位是一个语音系统中能够区别意义的最小语音单位，是根据语音的社会属性划分的。不能起区别意义的一组音素，可以归纳为一个音位。例如："快跑啊！（kuài pǎo wa）"三个字的韵腹 a 实际上是三个不同的音素［a］、［ɑ］、［A］，三者互换也并不会改变意义，所以这三个音素可以归为一个音位。

元音音素/a/在音节中受前后音素的影响，舌位会发生改变：

（1）单独出现在零韵尾之前，舌位居中，实际读音为央、低元音［A］，称为"央α"；

（2）出现在元音韵尾 i 和前鼻音韵尾 n 之前，舌位靠前，实际读音是前、低元音［a］，我们称其为"前α"；

（3）在元音韵尾 u 和后鼻韵尾 ng 之前，舌位会后移，实际读音为后、低元音［ɑ］，我们称其为"后α"；

（4）出现在 i 和 n 之间组成鼻韵母 ian 时，因为 i 的舌位和 n 的归音舌位比较接近，在快速的语流中舌位动幅受到影响，舌位不仅比"央α"略靠前且略高，是一个舌面前、半低、不圆唇元音［ε］；

（5）出现在 ü 和 n 之间组成鼻韵母 üan 时，舌位比"央α"略靠前且略高，实际读音接近于舌面前、近低（比半低稍低）、不圆唇元音［æ］。

一个音位往往包含若干个不同的音，这些音就叫作这个音位的"音位变体"。上面的［a、A、ɑ、ε、æ］就是/ɑ/的音位变体。

/ɑ/的音位变体表

前 α［a］	ai、uai、an、uan
央 α［A］	a、ia、ua
后 α［ɑ］	ao、iao、ang、iang、uang
［ε］	ian
［æ］	üan

第五节　韵母辨读

一、分辨 n 和 ng

发前鼻韵尾 n 时，舌尖轻轻抵住上齿龈形成阻碍，让气息从鼻腔流出，产生鼻腔共鸣。

发后鼻韵尾 ng 时，舌根或舌面的后部要上抬，轻轻抵住软腭或软硬腭交界处形成阻碍，让气息从鼻腔流出，产生鼻腔共鸣。

能发准前后鼻音的同时，还要能够辨清一个字是前鼻音还是后鼻音。

辨读练习

1. an-ang 对比辨音

an-ang 安—肮　暗—盎

ban-bang 般—帮　板—榜　半—傍

pan-pang 潘—乓　盘—旁　盼—胖

man-mang 嫚—忙　蛮—芒　满—莽

fan-fang 番—方　烦—防　反—仿　犯—放

dan-dang 单—当　胆—挡　诞—荡

tan-tang 贪—汤　弹—唐　坦—淌　叹—烫

nan-nang 囡—囊　男—馕

lan-lang 兰—狼　懒—朗　烂—浪

gan-gang 甘—刚　感—港　干—杠

kan-kang 刊—康　看—抗

han-hang 憨—夯　韩—杭　汉—沆

zhan-zhang 粘—章　斩—涨　战—帐

chan-chang 掺—昌　馋—尝　产—场　忏—唱

shan-shang 山—商　闪—赏　汕—上

ran-rang 然—瓤　染—嚷

zan-zang 簪—脏　赞—藏

can-cang 餐—仓　残—藏

san-sang 三—桑　伞—嗓　散—丧

ian-iang 烟—央　言—阳　演—养　燕—样

uan-uang 弯—汪　玩—王　晚—网　万—忘

小县—小巷　天坛—天堂　车船—车床　开饭—开放
白盐—白杨　放宽—放筐　惋惜—往昔　鲜花—香花

2. en 和 eng 对比辨音

en-eng 恩—鞥

ben-beng 奔—崩　本—绷　笨—蹦

pen-peng 喷—烹　盆—朋　喷—碰

men-meng 闷—蒙　门—萌　焖—孟

fen-feng 分—风　棼—逢　粉—讽　份—凤

nen-neng 嫩—能

gen-geng 根—耕　艮—更

ken-keng 肯—坑

hen-heng 痕—衡　恨—横

zhen-zheng 真—争　诊—整　振—正

chen-cheng 嗔—称　辰—城　碜—骋　趁—秤

shen-sheng 身—生　神—绳　沈—省　甚—胜

90

ren-reng 人—仍

zen-zeng 怎—增

cen-ceng 岑—层

sen-seng 森—僧

uen（un）-ueng 温—翁 稳—蓊 问—瓮

忠臣—忠诚　长针—长征　纷纷—分封　真理—争理

3. in 和 ing 对比辨音

in-ing 因—英　银—莹　饮—影　印—映

bin-bing 宾—兵　鬓—并

pin-ping 拼—乒　贫—平

min-ming 民—名

nin-ning 您—宁

lin-ling 林—铃 凛—岭 吝—令

jin-jing 今—京　仅—景　近—境

qin-qing 亲—青　琴—晴　寝—请　沁—庆

xin-xing 心—星　信—姓

引子—影子　信服—幸福　贫民—平民

人民—人名　辛勤—心情

4. ün 和 iong 的对比辨音

ün-iong 晕—拥 陨—勇 运—用

运气—用气　运到—用到　群山—琼山　运动—涌动

二、分辨 i 和 ü

i 和 ü 的舌位相近，不同的是唇形，ü 是圆唇元音，发音时唇要拢圆，而 i 是展唇元音。除了发好这两个单韵母，还要练习 i、ü 做韵头的韵母：ia、ie、iao、iou、in、iang、ing、ün、iong、üe、üan。

辨读练习

1. i—ü

你—女　梨—驴　基—居　七—区　西—虚
月季—越剧　书籍—书局　气味—趣味　戏曲—序曲

2. ie—üe

捏—虐　列—掠　节—觉　切—缺　写—雪
业界—越界　瞎写—下雪　字节—自觉

3. ian—üan

艰—捐　千—圈　先—轩　烟—渊
走眼—走远　现任—选人　坚持—卷尺

4. in—ün

音—晕　今—均　亲—群　新—勋
工薪—功勋　白银—白云　招新—找寻　亲王—君王

5. ing—iong

英—拥　清—穷　京—炯　星—熊
猩猩—熊熊　英俊—拥军　清苦—穷苦　老鹰—老兄

三、分辨 o 和 e

　　o 和 e 舌位相似，不同的是 o 在发音时唇形拢圆，e 在发音时唇形扁平。此外，在汉语普通话中，单韵母 o 只能与双唇音 b、p、m 和唇齿音 f 四个声母拼合；单韵母 e 不能与双唇音 b、p、m，唇齿音 f 和舌面音 j、q、x 相拼合。

　　注：只有在"么"的部分轻声音节中，单韵母 e 与双唇音 m 可以拼合。例如：多么（me）。

　　下面是 o 和 e 的对比练习：

　　o-e

单字词

波—歌　破—可　摸—喝　佛—合

双字词

o-e 破格　墨盒　薄荷　磨合

e-o 隔膜　磕破　折磨　车模

o-o 磨破　卧佛　泼墨　伯伯

e-e 特设　割舍　可乐　苛刻

拓展——周有光和汉语拼音方案

央视《国家记忆》20190912 周有光和汉语拼音方案

第六节　四呼

　　开、齐、撮、合，谓之"四呼"。此读字之口法也。开口谓之
开，其用力在喉。齐齿谓之齐，其用力在齿。撮口谓之撮，其用力
在唇。合口谓之合，其用力在满口。欲读此字，必得此字之读法，
则其字音始真，否则终不能合度，然此非喉舌齿牙唇之谓也。盖喉
舌齿牙唇者，字之所从生；开齐撮合者，字之所从出。喉舌齿牙唇，
各有开齐撮合，故五音为经，四呼为纬。今人虽能知音之正，而呼
之不清者，皆开齐撮合之法不习故也。

——《乐府传声》徐大椿

　　"四呼"是汉语音韵学的一个术语，也是戏曲演员在唱念时吐字
发音的规范之一。根据发音时开头元音的口、唇形，我们把韵母分
为开口呼、齐齿呼、合口呼和撮口呼四类，俗称"四呼"。

"四呼"韵母表

四呼	单韵母	前响复韵母	中响复韵母	后响复韵母	鼻韵母
开口呼	a	ai、ao			an、ang
	o	ou			
	e	ei			en、eng
	ê				
	单韵母-i（前）、-i（后）和er，不参与构成其他复韵母和鼻韵母				
齐齿呼	i		iao、iou	ia、ie	in、ian、ing、iang
合口呼	u		uai、uei	ua、uo	ong、uan、uang uen、ueng
撮口呼	ü			üe	ün、üan、iong

现代汉语语音学则根据韵母的韵头（介音）或韵腹来区分四呼，"四呼"全景展示了现代汉语普通话的介音系统，表明了韵母开头音的口、唇形态。

清代潘耒在《音类》中对"四呼"做了生动的描述：

凡音皆自内而外，初发于喉，平舌舒唇，谓之开口；举舌对齿，声在舌腭之间，谓之齐齿；敛唇而蓄之，声满颐辅之间，谓之合口；蹙唇而成声，谓之撮口。

（颐：面颊、腮 辅：口角两旁）

我们要明确"四呼"的口、唇形态，同时也要感受发音时着力部位的变化。训练时可以强调口唇形态，夸张练习。但是在播音主持实践中，唇形要讲求"中庸之道"——

开口呼唇形不要过大；

齐齿呼唇形不要过扁；

合口呼嘴唇不要太向前突出；

撮口呼撮嘴角即可。

只有这样，才能避免矫枉过正、过犹不及，最终真正达到所谓"腔随字走，字领腔行"的目的，做到紧张而不机械、松弛而不松懈的"字正腔圆"。

一、开口呼

概念：不是 i、u、ü 或不以 i、u、ü 开头的韵母属于开口呼。

口唇形：嘴巴张开，开始发音时嘴唇开度较宽且较放松。

着力点："开口谓之开，其用力在喉。"发音着力于口腔后部，用力在喉（不是喉音）。气流几乎无阻力。

无—a 啊(bā pá mǎ fǎ zá cā sā dá tǎ nà là zhà chá shā gà 八爬马法杂擦撒达塔那辣炸茶纱尬 kǎ hā 卡哈)

i—ai 爱(bái pái mǎi zài cài sài dāi tái nài lài zhái chǎi shài gāi kāi hǎi 白排买在菜赛呆台奈赖宅拆晒该开海)

o—ao 奥(bāo pǎo mào zǎo cáo sǎo dào tāo náo láo zhào chāo shǎo rào 包跑貌早曹扫到掏脑牢召超少绕 gào kǎo hǎo 告考好)

n—an 安(bàn pán mǎn fān zán cān sàn dān tán nán lán zhǎn chǎn shān 半盘满番咱餐散单坛难蓝展产山 rǎn gàn kàn hàn 染干看汉)

ng—ang 昂(bàng páng máng fāng zāng cāng sāng dāng táng náng láng zhāng 棒旁芒方脏苍桑当堂囊狼张 cháng shāng ràng gāng kāng hāng 常商让钢康夯)

a

无—e 鹅(é me gē kē hē zé cè sè dé tè nè lè zhè chē shè rè 么歌科喝则册色得特讷乐这车社热)

i—ei 欸(ei bèi péi méi fēi zéi děi nèi lěi zhèi shéi gěi hēi 贝陪媒飞贼得内累这谁给黑)

n—en 恩(ēn bèn pén mèn fēn zěn cén sēn nèn zhēn chén shēn rén gēn kěn hěn 笨盆闷分怎岑森嫩真辰申人根肯狠)

ng—eng 鞥(ēng bēng pèng mèng fēng zēng céng sēng dēng téng néng léng zhèng 崩碰梦风增层僧登疼能棱正 chéng shěng réng gèng kēng héng 成省仍更坑恒)

e

ê ——→ 无—ê 欸 ê

无—o 哦(ò bō pō mō fó 波坡摸佛)

u—ou 欧(ōu pōu mǒu fǒu zǒu còu sōu dōu tóu nòu lóu zhōu chǒu 剖某否走凑艘都头耨楼周丑 shōu ròu gōu kǒu hóu 收肉沟口侯)

o

注：bo、po、mo、fo 的实际发音为 buo、puo、muo、fuo，这四个音根据字母形式应列入开口呼韵母音节之列，但根据实际读音则应归入合口呼韵母音节之列，默认其介音为 u。

$-i$（前）$\longrightarrow$ 无— $-i$（前）（资 词 寺）
zī cí sì

$-i$（后）$\longrightarrow$ 无— $-i$（后）（知 吃 诗 日）
zhī chī shī rì

er $\longrightarrow$ 无— er 儿
ér

开口呼练习：

1. 字词

海滩 报道 阑珊 犒劳 伯伯 磅礴 兜售 特赦 灯塔

2. 句段

歌曲《走进新时代》 词 蒋开儒

总想对你表白 我的心情是多么豪迈

总想对你倾诉 我对生活是多么热爱

勤劳勇敢的中国人 意气风发走进新时代

啊！我们意气风发 走进新时代

3. 古诗词

《茅屋为秋风所破歌》节选 杜甫（唐）

八月秋高风怒号，卷我屋上三重茅。

茅飞渡江洒江郊，高者挂罥长林梢，下者飘转沉塘坳。

《咏鹅》骆宾王（唐）

鹅鹅鹅，曲项向天歌。

白毛浮绿水，红掌拨清波。

二、齐齿呼

概念：主要元音为 i 或韵头（介音）为 i 的韵母。

口唇形：上下牙齿对齐，开始发音时唇形扁平。

着力点："齐齿谓之齐，其用力在齿。"启齿呼韵母发音着力于口腔前部，用力在齿。气流以牙齿为阻力，从上下齿之间流出。

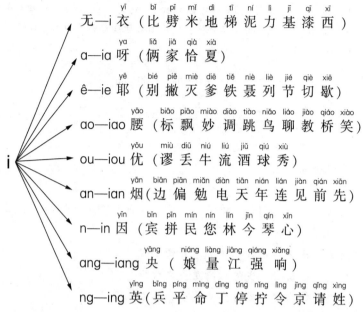

$$
i
\begin{cases}
\text{无—i 衣（比 劈 米 地 梯 泥 力 基 漆 西）} \\
\text{a—ia 呀（俩 家 恰 夏）} \\
\text{ê—ie 耶（别 撇 灭 爹 铁 聂 列 节 切 歇）} \\
\text{ao—iao 腰（标 飘 妙 调 跳 鸟 聊 教 桥 笑）} \\
\text{ou—iou 优（谬 丢 牛 流 酒 球 秀）} \\
\text{an—ian 烟（边 偏 勉 电 天 年 连 见 前 先）} \\
\text{n—in 因（宾 拼 民 您 林 今 琴 心）} \\
\text{ang—iang 央（娘 量 江 强 响）} \\
\text{ng—ing 英（兵 平 命 丁 停 拧 令 京 请 姓）}
\end{cases}
$$

齐齿呼练习：

1. 字词

气球 牵强 缥缈 潋滟 凛冽 英烈 优秀 乜斜

2. 绕口令

人心齐，泰山移。男女老少齐出力，要与老天比高低。挖了干渠几十里，保浇了万亩良田地。

3. 古诗词

《渔家傲·秋思》范仲淹（宋）

塞下秋来风景异，衡阳雁去无留意。四面边声连角起，千嶂里，长烟落日孤城闭。

浊酒一杯家万里，燕然未勒归无计。羌管悠悠霜满地，人不寐，将军白发征夫泪。

提示：舌尖中音 n 与齐齿呼韵母相拼时，n 的发音位置要稍微向后移动，接近于舌面音的位置。

三、合口呼

概念：主要元音为 u 或韵头为 u 的韵母。

口唇形：双唇收拢呈圆形，唇有合拢之感。

着力点："合口谓之合，其用力在满口"。合口呼韵母发音着力于满口（喉部与牙齿中间），用力在合口。

u

无 – u 屋（不 铺 木 府 租 醋 俗 毒 凸 怒 鲁 珠 初 暑
入 谷 哭 胡）

a – ua 蛙（抓 欻 刷 瓜 夸 花）

o – uo 窝（播 坡 摸 佛 郭 扩 活 作 错 锁 多 脱 挪 落
桌 戳 说 若）

ai – uai 歪（拽 揣 帅 怪 快 槐）

ei – uei 威（醉 崔 随 队 退 追 吹 水 瑞 贵 亏 会）

an – uan 弯（钻 窜 酸 端 团 暖 栾 关 宽 环 专 传
栓 软）

en – uen（un）闻（尊 存 笋 吨 吞 麘 伦 谆 纯 顺 闰
棍 昆 昏）

ang – uang 汪（庄 床 霜 光 框 皇）

eng – ueng 翁

ng – ung（ong）（宗 聪 嵩 冬 童 农 笼 中 充 荣
工 空 洪）

合口呼练习：

1. 字词

姑苏　花朵　怀揣　追随　温顺　馄饨　装潢

2. 绕口令

朱叔锄竹笋

朱家一株竹，竹笋初长出，朱叔处处锄，锄出笋来煮，锄完不再出，朱叔没笋煮，竹株又干枯。

读古能古

苦读古书懂古通古熟古，

不读古书不懂古不通古糊涂古。

3. 古诗词

《如梦令》李清照（宋）

常记溪亭日暮，沉醉不知归路。

兴尽晚回舟，误入藕花深处。

争渡，争渡，惊起一滩鸥鹭。

四、撮口呼

概念：主要元音为 ü 或韵头为 ü 的韵母。

口唇形：双唇合圆，有撮唇感，略向前。

着力点："撮口谓之撮，其用力在唇。"撮口呼韵母发音着力于唇部。

无 - ü 于（女 吕 居 曲 序）

ê - üe 约（虐 略 决 雀 雪）

an - üan 远（卷 全 轩）

n - ün 晕（军 群 勋）

ng - üng (iong) 用（窘 穷 熊）

撮口呼练习：

1. 字词

旅居　约略　冤屈　逡巡　均匀　汹涌　熊熊

2. 绕口令

村里新开一条渠，弯弯曲曲上山去。

河水雨水渠里流，满山庄家一片绿。

3. 古诗词

《剑器近》节选　袁去华（宋）

夜来雨。赖倩得、东风吹住。海棠正妖娆处。且留取。

悄庭户。试细听、莺啼燕语。分明共人愁绪。怕春去。

"四呼"的分类有利于呈现声母与韵母的拼合关系和规律。普通话语音系统中声母和韵母的拼合规律主要体现在声母的发音部位和韵母的四呼上。

声母的发音部位＼四呼		开	齐	合	撮
双唇音	b、p、m	√	√	只限 u 和 uo	×
唇齿音	f	√	×	只限 u 和 uo	×
舌尖中音	d、t	√	√	√	×
	n、l	√	√	√	√
舌尖前音	z、c、s	√	×	√	×
舌尖后音	zh、ch、sh、r	√	×	√	×
舌根音	g、k、h	√	×	√	×
舌面音	j、q、x	×	√	×	√
零声母	无	√	√	√	√

附：《汉语普通话韵母总表》

汉语普通话韵母总表

韵母 按结构分	按开头元音的口形分	开口呼		齐齿呼	合口呼	撮口呼
单韵母		a、o、e、ê、er、 –i（前）、 –i（后）		i	u	ü
复韵母	前响	ai ei ao ou	后响	ia ie iao iou	ua uo uai uei	üe
鼻韵母	前鼻	an		ian	uan	üan
		en		in	uen	ün
	后鼻	ang		iang	uang	
		eng		ing	ong	iong

第七节 六部

戏曲中，归韵时唱出字尾之音谓之"收音"。明代戏曲声律家沈宠绥先生在《度曲须知》一书中提出了"头、腹、尾"共切的切音方法，将韵尾分为六类（一说五类）：鼻音、抵腭、"噫"音、"呜"音、"于"音、闭口音。除此之外，还有"有音无字"这一类，实际上是指零韵尾。到了清代，毛先舒在《韵书通指》中将阴声韵尾分为三部：直喉、展辅和敛唇；将阳声韵尾分为三部：闭口、抵腭和穿鼻。戈载所著的《词林正韵》延续传统，进一步总结，将收音分为六类：展辅收音、敛唇收音、直喉收音、穿鼻收音、抵腭收音和闭口收音，即我们今天仍沿用的"曲韵六部"。

一、展辅收音

发音提示：以 i 收尾——吐字后嘴角展开收音。

（一）韵母

ai、uai、ei、uei

（二）词语

爱戴　彩带　怀揣　乖乖　北非　泪水

（三）古诗词

1. 怀来辙

《望天门山》李白（唐）

天门中断楚江开，碧水东流至此回。

两岸青山相对出，孤帆一片日边来。

2. 灰堆辙

《渔歌子》张志和（唐）

西塞山前白鹭飞，桃花流水鳜鱼肥。

青箬笠，绿蓑衣，斜风细雨不须归。

注：韵母为 i、-i（前）和-i（后）的音节发音时均展唇，所以把韵母为 i、-i（前）和-i（后）的开尾音节纳入这一组亦可。

二、敛唇收音

发音提示：以 o（只含 ao、iao，不含单韵母 o）、u 收尾——嘴唇收敛，合口，"锁唇"。

（一）韵母

ao、iao、ou、iou

（二）词语

小偷 料峭 兜售 流油 谋求 丢掉

（三）古诗词

1. 遥条辙

《赤壁》杜牧（唐）

折戟沉沙铁未销，自将磨洗认前朝。

东风不与周郎便，铜雀春深锁二乔。

2. 油球辙

《思帝乡·春日游》韦庄（唐）

春日游，杏花吹满头，陌上谁家年少，足风流。妾拟将身嫁与，一生休。纵被无情弃，不能羞。

（四）绕口令

小柳和小妞（iou）

路东住着刘小柳，

路南住着牛小妞。

刘小柳拿着大皮球，

牛小妞抱着大石榴。

刘小柳把大皮球送给牛小妞，

牛小妞把大石榴送给刘小柳。

牛小妞脸儿乐得像红皮球，

刘小柳笑得像开花的大石榴。

注：韵母为 u、ü 的音节发音时均敛唇，所以把韵母为 u、ü 的开尾音节纳入这一组亦可。

三、穿鼻收音

发音提示：以 ng 收尾——将韵尾收入鼻腔，以求得鼻腔共鸣。归韵时，主要元音要配合 ng 音，有所鼻化。

（一）韵母

ang、iang、eng、ing、uang、ueng、ong、iong

（二）词语

恒通　凉爽　雄壮　相应　东方　鹏程

（三）古诗词

1. 江阳辙

《客中行》李白（唐）

兰陵美酒郁金香，玉碗盛来琥珀光。

但使主人能醉客，不知何处是他乡。

2. 中东辙

《清平调·其一》李白（唐）

云想衣裳花想容，春风拂槛露华浓。

若非群玉山头见，会向瑶台月下逢。

105

四、抵腭收音

发音提示：以 n 收尾——舌尖抵住上齿龈（或描述为硬腭前部）收音。归韵时，主要元音要配合 n 音，有所鼻化。

（一）韵母

an、ian、en、in、uan、uen、ün、üan

（二）词语

天安门　姻缘　温暖　全勤　逡巡　原先

（三）古诗词

1. 言前辙

《早发白帝城》李白（唐）

朝辞白帝彩云间，千里江陵一日还。

两岸猿声啼不住，轻舟已过万重山。

2. 人辰辙

《从军行·其五》王昌龄（唐）

大漠风尘日色昏，红旗半卷出辕门。

前军夜战洮河北，已报生擒吐谷浑。

五、直喉收音

发音提示：韵腹为 a、o、e、er 的开尾音节（无韵尾音节）——收音于喉，声不停，口不变。

（一）韵母

a、ia、ua、o、uo、e、er

（二）词语

发达　假牙　挂花　菠萝　陀螺　哥哥　宝贝儿

（三）古诗词

1. 发花辙

《山行》杜牧（唐）

远上寒山石径斜，白云生处有人家。

停车坐爱枫林晚，霜叶红于二月花。

2. 梭波辙

《茶陵竹枝歌》（十首）李东阳（明）

溪上春流乱石多，劝郎慎勿浪经过。

莫道茶陵水清浅，年来平地亦风波。

注：ê是前、半低、不圆唇元音，舌位和口腔开度介于i和ɑ之间，ê、ie、üe 三个韵母，理应兼顾"展辅收音"和"直喉收音"。ê是展唇音，但不及i 音的展辅程度，所以把以 ê、ie、üe 为韵母的音节纳入"直喉收音"这一组亦可。

六、闭口收音

发音提示：以 m 收尾——汉语普通话中只有极个别的叹词以 m 收尾。

hm(噷)：(h 跟单纯的双唇鼻音拼合的音)表示申斥或不满意。

m (呣)：(单纯的双唇音)[ḿ] 表示疑问；[m̀] 表示答应。

注：本节很多概念在不同的时期、不同的著作里，描述都有所出入。编者从播音主持语音发声理论和实践的角度出发，对部分定义、分类作了适度调整和补充说明。

拓展：

故收声之时，尤必加意扣住，如写字之法，每笔必有结束，越到结束之处，越有精神，越有顿挫，则不但本字清真，即下字之头，亦得另起峰峦，益绝分明透露，此古法之所极重，而唱家之所易忽，不得不力为剖明者也。

然亦有二等焉：一则当重顿，一则当轻勒。重顿者，煞字煞句，到此斩然划断，此易晓也。轻勒者，过文连句，到此委婉脱卸，此难晓也。盖重者其声浊而方，轻者其声清而圆，其界限之分明则一，能知此则收声之法，思过半矣。

——《乐府传声·收声》徐大椿

"顿"与"勒"是书法的收笔之法。徐大椿将收声分为"重顿"和"轻勒"两种做法。在结字结句的情况要运用"重顿"之法，斩钉截铁；在过字连句的时候，要运用"轻勒"之法，用曲折轻巧的方法把声音甩掉。收声重，声音就会浊而规整（方整）；收声轻，声音就会清而圆润，但字与字之间的界限却都是分明的。

在语流中，我们也要辩证地认识和运用归韵的方法（即对字尾的处理方法）。一般情况下，在结字结句处（即末尾音节）归韵要"重勒"，要鲜明、到位；在过字连句处（即句中音节）归韵要"轻勒"，不过分强调到位，只强调趋势要鲜明。过分强调句中音节的字尾发音，会使语流的流畅度和自然度大打折扣。

第八节　十三辙

一、押韵

黄伯荣和廖序东主编的《现代汉语》：

押韵又叫压韵，指的是韵文（诗、词、歌、赋、曲等）中常在每隔一句的末尾用同"韵"的字。"韵"与"韵母"不是相同的概念，韵头不同（韵腹、韵尾相同）也算同"韵"，但不算韵母相同。就是说，押韵的字只要求韵腹和韵尾相同（放宽也包括一些韵腹相近韵尾相同的），不要求韵头（介音）也都相同。明清以来，北方民间戏曲把"韵"叫作"辙"，把押韵叫作"合辙"，人们于是把"韵"和"辙"合称"韵辙"。

胡裕树主编的《现代汉语》：

把两个以上韵母相同或相近的字放在诗句的同一位置上，使声音和谐悦耳，这种情况就叫作押韵（或压韵）。各句押韵的字叫作韵脚或韵字。

……

有时，韵腹相近（韵尾相同或者没有韵尾）的字，也可以用来押韵。

押韵是指句子中对应位置的字的韵腹和韵尾相同的情况，如ang、iang 和 uang 是三个韵母，但同属 ang 韵。具有同韵关系的一组字，放在一起形成一个"韵部"。例如：

锄禾日当午，

汗滴禾下土。

谁知盘中餐，

粒粒皆辛苦。

其中"午""土"和"苦"三个字韵母相同，都是 u。又如：

床前明月光，

疑是地上霜。

举头望明月，

低头思故乡。

其中"光""霜"和"乡"三个字的韵腹和韵尾相同，都是 ang。

"韵腹+韵尾"是押韵的基本单位，通常我们把音节中韵腹加韵尾的部分称为"韵基"。汉语普通话韵基包括 a、o、e、ai、ei、ao、ou、an、en、ang、eng、er、i、u、ü。

"押韵"有两种情况：较宽的押韵和较严的押韵。

（一）押韵比较宽：韵基相同（或相似）

用韵比较宽的情况下，韵腹相近（韵尾相同或没有韵尾）的字，也可以用来押韵。例如：o、e、uo 三个韵母可以算作是同韵（这里的"韵"不是指"韵母"）。例如：

鹅　鹅　鹅，

曲项向天歌。

白毛浮绿水，

红掌拨清波。

"鹅""歌""波"三个字的韵腹分别为 e、e 和 o，e 和 o 两个韵腹相近，可以用来押韵。

我们可以把相押的字放在一起，组成若干个韵部。

北方戏曲中，韵又叫辙，押韵叫合辙。"十三辙"是明清以来北方说唱文学将韵腹相同或相近的韵母归纳出来形成的合辙韵，其实就是十三个韵部，押韵比较宽。现代诗歌的押韵亦较宽，实际用韵接近"十三辙"。

现代戏曲艺术唱词的编写依旧讲究"合辙"，所以选择字多的韵脚会比较容易写。根据包含字数的多少，我们可以把辙韵分为"宽韵""窄韵"和"险韵"。"宽韵"指包含字数多的辙韵，"窄韵"指包含字数少的辙韵，"险韵"表示包含字数极少的辙韵。

"宽韵"：言前辙、中东辙、人辰辙、江阳辙、梭波辙、发花辙

"窄韵"：灰堆辙、遥条辙、油求辙、一七辙、怀来辙、姑苏辙

"险韵"：乜斜辙

（二）押韵比较严：韵基（韵腹+韵尾）和声调均需相同

这里"韵"有别于"韵母"，它包括韵腹、韵尾和声调。古代格律诗的押韵十分严格（相关内容可参阅第三单元第三节），韵部押韵之外，还要考虑韵脚的声调，有的要求押平声韵，有的要求押仄声韵，有的平仄韵脚交替。而现代诗歌和民歌的押韵就比较宽泛，没那么严格。

二、《十三辙韵辙表》（39 个韵母）

十三辙	韵母	例字
发花辙	a、ia、ua	发、家、话
梭波辙	o、uo、e	坡、国、额
乜斜辙	ê、ie、üe	欸、邪、悦
姑苏辙	u	土
一七辙	i、ü、-i（前）、-i（后）、er	衣、期、鱼、取、自、是、耳
怀来辙	ai、uai	来、怪
灰堆辙	ei、uei（ui）	给、推
遥条辙	ao、iao	高、条
油求辙	ou、iou（iu）	斗、六
言前辙	an、ian、uan、üan	山、现、短、全
人辰辙	en、in、uen（un）、ün	神、亲、论、群
江阳辙	ang、iang、uang	帮、量、狂
中东辙	eng、ing、ueng、ong、iong	风、听、翁、中、兄

注：

①辙韵的名称只是从韵辙所属字中挑选出两个字作为代表而已，并不包含特殊意义。

②-i（前）、-i（后）和 er 韵部与 i 韵部可以通押，归入一七辙；

-i（前）和-i（后）韵亦可独立构成第十四辙——支思辙。

附:《十三辙和十八韵同普通话韵母对照表》

对应十三辙	韵母	十八韵	例字
发花辙	a、ia、ua	一麻	发、家、话
梭波辙	o、uo	二波	坡、国
	e	三歌	额
乜斜辙	ê、ie、üe	四皆	欸、邪、悦
一七辙	-i（前）、-i（后）	五支	自、是
	er	六儿	耳
	i	七齐	衣、期
灰堆辙	ei、uei（ui）	八微	给、推
怀来辙	ai、uai	九开	来、怪
姑苏辙	u	十姑	土
一七辙	ü	十一鱼	鱼、取
油求辙	ou、iou（iu）	十二侯	斗、六
遥条辙	ao、iao	十三豪	高、条
言前辙	an、ian、uan、üan	十四寒	山、现、短、全
人辰辙	en、in、uen（un）、ün	十五痕	神、亲、论、群
江阳辙	ang、iang、uang	十六唐	帮、量、狂
中东辙	eng、ing、ueng	十七庚	风、听、翁
	ong、iong	十八东	中、兄

注:

①十三辙押韵要比十八韵押韵较宽泛,十三辙把 i、ü、-i（前）、-i（后）和 er 合并归为一七辙;把 o 和 e 合并归为梭波辙;把 eng 和 ong 韵归为中东辙。

②十八韵的每个韵部用一个同韵字命名,命名没有特殊含义。

三、训练

(一) 发花辙 a、ia、ua

《泊秦淮》 杜牧（唐）

烟笼寒水月笼沙，夜泊秦淮近酒家。

商女不知亡国恨，隔江犹唱后庭花。

《登科后》 孟郊（唐）

昔日龌龊不足夸，今朝放荡思无涯。

春风得意马蹄疾，一日看尽长安花。

绕口令《喇嘛与哑巴》

打南边来了个喇嘛，手里提拉着五斤鳎目。打北边来了个哑巴，腰里别着个喇叭。

东北大鼓《十三辙》（片段）

二月里来百草儿发，三贬寒江的樊梨花，穆桂英大破我的天门阵，替夫夺印的戈红霞，手持大刀她叫王怀女，刘金定报号她四门杀。

(二) 梭波辙 o、e、uo

《咏鹅》 骆宾王（唐）

鹅 鹅 鹅，曲项向天歌。

白毛浮绿水，红掌拨清波。

《梅岭三章》（片段）陈毅（现代）

断头今日意如何？创业艰难百战多。

此去泉台招旧部，旌旗十万斩阎罗。

东北大鼓《十三辙》（片段）

十三个月这是一年多，薛礼救驾在淤泥河，李梦雄救驾泉灵寺，赵云救驾在长坂坡，杨尤姬清河桥上救过了驾，老陈林救驾抱过双河。

（三）乜斜辙 ie、üe

《江雪》柳宗元（唐）

千山鸟飞绝，万径人踪灭。

孤舟蓑笠翁，独钓寒江雪。

《村夜》白居易（唐）

霜草苍苍虫切切，村南村北行人绝。

独出门前望野田，月明荞麦花如雪。

《满江红》岳飞（南宋）

怒发冲冠，凭栏处，潇潇雨歇。抬望眼，仰天长啸，壮怀激烈。三十功名尘与土，八千里路云和月。莫等闲，白了少年头，空悲切。

靖康耻，犹未雪。臣子恨，何时灭！驾长车，踏破贺兰山缺。壮志饥餐胡虏肉，笑谈渴饮匈奴血。待从头，收拾旧山河，朝天阙。

东北大鼓《十三辙》（片段）

五月里来端阳节，刘备无时他可卖草鞋，推车贩伞的柴王主，贩卖乌梅的是洪武爷，吃粮当兵的汉高祖，薛平贵无时站在长街。

（四）遥条辙 iao、ao

《咏柳》贺知章（唐）

碧玉妆成一树高，万条垂下绿丝绦。

不知细叶谁裁出，二月春风似剪刀。

《春晓》 孟浩然（唐）

春眠不觉晓，处处闻啼鸟。

夜来风雨声，花落知多少。

绕口令

《爸爸和宝宝》

爸爸抱宝宝，跑到布铺买布做长袍，宝宝穿了长袍不会跑。布长袍破了还要用布补，再跑到布铺买布补长袍。

《牧童》

艳阳天，春光好，风和日暖真逍遥，红的花，青的草，杨柳树下有小桥，小桥底下老公公把小船摇。这一边，兄弟姐妹把风筝放得高；那一边，小三、小四坐在河边儿把鱼钓。我牧童，穿布鞋，戴草帽，又把那横笛儿插在腰。我不免把那牛儿放到山上去吃草，去吃草。

东北大鼓《十三辙》（片段）

十一月里来瑞雪飘，赵匡胤全凭着盘龙棍一条，久传绿林王君可，关公催马他到在灞桥，梁山上的好汉名叫关胜，孟良盗骨又把昊天塔烧。

（五）一七辙 i、ü

《春行即兴》 李华（唐）

宜阳城下草萋萋，涧水东流复向西。

芳树无人花自落，春山一路鸟空啼。

《江畔独步寻花》 杜甫（唐）

黄四娘家花满蹊，千朵万朵压枝低。

留连戏蝶时时舞，自在娇莺恰恰啼。

绕口令

《真稀奇》

稀奇稀奇真稀奇，麻雀踩死老母鸡，蚂蚁身长三尺六，八十岁的老头躺在摇椅里。

东北大鼓《十三辙》（片段）

七月里来七月七，秦叔宝全凭着熟铜锏两支，倒反西凉他叫马梦启，临潼斗宝有个伍子胥，九里山前名韩信，黄飞虎反出朝歌奔西岐。

（六）姑苏辙 u

《悯农》李绅（唐）

锄禾日当午，汗滴禾下土。

谁知盘中餐，粒粒皆辛苦。

《卜算子·咏梅》陆游（南宋）

驿外断桥边，寂寞开无主。已是黄昏独自愁，更著风和雨。

无意苦争春，一任群芳妒。零落成泥碾作尘，只有香如故。

东北大鼓《十三辙》（片段）

六月里来暑三伏，王老道捉妖拿黑狐，法海僧捉妖他就金山寺，包老爷捉妖这个五鼠除，纪小唐捉妖他收了五鬼，张天师捉妖破过了五毒。

（七）怀来辙 ai、uai

《采莲曲》王昌龄（唐）

荷叶罗裙一色裁，芙蓉向脸两边开。

乱入池中看不见，闻歌始觉有人来。

《题菊花》 黄巢 （唐）

飒飒西风满院栽，蕊寒香冷蝶难来。

他年我若为青帝，报与桃花一处开。

《望天门山》 李白 （唐）

天门中断楚江开，碧水东流至此回。

两岸青山相对出，孤帆一片日边来。

东北大鼓 《十三辙》 （片段）

三月里来那个桃花开，吕蒙正无时赶过了斋，落榜不中的苏季子，提笔卖文的高秀才，寻茶讨饭他叫崔文瑞，朱买臣无时打过了干柴。

（八） 灰堆辙 ei、uei （ui）

《凉州词》 王瀚 （唐）

葡萄美酒夜光杯，欲饮琵琶马上催。

醉卧沙场君莫笑，古来征战几人回？

《渔歌子》 张志和 （唐）

西塞山前白鹭飞，桃花流水鳜鱼肥。

青箬笠，绿蓑衣，斜风细雨不须归。

东北大鼓 《十三辙》 （片段）

九月里来小燕儿归，大闹江州名叫李逵，敬德监工大佛寺，喝断着当阳桥的猛张飞，呼延庆东京打过了擂，杨七郎临位就乱箭摧。

（九）油求辙 ou、iou（iu）

《黄鹤楼送孟浩然之广陵》李白（唐）
故人西辞黄鹤楼，烟花三月下扬州。
孤帆远影碧空尽，唯见长江天际流。

《登鹳雀楼》李白（唐）
白日依山尽，黄河入海流。
欲穷千里目，更上一层楼。

《如梦令》李清照（宋）
昨夜雨疏风骤，浓睡不消残酒。试问卷帘人，却道海棠依旧。知否，知否？应是绿肥红瘦。

绕口令

《六十六岁的刘老头》
六十六岁的刘老六，盖了六十六间好高楼，买了六十六篓桂花油，养了六十六头大黄牛，栽了六十六棵垂杨柳。

东北大鼓《十三辙》（片段）
八月里来是中秋，李三娘在磨房一里泪交流，吃糠咽菜五娘女，王三姐剜菜武家坡哟，柳迎春盼夫十二载，孟姜女哭倒万里长城头。

（十）言前辙 an、ian、uan、üan

《望庐山瀑布》李白（唐）
日照香炉生紫烟，遥看瀑布挂前川。
飞流直下三千尺，疑是银河落九天。

《梅岭三章》（片段）陈毅（现代）
南国烽烟正十年，此头须向国门悬。
后死诸君多努力，捷报飞来当纸钱。

《凉州词》王之涣（唐）

黄河远上白云间，一片孤城万仞山。

羌笛何须怨杨柳，春风不度玉门关。

东北大鼓《十三辙》（片段）

十二月里来整一年，魏化大闹过御花园，紫金章又把昆阳闹，金眼的毛遂他盗过仙丹，南唐的矬子叫冯冒，窦义虎大战锁阳关。

（十一）人辰辙 en、in、uen（un）、ün

《白鹿洞二首·其一》王贞白（唐）

读书不觉已春深，一寸光阴一寸金。

不是道人来引笑，周情孔思正追寻。

《清明》杜牧（唐）

清明时节雨纷纷，路上行人欲断魂。

借问酒家何处有？牧童遥指杏花村。

《送元二使安西》王维（唐）

渭城朝雨浥轻尘，客舍青青柳色新。

劝君更尽一杯酒，西出阳关无故人。

东北大鼓《十三辙》（片段）

十月里来小阳春，编卖竹耙程咬金，河南大户单雄信，五代残唐名叫朱温，苏宝童本是个红花脸，红袍都督他叫盖苏文。

（十二）江阳辙 ang、iang、uang

《少年行四首》（片段）王维（唐）

出身仕汉羽林郎，初随骠骑战渔阳。

孰知不向边庭苦，纵死犹闻侠骨香。

《静夜思》李白（唐）

床前明月光，疑是地上霜。

举头望明月，低头思故乡。

东北大鼓《十三辙》（片段）

四月里来杏花香，镇守三关的叫杨六郎，白马银枪他叫高思继，夜收双妻的小罗章，周瑜本是东吴的将，狄青盗宝收双阳。

（十三）中东辙 eng、ing、ong、iong、ueng

《春夜喜雨》杜甫（唐）

好雨知时节，当春乃发生。

随风潜入夜，润物细无声。

野径云俱黑，江船火独明。

晓看红湿处，花重锦官城。

《江南春》杜牧（唐）

千里莺啼绿映红，水村山郭酒旗风。

南朝四百八十寺，多少楼台烟雨中。

《过零丁洋》文天祥（宋）

辛苦遭逢起一经，干戈寥落四周星。

山河破碎风飘絮，身世浮沉雨打萍。

惶恐滩头说惶恐，零丁洋里叹零丁。

人生自古谁无死？留取丹心照汗青。

东北大鼓《十三辙》（片段）

正月里来正月正，刘伯温自造修北京，打板的先生他叫苗光义，未卜先知李淳风，诸葛亮草船把东风借，斩将封神姜太公。

最后，给大家介绍三个有趣的句子，其中每个字分别对应一道辙。

1. "俏佳人扭捏出房来，东西南北坐。"

俏（遥条）佳（发花）人（人辰）扭（油求）捏（乜斜）出（姑苏）房（江阳）来（怀来），东（中东）西（一七）南（言前）北（灰堆）坐（梭波）。

2. "劳模江福才，新修水利，大办农业。"

劳（遥条）模（梭波）江（江阳）福（姑苏）才（怀来），新（人辰）修（油求）水（灰堆）利（一七），大（发花）办（言前）农（中东）业（乜斜）。

3. "风催暑去荷花谢，秋爽云高雁自来。"

风（中东）催（灰堆）暑（姑苏）去（一七）荷（梭波）花（发花）谢（乜斜），秋（油求）爽（江阳）云（人辰）高（遥条）雁（言前）自（支思）来（怀来）。

拓展——两道"小辙儿"

北方戏曲中的某些词常常带有儿化韵，使语言更加俏皮、幽默、亲切、活泼。这些儿化韵并未归入十三辙中，它们单独成两道"小辙儿"，统称为"小言前辙儿"和"小人辰辙儿"。用"小言前辙儿"和"小人辰辙儿"来统称，主要是因为北方口语词里不同韵的字儿化后，会变成同韵的字。十三个辙的儿化韵对应组成十三个小辙儿（见第四单元第二节《儿化韵韵部表》），其中"小言前儿辙"和"小人辰儿辙"所含字数最多（即最宽），其他小辙儿包含的字太少，不能成段使用，所以归入这两个小辙儿中使用。通行的十三辙只列这两个儿化韵部：

（1）"小言前儿辙"由小言前辙、小发花辙和小怀来辙等合并而成，为［ɑr］辙。例如：

天儿、长杆儿、眼儿、花儿、小孩儿、转圈儿、小花儿、哪儿

（2）"小人辰儿辙"由小人辰辙、小灰堆辙、小一七辙、小乜斜辙、小梭波辙等合并而成，为［ər］辙。例如：

玩意儿、有趣儿、写字儿、事儿、小鞋儿、旦角儿、宝贝儿、小伙儿、打盹儿、花裙儿

贯口

进了门儿，倒杯水儿，喝了两口儿运运气儿，顺手拿起小唱本儿，唱了一曲儿又一曲儿，练完嗓子我练嘴皮儿。

绕口令儿，练字音儿，还有单弦儿牌子曲儿，小快板儿，大鼓词儿，越说越唱我越带劲儿。

注：很多概念和分类方法在不同的时期、不同的著作里，描述都有所出入。编者从播音主持语音发声理论和实践的角度出发，对部分定义、分类方法做了适度调整和补充说明。

四、综合训练

京韵大鼓《十三辙》

"一七"的俏佳人上了秀楼，

"乜斜"杏眼泪双流。

我思想起，那"人臣"的儿夫出外去，

他一到那"姑苏"老没回头。

昨个儿晚上，那"尤求"公子给我带了来的信，

他倒说我的夫在"江洋"翻船顺水漂流。

乜呆呆，摘下了"发花"我可摔在地，

"怀来"就把我的汗巾抽。

把"摇条"的丝绦擎在了手，

拴在了"檐前"乱点头。

惨戚戚就把我的"梭脖"入,

眼望"中东"我可一命休。

我单等那"小言前儿"和"小壬辰儿"成人长大呀,

纸化"灰堆"在坟头。

附:《中华通韵(十六韵母)简表》

韵部	韵母	韵部	韵母
一啊	a、ia、ua	九熬	ao、iao
二喔	o、uo	十欧	ou、iu(iou)
三鹅	e、ie、üe	十一安	an、ian、uan、üan
四衣	i、-i	十二恩	en、in、un(uen)、ün
五乌	u	十三昂	ang、iang、uang
六迂	ü	十四英	eng、ing、ueng
七哀	ai、uai	十五雍	ong、iong
八欸	ei、ui(uei)	十六儿(零韵母)	er

——摘自《中华通韵》(2019年),《中华通韵》是中华诗词学会组织研制的国家语言文字规范,是新中国语言体系中的新韵书。

第三单元　声调——字音抑扬

第一节　声调简介

汉语普通话音节由声母、韵母和声调构成。语音的高低、升降和长短构成了汉语的声调，其中高低和升降是主要的因素。声调具有区别意义的作用，同一个音节不同的声调，往往表示不同的含义。例如，qiang 这个音节，读成四种不同的声调表示不同的含义：qiāng 腔　qiáng 墙　qiǎng 抢　qiàng 呛。"腔体"和"墙体"的区别，就是靠"qiang"的声调来表现的。

"调类"指声调的分类。汉语普通话有阴平、阳平、上声、去声四种基本调类，对应的就是我们常说的"第一声""第二声""第三声"和"第四声"。

"调型"指声调高低、升降的变化模式。阴平为"高平调"，阳平为"中升调"，上声为"降升调"，去声为"全降调"。

"调值"指声调的实际音值，用来描述音高升降、高低的变化，也就是声调的实际读法。声调是一种相对的而不是绝对的音高。小孩和大人读声调相同的字时，小孩的音高通常会比大人高一些，但是他们的音高走势和幅度是基本一致的。这种音高变化的走势和幅度就是构成调值的"相对音高"。

我们通常用"五度标记法"（赵元任创制）记录调值，阴平的调值为 55，阳平的调值为 35，上声的调值为 214，去声的调值为 51。

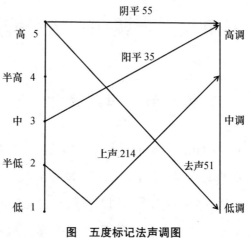

图　五度标记法声调图

通过上图我们可以直观地看到：

阴平是从高调 5 度开始，结束时还是 5 度，中间不升高也不降低，也被称为"高平调"。

阳平则是从中调 3 度开始，然后由中调 3 度滑向高调 5 度，从中调起音然后往上升至高调，也被称为"中升调"。

上声从半低调 2 度起音，先降到低调 1 度，再转升到半高调 4 度，整个过程是先降再升，因此也被称为"降升调"。

去声由高调 5 度起音，然后从高降到最低的 1 度，也被称为"全降调"。

第二节 声调训练

例字	调类	调值	调型	调号	口诀	常见问题
巴 bā	阴平（第一声）	55	高平调	ˉ	起音高高一路平	阴平调值不够高
拔 bá	阳平（第二声）	35	中升调	ˊ	由中到高往上升	阳平拐弯上不去
把 bǎ	上声（第三声）	214	降升调	ˇ	先降然后再升起	上声始音高而末音低
霸 bà	去声（第四声）	51	全降调	ˋ	高出猛降到底层	去声下不来

一、单音节练习

（一）开口音：
bā 巴	bá 拔	bǎ 把	bà 罢
gē 哥	gé 格	gě 葛	gè 个
zhāi 摘	zhái 宅	zhǎi 窄	zhài 债
lēi 勒	léi 雷	lěi 磊	lèi 累
māo 猫	máo 毛	mǎo 卯	mào 冒
hōu 齁	hóu 猴	hǒu 吼	hòu 后
fān 帆	fán 烦	fǎn 反	fàn 犯
chēn 嗔	chén 晨	chěn 碜	chèn 趁
rāng 嚷	ráng 瓤	rǎng 壤	ràng 让
fēng 风	féng 冯	fěng 讽	fèng 奉
shī 失	shí 十	shǐ 使	shì 士

（二）齐齿音：
qī 七	qí 齐	qǐ 起	qì 气
jiā 加	jiá 颊	jiǎ 甲	jià 架
xiē 些	xié 协	xiě 写	xiè 谢
piāo 飘	piáo 朴	piǎo 瞟	piào 票
liū 溜	liú 流	liǔ 柳	liù 六
xiān 仙	xián 闲	xiǎn 显	xiàn 现

127

yīn 因	yín 银	yǐn 饮	yìn 印
xiāng 乡	xiáng 详	xiǎng 享	xiàng 向
qīng 青	qíng 情	qǐng 顷	qìng 庆

（三）合口音：

dū 都	dú 独	dǔ 堵	dù 杜
wā 凹	wá 娃	wǎ 瓦	wà 袜
guō 锅	guó 国	guǒ 果	guò 过
pō 坡	pó 婆	pǒ 叵	pò 迫
huī 灰	huí 回	huǐ 悔	huì 会
wān 弯	wán 丸	wǎn 挽	wàn 万
wēn 温	wén 文	wěn 吻	wèn 问
huāng 慌	huáng 皇	huǎng 幌	huàng 晃
wēng 嗡		wěng 蓊	wèng 瓮
tōng 通	tóng 同	tǒng 桶	tòng 痛

（四）撮口音：

jū 居	jú 菊	jǔ 举	jù 句
xuē 薛	xué 穴	xuě 雪	xuè 血
quān 圈	quán 权	quǎn 犬	quàn 劝
yūn 晕	yún 云	yǔn 允	yùn 运
yōng 佣	yóng 颙	yǒng 永	yòng 用

拓展——普通话四个声调的发音要兼顾气息和声带的控制

调类（调值）	声带	气息	例词
阴平（55）	始终拉紧不变	起音高平莫低昂，气势平均不紧张。	危机、播音、丰收
阳平（35）	由不紧不松，逐渐拉紧	从中起音向上扬，用气弱起逐渐强。	滑翔、直达、平滑
上声（214）	先渐松，后骤紧	上声先降转上挑，降时气稳扬时强。	广场、勇敢、水井
去声（51）	由紧到松	高起直降向低唱，强起到弱气通畅。	报告、降落、害怕

二、双音节练习

（一）**阴阴**（55+55）

西安　江山　播音　青春　参加　班车　咖啡　工兵　拥军　丰收

（二）**阴阳**（55+35）

中国　安全　发言　新闻　宫廷　坚决　鲜明　资源　飘扬　高潮

（三）**阴上**（55+214）

争取　发展　听讲　班长　刚果　生长　黑板　公款　艰苦　歌舞

（四）**阴去**（55+51）

庄重　播送　中外　通信　规范　单位　希望　方向　超越　拥政

（五）**阳阴**（35+55）

国歌　长江　南方　农村　联欢　革新　围巾　原封　航空　明星

（六）**阳阳**（35+35）

国旗　答题　滑翔　人民　模型　流传　驰名　儿童　联合　源泉

（七）**阳上**（35+214）

泉水　遥远　难免　平坦　明朗　黄海　防守　平等　勤恳　狭小

（八）**阳去**（35+51）

模范　革命　球赛　林业　豪迈　辽阔　繁重　雄厚　局势　同志

（九）**上阴**（211+55）

广播　演出　指标　讲师　统一　法医　许多　展开　曙光　养生

（十）**上阳**（211+35）

朗读　可能　主持　谴责　统筹　普及　解决　敏捷　反常　久违

（十一）上上（35+214）

领导　厂长　土壤　广场　表演　展览　北海　爽朗　勉强　总理

（十二）上去（211+51）

典范　挑战　诡辩　土地　主要　写作　水稻　恐怕　本位　解放

（十三）去阴（55+55）

爱心　认真　录音　办公　矿工　卫星　下乡　列车　气温　印刷

（十四）去阳（55+35）

任何　地球　化学　自然　特别　措辞　树林　戒严　电台　未来

（十五）去上（55+214）

历史　探险　电影　耐久　运转　剧本　信仰　外语　翅膀　戏曲

（十六）去去（55+51）

大厦　对话　报告　报到　胜利　画像　自传　塑料　告状　宴会

三、三音节练习

（一）阴阴阴（55+55+55）

八仙桌　包青天　包装箱

（二）阳阳阳（35+35+35）

白杨林　毛南族　煤油炉

（三）上上上（详见第 166 页）

1. 双单格（35+35+214）

管理组　保险法　蒙古语　洗脸水

2. 单双格（211+35+214）

打草稿　米老鼠　老古董　好厂长

（四）去去去（51+51+51）

备忘录　闭幕式　判断力　战斗力

四、四音节练习

（一）阴阳上去（55+35+211+51）

中国伟大　山河美丽　精神百倍　资源广阔　中流砥柱　逍遥法外
心直口快　深谋远虑　颠来倒去　风狂雨骤　千锤百炼　心明眼亮
花团锦簇　兵强马壮　花红柳绿　风调雨顺　胸怀坦荡　光明磊落
优柔寡断　阴谋诡计　身强体壮　开渠引灌　高扬转降　阴阳上去

（二）去上阳阴（51+211+35+55）

瑞雪迎春　视死如归　逆水行舟　聚少成多　万里河山　过眼云烟
跃马扬鞭　调虎离山　细雨和风　暮鼓晨钟　奋起直追　刻骨铭心
异曲同工　破釜沉舟　步履维艰　热火朝天　耀武扬威　妙手回春
一马平川　浪里淘沙　四海为家　异口同声　弄巧成拙　绿草如茵

（三）阴阴阴阴（55+55+55+55）

春天花开　江山多娇　息息相关　公交公司　珍惜光阴
天天开心　青春参军　播音发声　公司通知　卑躬屈膝

（四）阳阳阳阳（35+35+35+35）

牛羊成群　文如其人　人民银行　名存实亡　文明习俗
连年和平　情节融合　人民团结　临时联合　名人名言

（五）上上上上

1. 单三格（211+35+35+214）

打洗脸水　省展览馆　老首长好　省体改委　伪总统府

2. 双双格（35+211+35+214）

总统选举　美好理想　党委领导　广场展览　彼此理解
勉强饮酒　果敢勇猛　岂有此理　打井引水　永远友好

（六）去去去去（51+51+51+51）

澳大利亚　挂断电话　电视录像　报告胜利　万事俱备　社会万象
特困救助　各界政要　万籁俱寂　跃跃欲试　抗战胜利　特意汇报

131

五、综合练习

(一) 阴平练习

《静夜思》李白 (唐)
床前明月光，疑是地上霜。
举头望明月，低头思故乡。

《咏柳》贺知章 (唐)
碧玉妆成一树高，万条垂下绿丝绦。
不知细叶谁裁出，二月春风似剪刀。

《春日》朱熹 (宋)
胜日寻芳泗水滨，无边光景一时新。
等闲识得东风面，万紫千红总是春。

(二) 阳平练习

《小池》杨万里 (宋)
泉眼无声惜细流，树阴照水爱晴柔。
小荷才露尖尖角，早有蜻蜓立上头。

《夜雨寄北》李商隐 (唐)
君问归期未有期，巴山夜雨涨秋池。
何当共剪西窗烛，却话巴山夜雨时。

老史捞石 (绕口令)
老师老是叫老史去捞石，
老史老是没有去捞石，
老史老是骗老师，
老师老是说老史不老实。

我常常遗憾我家门前那块丑石：它黑黢黢地卧在那里，牛似的模样；谁也不知道是什么时候留在这里的，谁也不去理会它。只是麦收时节，门前摊了麦子，奶奶总是说：这块丑石，多占地面呀，抽空把它搬走吧。

（贾平凹《丑石》）

（三）上声练习

《悯农》李绅（唐）

锄禾日当午，汗滴禾下土。
谁知盘中餐，粒粒皆辛苦。

《春晓》孟浩然（唐）

春眠不觉晓，处处闻啼鸟。
夜来风雨声，花落知多少。

《望岳》杜甫（唐）

岱宗夫如何？齐鲁青未了。
造化钟神秀，阴阳割昏晓。
荡胸生层云，决眦入归鸟。
会当凌绝顶，一览众山小。

这是入冬以来，胶东半岛上第一场雪。雪纷纷扬扬，下得很大。开始还伴着一阵儿小雨，不久就只见大片大片的雪花，从彤云密布的天空中飘落下来。地面上一会儿就白了。冬天的山村，到了夜里就万籁俱寂，只听得雪花簌簌地不断往下落，树木的枯枝被雪压断了，偶尔咯吱一声响。

（峻青《第一场雪》）

（四）去声练习

《醉花阴》李清照（宋）

薄雾浓云愁永昼，瑞脑消金兽。

佳节又重阳，玉枕纱厨，半夜凉初透。

东篱把酒黄昏后，有暗香盈袖。

莫道不消魂，帘卷西风，人比黄花瘦。

老罗的梨和老李的栗（绕口令）

老罗拉了一车梨，老李拉了一车栗。

老罗人称大力罗，老李人称李大力。

老罗拉梨做梨酒，老李拉栗去换梨。

（五）综合练习

乌苏里江虎林段全面开江（新闻）

近日，中俄界江乌苏里江虎林段全面开江，冰排顺流而下、撞击堤岸，景象十分壮观。往年乌苏里江开江期都在四月中旬，由于今年气温偏高，这也是近年来开江最早的一年。

（摘自央视《新闻联播》2020年4月7日）

《施氏食狮史》赵元任

石室诗士施氏，嗜狮，誓食十狮。施氏时时适市视狮。十时，适十狮适市。是时，适施氏适市。施氏视是十狮，恃矢势，使是十狮逝世。氏拾是十狮尸，适石室。石室湿，氏使侍拭石室。石室拭，氏始试食是十狮尸。食时，始识是十狮尸，实十石狮。试释是事。

《四声歌》

学好声韵辨四声，阴阳上去要分明。

部位方法须找准，开齐合撮属口形。

双唇班抱必百波，抵舌当地斗点钉。

舌根高狗工耕故，舌面机结教坚精。

翘舌主争真志照，平舌资责早在增。

擦音发翻飞分复，送气查柴产彻称。

合口忽午枯胡鼓，开口河坡哥安争。

嘴撮虚学寻徐剧，齐齿衣优摇业英。

抵颚恩音烟弯稳，穿鼻昂迎中拥生。

咬紧字头归字尾，不难达到纯和清。

第三节　近体诗的格律

广义的诗词格律，包括近体诗的格律、词的格律和近体诗产生以后古体诗的格律。从格律来看，诗可以分为古体诗（又称古诗）和近体诗（又称今体诗）。我们这一节主要谈近体诗的格律，古体诗的格律相对自由，并不讲究对仗、平仄，且押韵宽泛。

从古体诗到近体诗的发展是一个循序渐进的过程。南朝齐"永明"年间，新体诗形成，又称"永明体"，其主要特点是：讲究四声、避免"八病"、强调声韵格律。新体诗的形成促进了唐代"格律诗"的产生和发展。在唐代，出现了今体诗，要求严格的平仄和对仗，宋代以后称之为近体诗。

格律诗是遵循一定格律规则的古代汉语诗歌，包括律诗和一部分绝句（包括律绝，不包括古绝），又称近体诗。

律诗，每首八句，超过八句的称为排律或长律。根据每句的字数，格律诗可分为五言（五字一句）和七言（七字一句），简称"五律"和"七律"。律诗一般分为四联，一二两句为首联（起句），三四两句为颔联（承句），五六两句为颈联（转句），七八两句为尾联（合句）。

绝句，每首四句，可根据每句字数主要分为五言绝句（五字句）和七言绝句（七字句），简称"五绝"和"七绝"，六言绝句较为少见。绝句相对自由，押韵比较宽，且对对仗没有要求。一般我们把唐朝以前的绝句称为古绝句（简称古绝），押韵、平仄、对仗等都比较自由；把唐朝以后的绝句称为今体绝句，也叫作律绝。

我们在"十三辙"部分已经简单介绍过"押韵"了。"韵"的概念不同于"韵母"，它包括韵腹、韵尾和声调。不同声调的字在韵书中不能算同韵。不同声调的字在诗词中一般也不能押韵。

作为声调的拓展内容，我们在这里主要介绍一下近体诗的平仄，此外也对对仗做一个简单的介绍。

一、平仄

我们讲诗词的格律，主要就是讲平仄。平，指的是声调平直；仄，指的是声调曲折。在南朝齐梁之际，我国就有人把古代汉语分为平、上、去、入四类声调。"平仄"，就是笼统地对四个声调进行二元化的归纳。"平"包含平声；"仄"包含上、去、入三声。

今天我们使用的汉语普通话中的四个声调与古汉语的四个声调

有所不同。现代汉语普通话的声调包括阴平、阳平、上声和去声。通过下面的表格，我们来看一下古代汉语的四声在后代的变化。

古汉语平仄	古代汉语声调	演变	今音
平	平声	分化为阴平（第一声）和阳平（第二声）。	存在阴平（第一声）和阳平（第二声）声调，约为平声。
仄	上声	一部分变为去声（第四声）。	存在上声（第三声）和去声（第四声）声调，约为仄声。
	去声	不变，仍是去声（第四声）。	
	入声	归入其他三个声调。	现代汉语普通话不存在入声，只有部分地区方言仍保留入声。

　　作诗（格律诗）填词讲究"平仄"，平仄的运用具有相对固定的格式，称为格律。诗词中，平仄交错或对立使得诗句抑扬顿挫、变化有致。

　　我们这里简单分析一首五言绝句的平仄：

《登鹳雀楼》王之涣	根据古音	根据今音（普通话）	"白"，今音为阳平，为平声；古音为入声，为仄声。古音入声归入今音的其他声调中，所以我们用普通话声调判定诗词平仄会出现不准确的情况。
白日依山尽，	仄仄平平仄，	平仄平平仄，	
黄河入海流。	平平仄仄平。	平平仄仄平。	
欲穷千里目，	平平平仄仄，	仄平平仄仄，	
更上一层楼。	仄仄仄平平。	仄仄平平平。	

　　注：在唐韵里，"一"读仄声。今音中，"一"在非去声前变为去声，此处标为"仄"。

二、平仄格式

诗词的格律虽然要求严谨，但并非一成不变。从"基本式"到"不论式"，再到"拗句"；从避免"三尾平"和"孤平"，再到"拗救"，诗词的格律绝非几个简单的基本句式就能说清楚，需要做大量的学习和研究。作为拓展内容，我们在这里简单了解一下律句的四个基本格式。

（一）五言律诗的平仄

仄仄平平仄

平平仄仄平（韵）

平平平仄仄【准律句（律句的变体）：平平仄平仄】

仄仄仄平平（韵）

注：画线处表示可平可仄。

五言律诗的平仄有上述四类，构成两联。这两联的错综变化构成五律的四种平仄格式（略）。

说明：准律句是律句的一种变体，是律句的一种"拗救"，就是把"平平平仄仄"中第三个平和第四个仄互换位置，就形成了"平平仄平仄"。

例如：

《渡荆门送别》（唐）李白

渡远荆门外，——仄仄平平仄，

来从楚国游。——平平仄仄平。

山随平野尽，——平平平仄仄，

江入大荒流。——平平仄仄平。

月下飞天镜，——仄仄平平仄，

云生结海楼。——平平仄仄平。

仍怜故乡水，——平平仄平仄，

万里送行舟。——仄仄仄平平。

注："国"和"结"，古音为入声，为仄声。

其中，"仍怜故乡水"运用的就是准律句"平平仄平仄"。

下面我们看一下五言律诗的巅峰之作《春望》的"平仄"：

《春望》杜甫（唐）

国破山河在，——仄仄平平仄，

城春草木深。——平平仄仄平。

感时花溅泪，——仄平平仄仄，

恨别鸟惊心。——仄仄仄平平。

烽火连三月，——平仄平平仄，

家书抵万金。——平平仄仄平。

白头搔更短，——仄平平仄仄，

浑欲不胜簪。——平仄仄平平。

注："国""别""白""不"，古入声，为仄；"胜"，读如升，为平声；按照押韵规则，"簪"可读 zēn。

（二）七言律诗的平仄

平平仄仄平平仄

仄仄平平仄仄平

仄仄平平平仄仄【准律句（律句的变体）：仄仄平平仄平仄】

平平仄仄仄平平

注：画线处表示可平可仄。

七言律诗的平仄有上述四类，构成两联。这两联的错综变化构成七律的四种平仄格式（略）。

说明：七言的准律句就是把"仄仄平平平仄仄"中第五个平和第六个仄互换位置，形成"仄仄平平仄平仄"。

我们来看一下被誉为"七绝之压卷之作"的《江南逢李龟年》对准律句的运用：

《江南逢李龟年》杜甫（唐）

岐王宅里寻常见，——平平仄仄平平仄，

崔九堂前几度闻。——平仄平平仄仄平。

　　正是江南好风景，——仄仄平平仄平仄，

　　落花时节又逢君。——仄平平仄仄平平。

　　注："宅""落"和"节"，古音为入声，为仄。

　　其中，"正是江南好风景"一句运用的就是准律句"仄仄平平仄平仄"。

　　规则1：交替——同句相间

　　一般来说，汉语普通话一个汉字就是一个音节。而在诗句中的音节，以两个字或一个字为一顿，称为音步。两字音步称为双音步，单字音步称为单音步。双音步的重点落在第二个字上。所谓的平仄结构，要依据每个音步的第二个字来判断（单音步以单字本身的平仄为依据）。

　　"交替"，指相邻的两个音步的平仄需要相反交替，即句中偶数位置的字要平仄交替。有一个虽不完全准确，但对初学者来说是一个简单的理解和记忆的方法口诀——"一三五不论，二四六分明"，即平仄交替我们主要是看第二、四、六个字的平仄关系。平仄音步交替相连，产生抑扬顿挫之感。

　　《七律·长征》毛泽东

　　红军不怕远征难，万水千山只等闲。

　　五岭逶迤腾细浪，乌蒙磅礴走泥丸。

　　金沙水拍云崖暖，大渡桥横铁索寒。

　　更喜岷山千里雪，三军过后尽开颜。

　　注："礴""拍""雪"为入声。

　　我们把位于偶数位置的字拿出来，看一下平仄的交替：

　　军（平）怕（仄）征（平），水（仄）山（平）等（仄）。

　　岭（仄）迤（平）细（仄），蒙（平）礴（仄）泥（平）。

　　沙（平）拍（仄）崖（平），渡（仄）横（平）索（仄）。

　　喜（仄）山（平）里（仄），军（平）后（仄）开（平）。

规则 2：粘对——同联相对，邻联相粘

出句和对句

近体诗的奇数句为出句，偶数句为对句。

联

近体诗的第一二句、第三四句、第五六句、第七八句都叫作"联"。

"粘对"

"对"，指每一联中出句与对句的偶数位置的平仄需要对立，即平对仄、仄对平。不合"对"的规则叫作"失对"，失对情况下，上下两句的平仄就会相同。在格律诗中很少出现失对的情况。

例如：

国破山河在，——仄仄平平仄，

城春草木深。——平平仄仄平。

这一联的出句和对句的偶数位置的平仄是对立的，"破"为仄，"春"为平，平仄相对；"河"为平，"木"为仄，平仄相对。

"粘"，指上联的对句和下联的出句的平仄类型要一致，平粘平，仄粘仄，使声调多样化。也就是说，上联的第二句第二个字和下联的第一句第二个字的平仄要同属一类。不合"粘"的规则叫作"失粘"，前后两联的平仄就会相同。

例如：

国破山河在，——仄仄平平仄，

城春草木深。——平平仄仄平。

感时花溅泪，——仄平平仄仄，

恨别鸟惊心。——仄仄仄平平。

上联的对句的第二个字是"春"，为平；下联出句的第二个字是"时"，为平，平粘平。

初唐前，只讲究"对"，不讲究"粘"，失对的情况极少；初唐时期，格律不严，"粘"的规则尚未确定，所以有失粘的情况；从唐代以后，既讲究"对"，也讲究"粘"，目的是为了让句子变化，不重复，不单调；宋代以后，失对和失粘都成为一种禁忌。

下面这首诗就存在"失粘"的情况，大家可以朗读这首诗感受一下。

《鹿柴》王维（唐）

空山不见人，

但闻人语响。

返景入深林，

复照青苔上。

上联的对句的第二个字是"闻"，为平；下联出句的第二个字为"景"，为仄，平仄失粘。

下面是一首打破近体诗格律的诗，大家可以朗读一下，通过"反例"，反观格律的声韵之美。

《夏日闲居作四声诗寄袭美·平声》陆龟蒙（唐）

朝烟涵楼台，晚雨染岛屿。

渔童惊狂歌，艇子喜野语。

山容堪停杯，柳影好隐暑。

年华如飞鸿，斗酒幸且举。

三、对仗

对偶是一种修辞手法，就是把同类或对立的概念并列起来，形成整齐、均衡的美。在诗词中的对偶，叫作对仗。词类（如名词、动词等）是对仗的基础。对仗一般用在额联和颈联。律诗讲究对仗，而绝句没有要求。律诗中对仗的常规是：中间两联（额联和颈联）

上下两句对应位置的词性相同或相近，平仄相反。律诗的对仗包括工对、宽对、邻对、借对和流水对等。律诗对于对仗的要求不像平仄那么严格，也存在一些特殊的对偶运用，如"偷春格""错综对""扇面对"等。

杜甫的《登高》不仅做到了中间两联对仗，首尾两联也做到了对仗。

《登高》杜甫（唐）
风急天高猿啸哀，
渚清沙白鸟飞回。//
无边落木萧萧下，
不尽长江滚滚来。//
万里悲秋常作客，
百年多病独登台。//
艰难苦恨繁霜鬓，
潦倒新停浊酒杯。//

四、"一三五不论，二四六分明"

"一三五不论，二四六分明"，是在格律诗中的平仄对应位置上的用字方法，是指在七言律诗中，第一、第三、第五个字的平仄可以不在意，可平可仄；而第二、第四和第六个字的平仄绝对固定，必须符合规则。同理，在五言律诗中，第一、第三个字可以不在意，但是第二、第四个字需要符合规则。律句都是以两个音节为单位让平仄交错，重音落在后面的音节上，也就是说必须要保证重音音节位置的平仄合规。

这个口诀并非完全准确，只是一个大致的总结，便于格律诗的初学者临时使用，简单明了。

综合训练——《声律启蒙》（节选）

注：《声律启蒙》是由车万育创作于康熙年间的启蒙类读物，内容具有声韵协调、韵味浓浓、朗朗上口的特点。

一（yī）东（dōng）

云（yún）对（duì）雨（yǔ），雪（xuě）对（duì）风（fēng），晚（wǎn）照（zhào）对（duì）晴（qíng）空（kōng）。

来（lái）鸿（hóng）对（duì）去（qù）燕（yàn），

宿（sù）鸟（niǎo）对（duì）鸣（míng）虫（chóng）。

三（sān）尺（chǐ）剑（jiàn），六（liù）钧（jūn）弓（gōng），岭（lǐng）北（běi）对（duì）江（jiāng）东（dōng）。

人（rén）间（jiān）清（qīng）暑（shǔ）殿（diàn），

天（tiān）上（shàng）广（guǎng）寒（hán）宫（gōng）。

两（liǎng）岸（àn）晓（xiǎo）烟（yān）杨（yáng）柳（liǔ）绿（lǜ），

一（yì）园（yuán）春（chūn）雨（yǔ）杏（xìng）花（huā）红（hóng）。

两（liǎng）鬓（bìn）风（fēng）霜（shuāng），

途（tú）次（cì）早（zǎo）行（xíng）之（zhī）客（kè）；

一（yì）蓑（suō）烟（yān）雨（yǔ），

溪（xī）边（biān）晚（wǎn）钓（diào）之（zhī）翁（wēng）。

最后，摘取《红楼梦》中香菱向黛玉请教学诗时的一段对话，作为这部分拓展阅读的结尾。一是为了说明格律并非"一成不变"，二是希望我们可以沉下心、静下心来多仔细品味前人给我们留下来的精神食粮。

"熟读唐诗三百首，不会作诗也会吟。"共勉！

黛玉道："什么难事，也值得去学！不过是起承转合，当中承转是两副对子，平声的对仄声，虚的对实的，实的对虚的，若是果有了奇句，连平仄虚实不对都使得的。"

香菱笑道："怪道我常弄一本旧诗偷空儿看一两首，也有对的极工的，也有不对的。又听见说'一三五不论，二四六分明'，看古人的诗上，亦有顺的，亦有二四六上错了的，所以天天疑惑。如今听你一说，原来这些规矩竟是末事，只要词句新奇为上。"

……

黛玉笑道："……你只听我说：你若真心要学，我这里有《王摩诘全诗》，你且把他的五言律读一百首，细心揣摩透熟了，然后再读一二百首老杜的七言律，次再把李青莲的七言绝句读一二百首。肚子里先有了这三个人作了底子，然后再把陶渊明、应玚、谢、阮、庚、鲍等人的一看。你又是这样一个极聪明伶俐的人，不用一年工夫，不愁不是诗翁了！"

第四单元　音变——语流自然

任何语言在发音时都存在语流音变的现象，例如英语中有连读、略读、浊化等。那么什么是语流音变呢？在语流中，一个音节受到邻近音节的影响，会发生语音上的变化，我们把这种变化叫作"语流音变"。普通话语流音变主要包括：轻声、儿化、变调、音变和轻重格式等。

第一节　轻声

汉语普通话语流中，整个音节失去了原有的声调，念成一个短而轻的调子，这种听起来比较微弱的调子就是轻声。

一、作用

（一）区别词义或词性

1. 区别词义

例：

东西（dōngxī）——名词，指方位，东边和西边。

东西（dōngxi）——名词，指物件，或某一具体或抽象的事物。

地方（dìfāng）——名词，中央下属的各级行政区的统称（跟"中央"相对）。

地方（dìfang）——名词，某一区域、空间的一部分。

2. 区别词性和词义

例：

大意（dàyì）——名词，指主要的意思。

大意（dàyi）——形容词，指疏忽、不注意。

对头（duìtóu）——形容词，表示正确或合适。

对头（duìtou）——名词，对手、仇敌。

（二）还有一部分词语读成轻声，更符合日常口语习惯，使语言富有节奏感。

天上风筝渐渐多了，地上孩子也多了。城里乡下，家家户户，老老小小，也赶趟儿似的，一个个都出来了。舒活舒活筋骨，抖擞抖擞精神，各做各的一份事去。"一年之计在于春"，刚起头儿，有的是工夫，有的是希望。

（朱自清《春》）

二、轻声音节出现的规律

（一）语气词，如啊、吧、吗、呢、呗、啦、呀等

真美啊　不行啊　喜欢吗　好吃吗

好吧　来吧　你呢　怎么呢　开始啦

"好啦，谢天谢地！"我高兴地说，"马上就到过夜的地方啦！"船夫扭头朝身后的火光望了一眼，又不以为然地划起桨来。"远着呢！"

（柯罗连科《火光》，张铁夫 译）

最妙的是下点小雪呀。看吧，山上的矮松越发的青黑，树尖儿上顶着一髻儿白花，好像日本看护妇。

（老舍《济南的冬天》）

(二) 助词，如了、着、的、地、得、过等和个别量词

哭了　搀着　我的　心爱的　慢慢地　吃得香　来过　两个

燕子去了，有再来的时候；杨柳枯了，有再青的时候；桃花谢了，有再开的时候。但是，聪明的，你告诉我，我们的日子为什么一去不复返呢？——是有人偷了他们罢：那是谁？又藏在何处呢？是他们自己逃走了罢：现在又到了哪里呢？

（朱自清《匆匆》）

这使我们都很惊奇，这又怪又丑的石头，原来是天上的啊！它补过天，在天上发过热、闪过光，我们的先祖或许仰望过它，它给了他们光明、向往、憧憬；而它落下来了，在污土里，荒草里，一躺就是几百年了！

（贾平凹《丑石》）

(三) 名字、代词后缀，如子、头、们、巴、么等

桌子　燕子　枕头　石头　泥巴　我们　你们　他们　朋友们

四十四个字和词，组成了一首子词丝的绕口词。桃子李子梨子栗子橘子柿子槟子榛子，栽满院子村子和寨子。刀子斧子锯子凿子锤子刨子尺子，做出桌子椅子和箱子。

（绕口令《子词丝》）

部分以"子"和"头"结尾的词语，"子"和"头"是实词性语素，这种情况不能轻读。如孔子、庄子、王子、电子、原子、男子、烟头、尽头、窝窝头等。

(四) 附着在名词、代词后的方位词或语素，如里、上、下、里边、外面等

屋里　眼睛里　房檐上　地底下　外面　前边　房子上面

（五）附着在形容词、动词后表示趋向的词，如来、去、起来、出去、进去、出来、回来、下去等

进来　跑出去　钻进去　爬上去

下来　放下　忙下去　听起来

趋向动词前面有表示可能性的"得、不"时，不读轻声。

提不起来　放得下　出不来　划得来

（六）单音节重叠的名词、动词或亲属称谓词的后一个音节

星星　娃娃　娜娜　谢谢　看看　太太　妈妈　舅舅

妈妈刚刚睁眼醒来，他就笑眯眯地走到妈妈跟前说："妈妈，今天是您的生日，我要送给您一件礼物。"

（张玉庭《一个美丽的故事》）

形容词、副词、拟声词的重叠一般不读轻声，如刚刚、渐渐、簌簌、哗哗、偷偷地、嫩嫩的等。

另外，重叠并列即 AABB 式名词一定不读轻声，如山山水水、家家户户、祖祖辈辈、花花草草等。

（七）双音节动词重叠即 ABAB 结构的第二、第四音节

打理打理　研究研究　分析分析

（八）夹在词语中间的"一"和"不"（详见"一""不"的变调）

听一听　看一看　写一写　说一说　好不好　了不起　能不能

（九）作宾语的人称代词（一般弱读）

请你　叫他　告诉我　理会他

下面例句中的"他"做宾语，但在这里要做重音处理，所以不弱读。

蜜蜂从花中啜蜜，离开时嘤嘤地道谢。

浮夸的蝴蝶却相信花是应该向他道谢的。

（选自泰戈尔《飞鸟集》，郑振铎译）

（十）一些口语色彩较浓的四音节词语的第二个音节

啰里吧唆　慌里慌张　黑不溜秋　傻不愣登　糊里糊涂

（十一）还有一些双音节词习惯上第二音节读轻声（约定俗成）

裁缝　苍蝇　窗户　答应　打听　点心　包袱

本事　爱人　部分　工夫　糊涂　和尚　风筝

豆腐　比方　扁担　胳膊　耳朵　刺猬　扫帚

三、轻声训练

轻声音节虽然较轻、较短，但是依然具有音高的表现，轻声音节的调值主要取决于前一个音节的调值。此外，轻声音节音高的确定还要综合考虑句调等因素。

（一）阴平+轻声：轻声落到 2 度（半低）

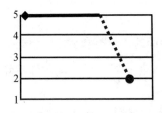

功夫　巴掌　答应　耽误　风筝

家伙　机灵　精神　圈子　舒服

（二）阳平+轻声：落到3度（中）

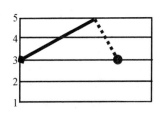

盘子　连累　馒头　勤快　核桃

蛤蟆　福气　柴火　学生　媳妇

（三）上声+轻声：落到4度（半高）

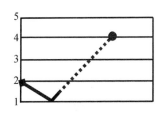

喜欢　哑巴　眼睛　怎么　首饰

买卖　饺子　伙计　耳朵　打听

（四）去声+轻声：落到1度（低）

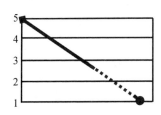

辫子　刺猬　动静　罐头　队伍

嫁妆　护士　热闹　谢谢　自在

综合训练

两个同龄的年轻人同时受雇于一家店铺，并且拿同样的薪水。

可是叫阿诺德的小伙子青云直上，而那个叫布鲁诺的小伙子却仍在原地踏步。布鲁诺很不满意老板的不公正待遇。终于有一天他到老板那儿发牢骚了。老板一边耐心地听着他的抱怨，一边在心里盘算着怎样向他解释清楚他和阿诺德之间的差别。

（张健鹏、胡足青主编的《故事时代》中的《差别》）

四、常用含有轻声的词语

A

爱人 àiren

B

巴掌 bāzhang	白净 báijing	帮手 bāngshou
棒槌 bàngchui	包袱 bāofu	包涵 bāohan
本事 běnshi	比方 bǐfang	扁担 biǎndan
别扭 bièniu	拨弄 bōnong	簸箕 bòji
补丁 bǔding	不由得 bùyóude	部分 bùfen

C

裁缝 cáifeng	财主 cáizhu	苍蝇 cāngying
差事 chāishi	柴火 cháihuo	称呼 chēnghu
畜生 chùsheng	窗户 chuānghu	刺猬 cìwei
凑合 còuhe		

D

耷拉 dāla	答应 dāying	打扮 dǎban
打点 dǎdian	打发 dǎfa	打量 dǎliang

打算 dǎsuan　　打听 dǎting　　大方 dàfang

大夫 dàifu　　耽搁 dānge　　耽误 dānwu

道士 dàoshi　　灯笼 dēnglong　　提防 dīfang

地方 dìfang　　弟兄 dìxiong　　点心 diǎnxin

东家 dōngjia　　动静 dòngjing　　动弹 dòngtan

豆腐 dòufu　　嘟囔 dūnang　　对付 duìfu

队伍 duìwu　　多么 duōme

E

耳朵 ěrduo

F

风筝 fēngzheng　　福气 fúqi

G

甘蔗 gānzhe　　干事 gànshi　　高粱 gāoliang

膏药 gāoyao　　告诉 gàosu　　疙瘩 gēda

胳膊 gēbo　　工夫 gōngfu　　功夫 gōngfu

姑娘 gūniang　　故事 gùshi　　寡妇 guǎfu

怪物 guàiwu　　关系 guānxi　　官司 guānsi

规矩 guīju　　闺女 guīnü

H

蛤蟆 háma　　含糊 hánhu　　行当 hángdang

合同 hétong　　和尚 héshang　　核桃 hétao

红火 hónghuo　　厚道 hòudao　　狐狸 húli

胡琴 húqin　　糊涂 hútu　　皇上 huángshang

胡萝卜 húluóbo　　活泼 huópo　　火候 huǒhou

伙计 huǒji　　护士 hùshi

J

机灵 jīling	脊梁 jǐliang	记号 jìhao
记性 jìxing	家伙 jiāhuo	架势 jiàshi
嫁妆 jiàzhuang	见识 jiànshi	将就 jiāngjiu
交情 jiāoqing	叫唤 jiàohuan	结实 jiēshi
街坊 jiēfang	戒指 jièzhi	精神 jīngshen

K

咳嗽 késou	客气 kèqi	口袋 kǒudai
窟窿 kūlong	快活 kuàihuo	困难 kùnnan
阔气 kuòqi		

L

喇叭 lǎba	喇嘛 lǎma	懒得 lǎnde
老实 lǎoshi	累赘 léizhui	篱笆 líba
力气 lìqi	厉害 lìhai	利落 lìluo
利索 lìsuo	痢疾 lìji	连累 liánlei
莲蓬 liánpeng	凉快 liángkuai	粮食 liángshi
溜达 liūda	萝卜 luóbo	骆驼 luòtuo

M

麻烦 máfan	麻利 máli	马虎 mǎhu
码头 mǎtou	买卖 mǎimai	忙活 mánghuo
冒失 màoshi	眉毛 méimao	媒人 méiren
门道 méndao	眯缝 mīfeng	迷糊 míhu
苗条 miáotiao	苗头 miáotou	名堂 míngtang
名字 míngzi	明白 míngbai	蘑菇 mógu
模糊 móhu	木匠 mùjiang	

N

难为 nánwei　　脑袋 nǎodai　　能耐 néngnai

念叨 niàndao　　娘家 niángjia　　奴才 núcai

女婿 nǚxu　　暖和 nuǎnhuo　　疟疾 nüèji

P

牌楼 páilou　　盘算 pánsuan　　朋友 péngyou

脾气 píqi　　屁股 pìgu　　便宜 piányi

漂亮 piàoliang　　婆家 pójia　　铺盖 pùgai

Q

欺负 qīfu　　亲戚 qīnqi　　勤快 qínkuai

清楚 qīngchu　　亲家 qìngjia

R

热闹 rènao　　人家 rénjia　　认识 rènshi

S

扫帚 sàozhou　　商量 shāngliang　　上司 shàngsi

烧饼 shāobing　　生意 shēngyi　　牲口 shēngkou

师父 shīfu　　师傅 shīfu　　石匠 shíjiang

石榴 shíliu　　时候 shíhou　　实在 shízai

拾掇 shíduo　　使唤 shǐhuan　　世故 shìgu

事情 shìqing　　收成 shōucheng　　收拾 shōushi

首饰 shǒushi　　舒服 shūfu　　舒坦 shūtan

疏忽 shūhu　　爽快 shuǎngkuai　　思量 sīliang

算计 suànji　　岁数 suìshu

T

特务 tèwu　　挑剔 tiāoti　　跳蚤 tiàozao

铁匠 tiějiang　　头发 tóufa　　妥当 tuǒdang

唾沫 tuòmo

W

挖苦 wāku   晚上 wǎnshang   尾巴 wěiba

委屈 wěiqu   位置 wèizhi   稳当 wěndang

X

稀罕 xīhan   喜欢 xǐhuan   下巴 xiàba

吓唬 xiàhu   先生 xiānsheng   乡下 xiāngxia

相声 xiàngsheng   消息 xiāoxi   小气 xiǎoqi

笑话 xiàohua   心思 xīnsi   行李 xíngli

兄弟 xiōngdi   休息 xiūxi   秀才 xiùcai

秀气 xiùqi   学生 xuésheng   学问 xuéwen

Y

衙门 yámen   哑巴 yǎba   胭脂 yānzhi

烟筒 yāntong   眼睛 yǎnjing   秧歌 yāngge

养活 yǎnghuo   吆喝 yāohe   妖精 yāojing

钥匙 yàoshi   衣服 yīfu   衣裳 yīshang

意思 yìsi   应酬 yìngchou   冤枉 yuānwang

月饼 yuèbing   月亮 yuèliang   云彩 yúncai

运气 yùnqi

Z

在乎 zàihu   早上 zǎoshang   扎实 zhāshi

眨巴 zhǎba   栅栏 zhàlan   张罗 zhāngluo

帐篷 zhàngpeng   招呼 zhāohu   招牌 zhāopai

折腾 zhēteng   芝麻 zhīma   知识 zhīshi

指甲 zhǐjia（zhíjia）   指头 zhǐtou（zhítou）   主意 zhǔyi（zhúyi）

转悠 zhuànyou   庄稼 zhuāngjia   壮实 zhuàngshi

状元 zhuàngyuan   字号 zìhao   自在 zìzai

祖宗 zǔzong   嘴巴 zuǐba   作坊 zuōfang

琢磨 zuómo

第二节　儿化

儿化，又称儿化韵，是指一个音节的主要元音带上卷舌色彩，韵母变成卷舌韵母的语音变化现象。例如：鸟儿、玩儿、天儿，这里的"儿"字不自成一个音节，同前面的字共同组成一个具有儿化（卷舌）色彩的音节。

一、作用

（一）区别词性
盖，动词。
盖儿，名词。

尖，形容词。
尖儿，名词。

（二）区分词义和同音词
头（名词，脑袋）——头儿（名词，首领）
白面（名词，小白粉）——白面儿（名词，毒品）
火星（名词，行星）——火星儿（名词，极小的火）
童子（名词，儿童）——铜子儿（名词，钱币）

（三）表示小或少的意思
头发丝儿　小事儿　小鱼儿　丁点儿　石块儿　门缝儿

（四）增强感情色彩
1. 喜爱、亲切等：宝贝儿　女孩儿　花儿　慢慢儿　老伴儿心肝儿。

2. 蔑视、俏皮等：机灵鬼儿　小偷儿　小丑儿　流氓儿。

3. 合辙押韵，增加趣味。

有个小孩儿叫小兰儿，口袋儿装着几个小钱儿，又打醋，又买盐儿，还买了一个小饭碗儿。小饭碗儿，真好玩儿，红花儿、绿叶儿镶金边儿，中间儿还有个小红点儿。

二、儿化韵的变化规律

儿化韵要根据所附着音节的韵母末尾音素来发音，儿化韵音变规律如下。

（一）韵母或韵尾音素是 a、o、e、ê、u 的音节，直接加卷舌动作。

a-ar	刀把儿（bar）	打杂儿（zar）
ia-iar	掉价儿（jiar）	豆芽儿（yar）
ua-uar	笑话儿（huar）	牙刷儿（shuar）
o-or	粉末儿（mor）	耳膜儿（mor）
uo-uor	火锅儿（guor）	小说儿（shuor）
ao-aor	手套儿（taor）	红包儿（baor）
iao-iaor	跑调儿（diaor）	开窍儿（qiaor）
e-er	模特儿（ter）	饭盒儿（her）
ie-ier	半截儿（jier）	小鞋儿（xier）
üe-üer	旦角儿（juer）	主角儿（juer）
u-ur	泪珠儿（zhur）	有数儿（shur）
ou-our	衣兜儿（dour）	小偷儿（tour）
iou-iour	加油儿（your）	棉球儿（qiur）

（二）韵母是 -i（前）、-i（后）的音节，儿化时去掉 -i（前）、-i（后），加 er。

-i(前)-er	石子儿（zer）	挑刺儿（cer）
-i(后)-er	墨汁儿（zher）	记事儿（sher）

（三）韵母是 i、ü 的音节，儿化时韵母不变，直接加 er。

i-ier	垫底儿（dier）	玩意儿（yier）	
ü-üer	毛驴儿（lüer）	小曲儿（qüer）	闺女儿（nüer）

（四）韵尾是 i、n 的（除 in、ün 外）音节，儿化时去掉韵尾后，主要元音加卷舌动作。

ei-er	刀背儿（ber）	摸黑儿（her）
ai-ar	名牌儿（par）	小孩儿（har）
uai-uar	一块儿（kuar）	
uei-uer	跑腿儿（tuer）	一会儿（huer）
an-ar	快板儿（bar）	脸蛋儿（dar）
ian-iar	照片儿（piar）	拉链儿（liar）
uan-uar	茶馆儿（guar）	好玩儿（war）
üan-üar	手绢儿（juar）	人缘儿（yuar）
en-er	嗓门儿（mer）	杏仁儿（rer）
uen-uer	打盹儿（duer）	冰棍儿（guer）

（五）韵母为 in、ün 的音节，儿化时失落韵尾 n，主要元音 i、ü 加 er。

in-ier	有劲儿（jier）	脚印儿（yier）
ün-üer	合群儿（quer）	短裙儿（quer）

（六）韵尾是 ng 的音节，儿化时失落韵尾，主要元音鼻化，并加卷舌动作。韵腹字母上加"~"表示鼻化韵。

ang-ãr	药方儿（fãr）	赶趟儿（tãr）
iang-iãr	鼻梁儿（liãr）	花样儿（yãr）
uang-uãr	蛋黄儿（huãr）	天窗儿（chuãr）
eng-ẽr	钢镚儿（bẽr）	夹缝儿（fẽr）
ing-iẽr	花瓶儿（piẽr）	人影儿（yiẽr）

注：ing 韵儿化时，可在 ng 韵尾失落后加 ẽr（即鼻化的 er）。

ueng-uẽr	小瓮儿（wẽr）	
ong-õr	抽空儿（kõr）	胡同儿（tõr）
iong-iõr	小熊儿（xiõr）	

三、儿化训练

（一）绕口令

进了门儿，倒杯水儿，喝了两口儿运运气儿，顺手儿拿起小唱本儿，唱一曲儿，又一曲儿，练完了嗓子我练嘴皮儿。绕口令儿，练字音儿，还有单弦儿牌子曲儿，小快板儿，大鼓词儿，越说越唱我越带劲儿。

有个小孩儿叫小兰儿，挑着个水桶上庙台儿，摔了个跟头捡了个钱儿。又打醋，又买盐儿，还买了一个小饭碗儿。小饭碗儿，真好玩儿，没有边儿，没有沿儿，中间有个小红点儿。

（二）贯口

蒸羊羔儿、蒸熊掌、蒸鹿尾儿、烧花鸭、烧雏鸡儿、烧子鹅、卤煮咸鸭、酱鸡、腊肉、松花小肚儿、晾肉、香肠儿、什锦苏盘儿、熏鸡、白肚儿、清蒸八宝猪、江米酿鸭子、罐儿野鸡、罐儿鹌鹑、卤什锦、卤子鹅、卤虾、烩虾、炝虾仁儿、山鸡、兔脯、菜蟒、银鱼、清蒸哈什蚂。

（三）句段练习

桃树、杏树、梨树，你不让我，我不让你，都开满了花赶趟儿。红的像火，粉的像霞，白的像雪。花里带着甜味儿；闭了眼，树上仿佛已经满是桃儿、杏儿、梨儿。

（朱自清《春》）

山尖儿全白了，给蓝天镶上一道银边。山坡上，有的地方雪厚点儿，有的地方草色还露着；这样，一道儿白，一道儿暗黄，给山们穿上一件带水纹儿的花衣；看着看着，这件花衣好像被风儿吹动，叫你希望看见一点儿更美的山的肌肤。

（老舍《济南的冬天》）

四、儿化韵韵部表

北方的戏曲艺术中儿化韵也可以"合辙"，儿化韵辙我们一般称为小辙。

儿化辙	儿化韵	原辙	原韵母	开口呼	齐齿呼	合口呼	撮口呼
小发花辙	ar	一、发花辙	a	刀把儿 腊八儿 打杂儿			
	iar		ia		掉价儿 豆芽儿 一下儿		
	uar		ua			脑瓜儿 大褂儿 笑话儿	
小梭波辙	or	二、梭波辙	o	耳膜儿 粉末儿 泡沫儿			
	uor		uo			火锅儿 大伙儿 小说儿	
	er		e	模特儿 逗乐儿 挨个儿			
小乜斜辙	ier	三、乜斜辙	ie		半截儿 小鞋儿 树叶儿		
	üer		üe				旦角儿 主角儿

续表

儿化辙	儿化韵	原辙	原韵母	开口呼	齐齿呼	合口呼	撮口呼
小一七辙	ier	四、一七辙	i		针鼻儿 玩意儿 垫底儿		
	üer		ü				毛驴儿 小曲儿 痰盂儿
小支思辙	er	五、支思辙	-i（前）	瓜子儿 石子儿 没词儿			
			-i（后）	墨汁儿 记事儿 锯齿儿			
小灰堆辙	er	六、灰堆辙	ei	刀背儿 摸黑儿 宝贝儿			
	uer		uei（ui）			归堆儿 跑腿儿 耳垂儿	
小油求辙	our	七、油求辙	ou	小偷儿 布兜儿 老头儿			
	iour		iou（iu）		棉球儿 抓阄儿 顶牛儿		
小人辰辙	er	八、人辰辙	en	没门儿 老本儿 纳闷儿			
	uer		uen(un)			打盹儿 开春儿 没准儿	

续表

儿化辙	儿化韵	原辙	原韵母	开口呼	齐齿呼	合口呼	撮口呼
小人辰辙	ier	八、人辰辙	in		有劲儿 送信儿 脚印儿		
	üer		ün				合群儿 蛐蛐儿
小姑苏辙	ur	九、姑苏辙	u			碎步儿 泪珠儿 有数儿	
小怀来辙	ar	十、怀来辙	ai	名牌儿 小孩儿 鞋带儿			
	uar		uai			一块儿	
小言前	ar	十一、言前辙	an	快板儿 老伴儿 门槛儿			
	iar		ian		小辫儿 照片儿 聊天儿		
	uar		uan			拐弯儿 茶馆儿 好玩儿	
	üar		üan				春卷儿 人缘儿 手绢儿

儿化辙	儿化韵	原辙	原韵母	开口呼	齐齿呼	合口呼	撮口呼
小遥条辙	aor	十二、遥条辙	ao	棉袄儿 没招儿 小草儿			
	iaor		iao		小鸟儿 面条儿 跑调儿		
小江阳辙	ãr	十三、江阳辙	ang	帮忙儿 赶趟儿 药方儿			
	iãr		iang		鼻梁儿 透亮儿 花样儿		
	uãr		uang			蛋黄儿 天窗儿 打晃儿	
小中东辙	ēr	十四、中东辙	eng	门缝儿 钢镚儿 提成儿			
	iēr		ing		花瓶儿 门铃儿 眼镜儿		
	ōr		ong			酒盅儿 胡同儿 抽空儿	
	uēr		ueng			小瓮儿	
	iōr		iong				小熊儿

第三节 变调

音节在连读时，相邻音节的声调发生变化的现象叫变调。变调主要包括上声变调、"一""不"的变调以及重叠类动词和形容词的变调等。

一、上声变调

(一) 上声在单念或词、句尾时读本调214。

雪 狠 口 骨 水

谈吐 批准 黄海 电影 插曲 掺假

"品位"是多么容易被世人忽略或漠视的美。

(二) 上声在非上声前读"半上"，调值由214变为211。

1. 上声+阴平：214+55→211+55

北京 广播 指标 老师 取消 捕捉 理科 果汁 股东

饼干 把关 补充 法规 感激 主编 产生 火车 礼花

2. 上声+阳平：214+35→211+35

指南 统筹 理疗 阐明 采集 讨伐 史实 秉承

管辖 几何 裹挟 打球 海洋 表达 感情 祖国

朋友即将远行。

森林涵养水源，保持水土，防止水旱灾害的作用非常大。

3. 上声+去声：214+51→211+51

恐怖 凛冽 沮丧 哺育 坦率 赏赐 袒护 忐忑 挑衅

史册 法律 本质 保护 跑步 法院 美丽 百货 讨论

(三) 上声与上声相连，前面的上声调值从214变成35。

上声+上声：214+214→35+214

蚂蚁 采访 古典 苟且 北纬 骨髓 讨好 水藻 腼腆

减免　爽朗　水果　比拟　哺乳　体检　谱写　保险　怂恿

注：在轻声音节前的上声，有两种不同的变调：

①上声+轻声→35+轻声：晌午<方>　讲讲　想起

②上声+轻声→211+轻声：指甲　姥姥　耳朵　笸箩　伙计

（四）多个上声音节相连，要根据词语的结构变调。

1. 单双格 ABB：214+（214+214）→211+35+214

党小组　李厂长　小拇指　好领导　纸老虎　有理想　很友好

史小姐　好小伙　很友好　冷处理　孔乙己　老两口　纸雨伞

2. 双单格 AAB：（214+214）+214→35+35+214

选举法　展览馆　古典美　勇敢者　手写体　洗脸水　水彩笔

跑马场　蒙古语　演讲稿　打靶场　洗染组　虎骨酒　古曲舞

3. 三单格 ABC：（214）+（214）+（214）→35+35+214

软懒散　稳准狠　缓减免

4. 双双格 AABB：（214+214）+（214+214）→35+211+35+214

岂有此理　永远美好　勇敢小伙　选举厂长

二、"一"的变调

（一）在单念、词句末尾，以及做序数时，念原调。

一　专一　统一　万一　唯一　一楼（表示第一楼或第一层楼）

数一数二　大年初一　星期一　第一时间　一级响应　双十一

（二）非去声音节前变为去声。

阴平前：一般　一经　一天

阳平前：一直　一年　一楼（表示全楼）

上声前：一晚　一眼　一把

（三）去声音节前变为阳平35。

去声前：一样　一个　一半　一共　一概　一会儿　一并

（四）夹在重叠式的动词之间念轻声（次轻音）。

谈一谈 聊一聊 管一管 猜一猜 走一走 拖一拖 找一找
吹一吹

综合练习

一心一意 一带一路 一板一眼 一模一样 一丝一毫
一唱一和 一心一德 一字一板 一生一世 一颦一笑

李阳是一个用情专一的男孩儿。

你抽到的数字是"一"吗？

《一字诗 》陈沆（清）

一帆一桨一渔舟，一个渔翁一钓钩。

一俯一仰一场笑，一江明月一江秋。

没有一片绿叶，没有一缕炊烟，没有一粒泥土，没有一丝花香，
只有水的世界，云的海洋。

（王文杰《可爱的小鸟》）

三、"不"的变调

（一）单念或在词句末尾时，念原调。

不 偏不 无不 何不 非不

（二）在阴平、阳平、上声（即非去声）前念本调。

1. 阴平前：不安 不单 不堪 不惜

2. 阳平前：不才 不服 不和 不然

3. 上声前：不管 不久 不好 不朽

（三）在去声音节前变阳平 35。

去声前：不要 不必 不力 不妙 不对 不断 不够

（四）夹在重叠动词或形容词之间，以及夹在动词和补语之间，念轻声（次轻音）。

　　好不好　行不行　能不能　走不走　说不说　要不要　写不写

　　做不好　去不了　起不来　跑不动　打不开

综合练习

　　不闻不问　不瘟不火　不三不四　不知不觉　不伦不类

　　不痛不痒　不折不扣　不卑不亢　不蔓不枝　不离不弃

　　秋天一定要住北平。天堂是什么样子，我不知道，但是从我的生活经验去判断，北平之秋便是天堂。论天气，不冷不热。

（老舍《住的梦》）

　　它容易来也容易去，谁也不应该对它视而不见失之交臂，谁也不应该总是做那些使自己不高兴也使旁人不高兴的事。

（王蒙《喜悦》）

四、重叠类形容词和动词的变调

　　一般原则：口语中变，书面语中不变。

（一）"AA 的/地"式形容词/副词后加了儿化，重叠部分的第二个音节常变为阴平。

　　慢慢儿的（地）　　好好儿的（地）　　饱饱儿的

（二）"ABB"式形容词，重叠部分可变为阴平，亦可不变。

　　红彤彤　绿油油　热腾腾　孤零零　白茫茫

　　懒洋洋　软绵绵　黑乎乎　沉甸甸　水灵灵

（三）"AABB" 式形容词，第二音节轻读，重叠部分 "BB" 读成阴平，也可不变。

干干净净　隐隐约约　明明白白　马马虎虎　清清楚楚

客客气气　漂漂亮亮　匆匆忙忙　利利索索　哭哭啼啼

注："AA" 式动词的音变见 "轻声" 部分。

第四节　语气词 "啊" 的音变

语气词 "啊" 在句子前单独使用，仍读 a 音；在句尾使用时，会受到前一个音节末尾音素的影响，发生语音变化。这些变化规律不用死记硬背，只要根据前一音节的收尾读音，顺势而变即可。

一、"啊" 是表达语气感情的叹词。在句首时，仍读 "a" 音，表达不同的感情所用的语气不同，"啊" 的声调也不同。

1. 啊（读阴平，叮咛的语气）：啊，好好干！

2. 啊（读阳平，表示追问）：啊？你说什么？

3. 啊（读上声，表示惊疑、不解）：啊？怎么会有这种事？

4. 啊（读去声，表赞叹、惊异或明白、理解了，音较长）：

　　啊，伟大的祖国！

　　啊，原来是你，怪不得看着面熟哇！

5. 啊（读去声调，表示应诺，音较短）：啊，好吧。

二、前一音节末尾音是 a、o（ao、iao 除外）、e、ê、i、ü 时，"啊"读成 ya（呀）。

1. 快拿啊！ （na-ya）

2. 你说什么啊！ （me-ya）

   河里的鱼真多啊！ （duo-ya）

3. 这个柿子真涩啊！ （se-ya）

4. 货快卸啊！ （xie-ya）

5. 咱们比一比啊！ （bi-ya）

6. 快去取啊！ （qu-ya）

三、前一音节末尾音是 u 时（包括 ao、iao），"啊"读成 wa（哇）。

1. 真是好功夫啊！ （fu-wa）

2. 这棵树真高啊！ （gao-wa）

3. 他是这个家的独苗啊！ （miao-wa）

4. 你可真牛啊！ （niu-wa）

四、前一音节末尾音是 n 时，"啊"读成 na（哪）。

1. 背包真沉啊！ （chen-na）

2. 你要小心啊。 （xin-na）

3. 真不一般啊。 （ban-na）

4. 你要上天啊 （tian-na）

　5. 苹果好酸啊！　　　　　　　　　　　（suan-na）

　6. 吃得真滋润啊！　　　　　　　　　　　（run-na）

　7. 种类真全啊！　　　　　　　　　　　　（quan-na）

　8. 好大的一群啊！　　　　　　　　　　　（qun-na）

五、前一音节末尾音是 ng 时，"啊"读成 nga。

　1. 这两个人好像啊！　　　　　　　　　　（xiang-nga）

　2. 天真冷啊！　　　　　　　　　　　　　（leng-nga）

　3. 你们真高兴啊！　　　　　　　　　　　（xing-nga）

　4. 真是伟大英雄啊！　　　　　　　　　　（xiong-nga）

六、前一音节收尾音是-i（前）时，"啊"读成［za］。

　1. 你有几个孩子啊！　　　　　　　　　　（zi-［za］）

　2. 每月回家几次啊！　　　　　　　　　　（ci-［za］）

　3. 你真自私啊！　　　　　　　　　　　　（si-［za］）

七、前一音节末尾音是-i（后）、er（包括儿化韵 r）时，读成 ra。

　1. 离放假还有多少日啊！　　　　　　　　（ri-ra）

　2. 阿姨做的菜真好吃啊！　　　　　　　　（chi-ra）

　3. 一共多少只啊？　　　　　　　　　　　（zhi-ra）

　4. 好大的气势啊！　　　　　　　　　　　（shi-ra）

　5. 真是个好宝贝儿啊！　　　　　　　　　（ber-ra）

　6. 怎么不开花儿啊！　　　　　　　　　　（huar-ra）

　7. 我的儿啊！　　　　　　　　　　　　　（er-ra）

语气词 "啊" 音变规律表

前字末尾音素	前字韵母	读作	写作	例子
i、ü、a、o、e、ê	i、ai、uai、ei、uei、ü、a、ia、ua、o、uo、e、ie、üe	ya	呀	鱼呀、鸡呀、他呀、鹅呀、雪呀
u	u、ao、iao、ou、iou	wa	哇	书哇、好哇、球哇
n	an、ian、uan、üan、en、in、uen、ün	na	哪	难哪、圆哪、稳哪
ng	ang、iang、uang、eng、ing、ueng、ong、iong	nga	啊	疼啊、方啊、懂啊、穷啊
-i（后）、er	-i（后）、er	ra	啊	吃啊、是啊、宝贝儿啊
-i（前）	-i（前）	[za]	啊	孩子啊、撕啊

综合练习

鸡啊、鸭啊、猫啊、狗啊，一块儿水里游啊！牛啊、羊啊、马啊、骡啊，一块儿进鸡窝啊！狼啊、虎啊、熊啊、豹啊，一块儿街上跑啊！兔儿啊、鼠儿啊、虫儿啊、鸟儿啊，一块儿上窗台儿啊！

看啊，多美的一幅画啊！那上面有山啊、水啊、树啊、花儿啊、还有许多小动物呢，有孔雀啊、白鸭啊、野猪啊、山羊啊、水牛啊、黑马啊，还有一只小白兔啊，多热闹呀！

是啊，画得就像真的一样啊！

第五节　词语的轻重格式

在汉语普通话双音节词及多音节词中，音节都有着约定俗成的轻重强弱的差别，形成了强弱、长短的不同变化的词语格式，我们称为词语的轻重格式。我们将短而弱的音节称为轻，长而强的音节称为重，介于二者之间的称为中。在具体运用时，词的轻重格式受到语句目的和语境的影响，也会发生少数"破格"的情况。下面主要介绍双音节词、三音节词和四音节词的轻重格式。

一、双音节词

1. 中重格式（70%）

年轻	广播	芭蕉	颁发	帮忙	地震	犯浑	合并
生命	作息	转换	声张	乡村	致命	凡响	就餐
超群	白丁	绑架	报刊	不良	面纱	贩毒	交通
血腥	长眠	忠贞	匈奴	救急	劳工	托运	灯油

2. 重中格式

贩卖	分开	打扫	土话	女性	利用	开水	红学
能力	恰当	血统	质地	志趣	质朴	超级	超龄
创造	创办	作者	灿烂	遥远	万分	生存	相对
声音	教育	帮助	爱护	调理	班次	博士	女士
长度	技术	经验	积极	把柄	春季	良心	爱恋
凤凰	淡泊	款待	将军	珍视	命令	埋怨	朴实

注：轻重式偶有区分词义或词性的作用。例如：

"回路"这个词，读成前重格式时，表示返回的路；读成后重格式时，表示回流电源的通路。

"你已经没有回路了！""电源回路装置"

3. 重轻格式

头发　风筝　意思　相声　消息　布置　玻璃　舒服　眼睛
东西　唠叨　喉咙　麻烦　合同　客气　做作　规矩　故事

有一部分为"重次轻"格式，例如：

新鲜　客人　风水　匀称

还有一些词语的第二音节一般轻读，间或重读，我们在标注声调时，通常加注原调，并在拼音前加"·"，例如：

因为(yīn·wèi)　太阳(tài·yáng)

二、三音节词

1. 中中重格式

主持人　自行车　火车站　奥运会　寄生虫　博物馆
天安门　松花江　招待会　运动场　国务院　抗生素

2. 中重轻格式

好朋友　胡萝卜　同学们　卖关子　打冷战　吊嗓子　小姑娘
两口子　闹别扭　硬骨头　明摆着　拉关系　打拍子　打摆子

3. 中轻重格式

保不齐　吃不消　小不点　对不起　过不来　冷不防　数得着
窝囊废　豆腐脑　走不成　备不住　跑得快　说得来　生意经

4. 重轻轻格式

屋子里　耳朵里　孩子们　先生们　朋友们　跳起来　桌子上

三、四音节词语

1. 中重中重格式

年富国强　　五湖四海　　丰衣足食　　标新立异

龙潭虎穴　　画蛇添足　　班门弄斧　　心旷神怡

2. 重中中重格式

美不胜收　　惨不忍睹　　敬而远之　　诸如此类　　能者多劳

义不容辞　　一扫而空　　望而却步　　多此一举

3. 中轻中重格式

大大方方　　稀里哗啦　　亮亮堂堂　　慢慢腾腾　　模模糊糊

第五单元　吐字——珠圆玉润

何为交代？一字之音，必有首腹尾，必首腹尾已尽，然后再出一字，则字字清楚。若一字之音未尽，或已尽而未收足，或收足而于交界之处未能划断，或划断而下字之头未能矫然，皆为交代不清。

——《乐府传声·交代》

第一节　吐字归音简介

"吐字归音"是我国传统戏曲声乐艺术中的一个术语，用来描述艺术语言的发音方法。它将汉语音节的发音过程分为"出字""立字"和"归音"三个阶段，并对各个阶段的发音要领做了总结，旨在使吐字清晰、圆润。声乐、表演、播音等语言艺术均可借鉴"吐字归音"方法，来改善发音效果，使字音清晰、圆润、饱满。

在学习吐字归音之前，我们首先回顾一下汉语语音学中的几组基本概念。

一、音素、元音和辅音

音素：音素是语音中最小的单位。

"ma"是由 m 和 a 两个音素组成的。

"guang"是由 g、u、a 和 ng 四个音素组成的。

　　辅音和元音：音素可以分为辅音音素和元音音素两大类。发音时，气流在口腔或咽头受到一定阻碍的音素叫作辅音；气流振动声带，且在口腔或咽头不受阻碍的音素叫作元音。

二、音节、声母、韵母和声调

　　音节：语流中，音节是从听感上能够自然切分的最小语音片段。一般来说，一个汉字就是一个音节，但儿化韵音节比较特殊，像"花儿"，两个字构成一个音节，我们读成"huār"。

　　声调：声调是指一个音节高低升降的音高变化。汉语普通话包括平、升、曲、降四种调型。除此之外，还有轻声声调。

　　声母：声母是指音节开头的辅音，是汉语拼音中在韵母前面的辅音，与韵母一起构成完整的音节。

　　韵母：韵母是指音节中声母后面的部分。韵母的结构可以分为韵头、韵腹、韵尾。

　　韵腹：韵腹是韵母的主干，发音时，韵腹的开口度最大，也最响亮，也叫作主要元音，是一个韵母必不可少的部分。

　　韵头（介音）：韵头介于声母和韵腹之间，只能由 i、u、ü 三个元音充当。

　　韵尾：韵尾是韵腹后面的音素，可以充当韵尾的元音有 i、u，可以充当韵尾的辅音有 n、ng。

强 qiáng	声母	韵母		
	q	i	a	ng
	声母	韵头	韵腹	韵尾

恰 qià	声母	韵母		
	q	i	a	—
	声母	韵头	韵腹	韵尾

刚 gāng	声母	韵母		
	g	—	a	ng
	声母	韵头	韵腹	韵尾

啊 ā	声母	韵母		
	—	—	a	—
	声母	韵头	韵腹	韵尾

安 ān	声母	韵母		
	—	—	a	n
	声母	韵头	韵腹	韵尾

挖 wā	声母	韵母		
	—	u	a	—
	声母	韵头	韵腹	韵尾

三、字头、字腹和字尾

"吐字归音"根据汉语语音和汉语音节结构的特点,将每个音节分为三个部分——字头、字腹和字尾。

字头是一个音节的开头,由声母和韵头构成。

字腹就是指韵腹。

字尾就是指韵尾。

一个音节肯定有字腹，字头、字尾可有可无。

（一）有字头、字腹和字尾

电 diàn	声母	韵母		
	d	i	a	n
	声母	韵头	韵腹	韵尾
	字头		字腹	字尾

蓝 lán	声母	韵母		
	l	—	a	n
	声母	韵头	韵腹	韵尾
	字头		字腹	字尾

（二）有字头、字腹，没字尾

瓜 guā	声母	韵母		
	g	u	a	—
	声母	韵头	韵腹	韵尾
	字头		字腹	字尾

（三）有字腹和字尾，没字头

昂 áng	声母	韵母		
	—	—	a	ng
	声母	韵头	韵腹	韵尾
	字头		字腹	字尾

普通话例字音节结构表

结构 例字		声母	韵母				声调
			头	腹	尾		
		辅音 23 个 (含 y、w)	元音 i、u、ü	元音	元音 i、u	辅音 n、ng	
零声母 音节	啊 ā			a			阴平
	业 yè	y	(i)	ê			去声
	奥 ào			a	o [ʊ]		去声
	为 wéi	w	(u)	e	i		阳平
	安 ān			a		n	阴平
	阳 yáng	y	(i)	a		ng	阳平
非零声母 音节	得 dé	d		e			阳平
	写 xiě	x	i	ê			上声
	守 shǒu	sh		o	u		上声
	怀 huái	h	u	a	i		阳平
	感 gǎn	g		a		n	上声
	宣 xuān	x	ü	a		n	阴平

第二节　吐字归音要领

　　"吐字归音"根据汉语语音和汉语音节结构的特点，将每个音节分为三个部分——字头、字腹和字尾。汉语音节的发音过程与这三个部分的发音对应，包含三个阶段——"出字""立字"和"归音"。

　　出字：字头的发音过程

立字：字腹的发音过程

归音：字尾的发音过程

"出字""立字"和"归音"的要领：

字头叼住弹出，防"吃"字；

字腹拉开立起，防"倒"字；

字尾弱收到位，防"丢"字。

吐字归音的要领，可以概括为：

声母轻，介音快，韵腹响，韵尾明，

字头、字腹和字尾，融为一体不分家。

一、出字——字头叼住弹出

叼住：这是针对声母的成阻和持阻阶段而言的，也叫咬字阶段。咬字力量要集中，唇舌有一定的力度，形成阻碍部位的肌肉要适度紧张。此外，声母和韵头的结合非常紧密，要根据韵头控制好起始音的口、唇形。

弹出：这是针对声母的除阻阶段而言的。"弹出"有力，才可带动整个音节（犹如火车头带动整列车厢），使发音清晰、明亮。要用巧劲，而非拙力，以避免咬字僵硬、不轻巧。《歌唱动力学》一书中对辅音的发音有一段描述或可给我们一些提示。

过分强调辅音的发音会对颤音、连音、起音、句子的完整性和松弛状态的保持起到破坏和瓦解作用，而颤音的有无、连音的好坏、起音的准确与否对音质来讲起着非常重要的作用。

出字夸张练习——成阻部位肌肉紧张，气流较强，气"喷"声"弹"。

（一）无介音的音节

韵母＼声母	零	b	p	m	f	d	t	n	l	g	k	h	j	q	x	zh	ch	sh	r	z	c	s
a	a	ba	pa	ma	fa	da	ta	na	la	ga	ka	ha				zha	cha	sha		za	ca	sa
ai	ai	bai	pai	mai		dai	tai	nai	lai	gai	kai	hai				zhai	chai	shai		zai	cai	sai
ao	ao	bao	pao	mao		dao	tao	nao	lao	gao	kao	hao				zhao	chao	shao	rao	zao	cao	sao
an	an	ban	pan	man	fan	dan	tan	nan	lan	gan	kan	han				zhan	chan	shan	ran	zan	can	san
ang	ang	bang	pang	mang	fang	dang	tang	nang	lang	gang	kang	hang				zhang	chang	shang	rang	zang	cang	sang
o	o	bo	po	mo	fo																	
ou	ou		pou	mou	fou	dou	tou	nou	lou	gou	kou	hou				zhou	chou	shou	rou	zou	cou	sou
e	e			me		de	te	ne	le	ge	ke	he				zhe	che	she	re	ze	ce	se
ei	ei	bei	pei	mei	fei	dei		nei	lei	gei		hei				zhei		shei		zei		
en	en	ben	pen	men	fen			nen		gen	ken	hen				zhen	chen	shen	ren	zen	cen	sen
eng	eng	beng	peng	meng	feng	deng	teng	neng	leng	geng	keng	heng				zheng	cheng	sheng	reng	zeng	ceng	seng
i	yi	bi	pi	mi		di	ti	ni	li				ji	qi	xi							
in	yin	bin	pin	min				nin	lin				jin	qin	xin							
ing	ying	bing	ping	ming		ding	ting	ning	ling				jing	qing	xing							
-i																zhi	chi	shi	ri	zi	ci	si
u	wu	bu	pu	mu	fu	du	tu	nu	lu	gu	ku	hu				zhu	chu	shu	ru	zu	cu	su
ong						dong	tong	nong	long	gong	kong	hong				zhong	chong		rong	zong	cong	song

续表

声母＼韵母	零	b	p	m	f	d	t	n	l	g	k	h	j	q	x	zh	ch	sh	r	z	c	s
ü	yu							nü	lü				ju	qu	xu							
ün	yun												jun	qun	xun							
iong	yong												jiong	qiong	xiong							

（二）有介音的音节

提示：要避免丢失韵头或者改变韵头的问题。可以通过声介（声母和介音）与韵合拼法来练习。

例如：qi—óng→qióng（强）　　hu—ái→huái（淮）

1. 介音为 i

声母＼韵母	零	b	p	m	f	d	t	n	l	g	k	h	j	q	x	zh	ch	sh	r	z	c	s
ia	ya								lia				jia	qia	xia							
ie	ye	bie	pie	mie		die	tie	nie	lie				jie	qie	xie							
iao	yao	biao	piao	miao		diao	tiao	niao	liao				jiao	qiao	xiao							
iou	you			miu		diu		niu	liu				jiu	qiu	xiu							
ian	yan	bian	pian	mian		dian	tian	nian	lian				jian	qian	xian							
iang	yang							niang	liang				jiang	qiang	xiang							

2. 介音为 u

	零	b	p	m	f	d	t	n	l	g	k	h	j	q	x	zh	ch	sh	r	z	c	s
ua	wa									gua	kua	hua				zhua	chua	shua				
uo	wo	buo	puo	muo	fuo	duo	tuo	nuo	luo	guo	kuo	huo				zhuo	chuo	shuo	ruo	zuo	cuo	suo
uai	wai									guai	kuai	huai				zhuai	chuai	shuai				
uei	wei					dui	tui			gui	kui	hui				zhui	chui	shui	rui	zui	cui	sui
uan	wan					duan	tuan	nuan	luan	guan	kuan	huan				zhuan	chuan	shuan	ruan	zuan	cuan	suan
uen	wen					dun	tun	nun	lun	gun	kun	hun				zhun	chun	shun	run	zun	cun	sun
uang	wang									guang	kuang	huang				zhuang	chuang	shuang				
ueng	weng																					

注：ueng 只能自成音节，不能与声母拼合。

3. 介音为 ü

	零	b	p	m	f	d	t	n	l	g	k	h	j	q	x	zh	ch	sh	r	z	c	s
üe	yue							nüe	lüe				jue	que	xue							
üan	yuan												juan	quan	xuan							

184

（三）零声母音节

零声母音节没有声母，但是我们在发音时要在音节开头部分加一点轻微的摩擦成分，起到类似于声母的作用——明晰音节间的界限，避免语意不清。例如："西安"中的"安（ān）"为零声母音节，如果 a 不增加点摩擦成分，音节界限很容易变得模糊，读成"先（xiān）"。

零声母音节开头部分增加摩擦成分练习：

开口呼——读成不明显的喉塞音［ʔ］（闭合一下声门）。

a、ai、ao、an、ang/o、ou/e、ei、en、eng

恩爱　偶尔　傲岸　挨饿

齐齿呼——用隔音字母 y 开头，读成舌面摩擦音［j］（半元音仍属辅音类）。

ya、ye、yao、you、yan、yi、yin、yang、ying

洋溢　耀眼　油烟　洋溢

合口呼——用隔音字母 w 开头，读成双唇浊擦音［w］（半元音仍属辅音类）。

wu、wa、wo、wai、wei、wan、wen、wang、weng

万物　忘我　王维　五味

撮口呼——用隔音字母 y（yu）开头，读成带有轻微摩擦成分的半元音［ɥ］。

yu、yue、yuan、yun、yong

永远　用语　孕育　愉悦

二、立字——字腹拉开立起

立字是指对字腹的处理，要做到拉开、立起，打开口腔，咽壁立起，使得字腹饱满、圆润。沈宠绥在《度曲须知》中说："声调明爽，全系腹音。"字腹是声调的主要体现者，泛音共鸣丰满的字腹与高低起伏变化的声调共同塑造了汉语有声语言独特的韵律美和音乐美。

同韵腹（即字腹）韵母分类表

韵腹/单韵母	前响复韵母	中响复韵母	后响复韵母	鼻韵母
a	ai、ao	iao、uai	ia、ua	an、ang、ian、iang、uan、uang、üan
o	ou	iou（iu）	uo	
e	ei	uei		en、eng、uen、ueng
ê			ie、üe	
i				in、ing
u				ong（≈ung）
ü				ün、iong（≈üng）

注：

①同行韵母的韵腹相同。

②单韵母-i（前）、-i（后）和 er，不参与构成其他复韵母和鼻韵母。

（一）韵腹发音的综合感觉

夸张练习——打开口腔，把每个韵腹想象成一个大苹果。

1. 单韵母

将苹果"放"于口中：a o e i u ü。

2. 复韵母和前鼻韵母

韵腹在前，将苹果"包"进口中：ai ao an/ou ong/ei en/in/yun；

韵腹在后，将苹果"吸"入口中：ya ye yue/wa wo；

韵腹在中，将苹果"咬"在口中：yao you yan/wai wan/wei wen/yuan。

（二）不同韵腹专项训练

1. 韵腹为 a

声母 韵母	零	b	p	m	f	d	t	n	l	g	k	h	j	q	x	zh	ch	sh	r	z	c	s
a	a	ba	pa	ma	fa	da	ta	na	la	ga	ka	ha				zha	cha	sha		za	ca	sa
ai	ai	bai	pai	mai		dai	tai	nai	lai	gai	kai	hai				zhai	chai	shai		zai	cai	sai
ao	ao	bao	pao	mao		dao	tao	nao	lao	gao	kao	hao				zhao	chao	shao	rao	zao	cao	sao
ia	ya								lia				jia	qia	xia							
iao	yao	biao	piao	miao		diao	tiao	niao	liao				jiao	qiao	xiao							
uai	wai									guai	kuai	huai				zhuai	chuai	shuai				
ua	wa									gua	kua	hua				zhua	chua	shua				
an	an	ban	pan	man	fan	dan	tan	nan	lan	gan	kan	han				zhan	chan	shan	ran	zan	can	san
ang	ang	bang	pang	mang	fang	dang	tang	nang	lang	gang	kang	hang				zhang	chang	shang	rang	zang	cang	sang
ian	yan	bian	pian	mian		dian	tian	nian	lian				jian	qian	xian							
iang	yang							niang	liang				jiang	qiang	xiang							
uan	wan					duan	tuan	nuan	luan	guan	kuan	huan				zhuan	chuan	shuan	ruan	zuan	cuan	suan
uang	wang									guang	kuang	huang				zhuang	chuang	shuang				
üan	yuan												juan	quan	xuan							

2. 韵腹为 o

声母 韵母	零	b	p	m	f	d	t	n	l	g	k	h	j	q	x	zh	ch	sh	r	z	c	s
o	o	bo	po	mo	fo																	
ou	ou		pou	mou	fou	dou	tou	nou	lou	gou	kou	hou				zhou	chou	shou	rou	zou	cou	sou
iou	you			miu		diu		niu	liu				jiu	qiu	xiu							
uo	wo	<u>buo</u>	<u>puo</u>	<u>muo</u>	<u>fuo</u>	duo	tuo	nuo	luo	guo	kuo	huo				zhuo	chuo	shuo	ruo	zuo	cuo	suo

3. 韵腹为 e

声母 韵母	零	b	p	m	f	d	t	n	l	g	k	h	j	q	x	zh	ch	sh	r	z	c	s
e	e			me		de	te	ne	le	ge	ke	he				zhe	che	she	re	ze	ce	se
ei	ei	bei	pei	mei	fei	dei		nei	lei	gei		hei				zhei		shei		zei		
uei	wei					dui	tui			gui	kui	hui				zhui	chui	shui	rui	zui	cui	sui
en	en	ben	pen	men	fen			nen		gen	ken	hen				zhen	chen	shen	ren	zen	cen	sen
eng	eng	beng	peng	meng	feng	deng	teng	neng	leng	geng	keng	heng				zheng	cheng	sheng	reng	zeng	ceng	seng
uen	wen					dun	tun	nun	lun	gun	kun	hun				zhun	chun	shun	run	zun	cun	sun
ueng	weng																					

4. 韵腹为 ê

声母 韵母	零	b	p	m	f	d	t	n	l	g	k	h	j	q	x	zh	ch	sh	r	z	c	s
ê	ê																					
ie	ye	bie	pie	mie		die	tie	nie	lie				jie	qie	xie							
üe	yue							nüe	lüe				jue	que	xue							

5. 韵腹为 i

声母 韵母	零	b	p	m	f	d	t	n	l	g	k	h	j	q	x	zh	ch	sh	r	z	c	s
i	yi	bi	pi	mi		di	ti	ni	li				ji	qi	xi							
in	yin	bin	pin	min				nin	lin				jin	qin	xin							
ing	ying	bing	ping	ming		ding	ting	ning	ling				jing	qing	xing							

6. 韵腹为 u

声母 韵母	零	b	p	m	f	d	t	n	l	g	k	h	j	q	x	zh	ch	sh	r	z	c	s
u	wu	bu	pu	mu	fu	du	tu	nu	lu	gu	ku	hu				zhu	chu	shu	ru	zu	cu	su
ong						dong	tong	nong	long	gong	kong	hong				zhong	chong		rong	zong	cong	song

7. 韵腹为 ü

声母 韵母	零	b	p	m	f	d	t	n	l	g	k	h	j	q	x	zh	ch	sh	r	z	c	s
ü	yu							nü	lü				ju	qu	xu							
ün	yun												jun	qun	xun							
iong	yong												jiong	qiong	xiong							

8. 韵腹为 -i

声母 韵母	零	b	p	m	f	d	t	n	l	g	k	h	j	q	x	zh	ch	sh	r	z	c	s
-i（前）																				zi	ci	si
-i（后）																zhi	chi	shi	ri			

三、归音——字尾弱收到位

归音是指对字尾的处理，要做到弱收、到位，趋势鲜明。弱收是指这个过程中口腔处于由开渐闭的状态，咬字器官肌肉逐渐放松；到位是指唇形和舌位应"滑"到字尾规定的位置。

我们把没有韵尾的音节叫作开尾音节。开尾音节的发音，应避免通过改变口腔大小来收尾，而是要在尾部减弱气息，适当增加闭喉色彩，形成听感上的字尾。（详见第二单元第七节）

弱收，不意味着"如履薄冰"，要做到"干脆利落"；

到位，不意味着"拖泥带水"，要做到"蜻蜓点水""点到即可"。

实际情况是，很多人能做到"弱收"，但是不能兼顾"到位"。汉语普通话中能做字尾的音素不多，有 i、u 和 n、ng。

归音练习：

练习1：

（1）开尾韵母：ɑ、iɑ、uɑ、o、uo、e、ê、ie、üe、i、-i（前）、-i（后）、u、ü、er。

（2）非开尾韵母：

① i 尾韵母：ai、uai、ei、uei （大致归音于次高展唇元音 [ɪ]）

韵母＼声母	零	b	p	m	f	d	t	n	l	g	k	h	j	q	x	zh	ch	sh	r	z	c	s
ai	ai	bai	pai	mai		dai	tai	nai	lai	gai	kai	hai				zhai	chai	shai		zai	cai	sai
uai	wai									guai	kuai	huai				zhuai	chuai	shuai				
ei	ei	bei	pei	mei	fei	dei		nei	lei	gei		hei				zhei		shei		zei		
uei	wei					dui	tui			gui	kui	hui				zhui	chui	shui	rui	zui	cui	sui

② u 尾韵母：ao、iao、ou、iou （大致归音于次高圆唇元音 [ʊ]）

韵母＼声母	零	b	p	m	f	d	t	n	l	g	k	h	j	q	x	zh	ch	sh	r	z	c	s
ao	ao	bao	pao	mao		dao	tao	nao	lao	gao	kao	hao				zhao	chao	shao	rao	zao	cao	sao
iao	yao	biao	piao	miao		diao	tiao	niao	liao				jiao	qiao	xiao							
ou	ou		pou	mou	fou	dou	tou	nou	lou	gou	kou	hou				zhou	chou	shou	rou	zou	cou	sou
iou	you			miu		diu		niu	liu				jiu	qiu	xiu							

③ n 尾韵母：an、ian、en、in、uan、uen、ün、üan

韵母＼声母	零	b	p	m	f	d	t	n	l	g	k	h	j	q	x	zh	ch	sh	r	z	c	s
an	an	ban	pan	man	fan	dan	tan	nan	lan	gan	kan	han				zhan	chan	shan	ran	zan	can	san
ian	yan	bian	pian	mian		dian	tian	nian	lian				jian	qian	xian							

续表

韵母＼声母	零	b	p	m	f	d	t	n	l	g	k	h	j	q	x	zh	ch	sh	r	z	c	s
en	en	ben	pen	men	fen			nen		gen	ken	hen				zhen	chen	shen	ren	zen	cen	sen
in	yin	bin	pin	min				nin	lin				jin	qin	xin							
uan	wan					duan	tuan	nuan	luan	guan	kuan	huan				zhuan	chuan	shuan	ruan	zuan	cuan	suan
uen	wen					dun	tun	nun	lun	gun	kun	hun				zhun	chun	shun	run	zun	cun	sun
ün	yun												jun	qun	xun							
üan	yuan												juan	quan	xuan							

④ ng 尾韵母：ang、iang、eng、ing、uang、ueng、ong、iong

韵母＼声母	零	b	p	m	f	d	t	n	l	g	k	h	j	q	x	zh	ch	sh	r	z	c	s
ang	ang	bang	pang	mang	fang	dang	tang	nang	lang	gang	kang	hang				zhang	chang	shang	rang	zang	cang	sang
iang	yang							niang	liang				jiang	qiang	xiang							
eng	eng	beng	peng	meng	feng	deng	teng	neng	leng	geng	keng	heng				zheng	cheng	sheng	reng	zeng	ceng	seng
ing	ying	bing	ping	ming		ding	ting	ning	ling				jing	qing	xing							
uang	wang									guang	kuang	huang				zhuang	chuang	shuang				
ueng	weng																					
ong						dong	tong	nong	long	gong	kong	hong				zhong	chong		rong	zong	cong	song
iong	yong												jiong	qiong	xiong							

193

练习2：

开尾：佳话、学业、组局、瓜果

i 尾：塞北、外来、水位、尾随

u 尾：小鸟、邮票、陡峭、爆料

n 尾：天坛、森林、权限、轩辕

ng 尾：昂扬、能量、充公、雄壮

第三节　　"枣核形"

民间说唱艺人把吐字归音的过程形象地用"枣核形"来描述，充分利用了枣核中间鼓、两头尖的特点。我们前面已经提到，吐字归音的要领是：字头叼住弹出，字腹拉开立起，字尾到位弱收，综合起来就形成了两端小中间大的"枣核形"。枣核形的联想，是为了帮助我们更好地理解吐字归音的过程，并科学地指导我们对字头、字腹和字尾的处理。

口腔肌肉的运动是综合的而非机械的，咬字器官是在协调滑动中完成发音的。枣核形描摹的是单个音节的吐字归音过程，在语流中，吐字归音一定会随着语速、语境、语态的变化而发生变化。机械地"误解"和僵化地"滥用"，只会减损语言的灵活性并降低语言的流畅度。只有灵活地"理解"和自然地"利用"枣核形，我们才能真正掌握吐字归音这一发音技巧。

早期的人工智能语音合成技术不就是因为机械地组合了所谓准确、规范的"枣核形"字音，最终生成了"机器人"式的语流吗？我想，这正是一部分人对"播音腔"有所误解的根源所在吧！

下面是部分例字的"枣核形"音节图。

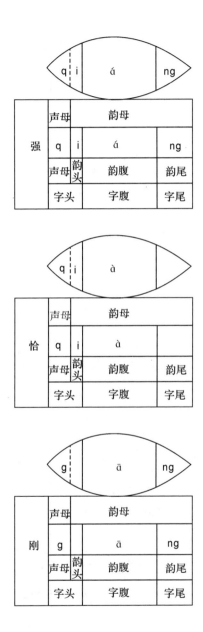

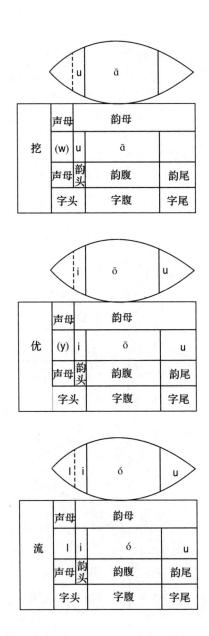

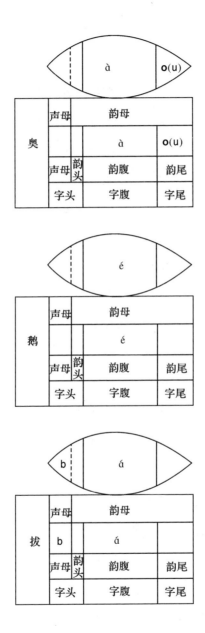

枣核形训练——打开牙关和内口腔夸张朗读

1. 成语

中国伟大	山河美丽	花红柳绿	阴阳上去
精神百倍	高朋满座	光明磊落	花团锦簇
中流砥柱	山穷水尽	满园春色	波澜壮阔
鸟语花香	风调雨顺	千锤百炼	老当益壮
荣华富贵	远走高飞	丰衣足食	包罗万象

2. 古诗

《泊秦淮》 杜牧 （唐）

烟笼寒水月笼沙，夜泊秦淮近酒家。

商女不知亡国恨，隔江犹唱后庭花。

3. 四声歌

学好声韵辨四声，阴阳上去要分明。

部位方法须找准，开齐合撮属口形。

双唇班抱必百波，抵舌当地斗点钉。

舌根高狗工耕故，舌面机结教坚精。

翘舌主争真志照，平舌资责早在增。

擦音发翻飞分复，送气查柴产彻称。

合口忽午枯胡鼓，开口河坡哥安争。

嘴撮虚学寻徐剧，齐齿衣优摇业英。

抵颚恩音烟弯稳，穿鼻昂迎中拥生。

咬紧字头归字尾，不难达到纯和清。

4. 韵母诗

《韵母诗》周有光

人远江空夜，浪滑一舟轻。

儿咏欸呦调，橹和哎啊声。

网罩波心月，杆穿水面云。

鱼虾留瓮内，快活四时春。

第四节　句段练习

一、散文片段

（一）《西部文化和西部开发》（节选）

西部地区是华夏文明的重要发源地。秦皇汉武以后，东西方文化在这里交汇融合，从而有了丝绸之路的驼铃声声，佛院深寺的暮鼓晨钟。敦煌莫高窟是世界文化史上的一个奇迹，它在继承汉晋艺术传统的基础上，形成了自己兼收并蓄的恢宏气度，展现出精美绝伦的艺术形式和博大精深的文化内涵。秦始皇兵马俑、西夏王陵、楼兰古国、布达拉宫、三星堆、大足石刻等历史文化遗产，同样为世界所瞩目，成为中华文化重要的象征。

（二）《喜悦》（节选）王蒙

高兴，这是一种具体的被看得到摸得着的事物所唤起的情绪。它是心理的，更是生理的。它容易来也容易去，谁也不应该对它视而不见失之交臂，谁也不应该总是做那些使自己不高兴也使旁人不高兴的事。让我们说一件最容易做也最令人高兴的事吧，尊重你自己，也尊重别人，这是每一个人的权利，我还要说这是每一个人的义务。

（三）《"能吞能吐"的森林》（节选）

森林，是地球生态系统的主体，是大自然的总调度室，是地球的绿色之肺。森林维护地球生态环境的这种"能吞能吐"的特殊功能是其他任何物体都不能取代的。因此，我们必须高度重视植树造林，并且保护好森林。目前，值得我们每个人关注的是地球的绿色之肺在日益萎缩。近200年间，地球上的森林已有三分之一以上被采伐和毁掉。而另一方面，由于地球上的燃烧物增多，二氧化碳的排放量在急剧增加。此消彼长，使得地球生态环境急剧恶化，主要表现为全球气候变暖。全球气候变暖对人类的生产和生活有着巨大的影响，甚至威胁人类生存。因为全球气候变暖，水分蒸发加快，改变了气流的循环，使气候变化加剧，从而引发热浪、飓风、暴雨、洪涝及干旱。

（四）《白杨礼赞》（节选）茅盾

那是力争上游的一种树，笔直的干，笔直的枝。它的干呢，通常是丈把高，像是加以人工似的，一丈以内，绝无旁枝；它所有的桠枝呢，一律向上，而且紧紧靠拢，也像是加以人工似的，成为一束，绝无横斜逸出；它的宽大的叶子也是片片向上，几乎没有斜生的，更不用说倒垂了；它的皮，光滑而有银色的晕圈，微微泛出淡青色。这是虽在北方的风雪的压迫下却保持着倔强挺立的一种树！哪怕只有碗来粗细罢，它却努力向上发展，高到丈许，两丈，参天耸立，不折不挠，对抗着西北风。

（五）《第一场雪》（节选）峻青

大雪整整下了一夜。今天早晨，天放晴了，太阳出来了。推开门一看，嗬！好大的雪啊！山川、河流、树木、房屋，全都罩上了一层厚厚的雪，万里江山，变成了粉妆玉砌的世界。落光了叶子的柳树上挂满了毛茸茸亮晶晶的银条儿；而那些冬夏常青的松树和柏树上，则挂满了蓬松松沉甸甸的雪球儿。一阵风吹来，树枝轻轻地摇晃，美丽的银条儿和雪球儿簌簌地落下来，玉屑似的雪末儿随风飘扬，映着清晨的阳光，显出一道道五光十色的彩虹。

二、新闻片段

（一）打造特色游园文化　推进文旅融合发展

由北京市海淀区文化和旅游局主办的 2020 年"海之春"新春文化季集中展现了以"三山五园"和名园文化为主的文旅融合气象，展现新春传统游园与当代公园年节文化结合的风格特色。

颐和园第九届"傲骨幽香"梅花、蜡梅迎春文化展，登高祈福会等在"三山五园"和文化名园举办的文旅融合活动，体现了以"三山五园"和名园文化为主的文旅融合特色。文化进景区活动是海淀区推动景区高质量发展和文化活化传承的一项重要举措，以景区为切入点和突破口推动文化和旅游的深度融合，增加全区旅游景区发展的文化含金量。

（来源：北青网 20200411）

（二）我国粮食连年丰收库存充足　能应对各种考验

随着新冠肺炎疫情在全球蔓延，一些粮食出口国限制大米和小麦出口。联合国粮农组织称，新冠肺炎疫情在全球蔓延致使劳动力短缺和供应链中断，可能影响一些国家和地区粮食安全。

面对国内一些对粮食短缺的担忧，相关部门负责人和权威专家表示，中国粮食连年丰收，粮食库存充足，稻谷和小麦库存均能满足一年以上的消费需求。中国有信心应对有可能到来的全球性粮食危机，牢牢端稳"饭碗"，保障国家粮食安全。

（来源：经济日报 20200409）

（三）"宅经济"面临热度回落考验

新冠肺炎疫情暴发初期，多款基于"宅"需求的 App 流量激增。然而，随着复工复产速度加快，部分 App 的热度出现回落。

以"宅在家美食才艺大比拼"为例，"下厨房 App"下载量从 1 月末到 2 月中旬暴涨近 6 倍。但随着国内疫情逐步得到控制，从 2 月最后一周到 3 月中旬，该 App 日活用户数量以每周 10%的速度下降，3 月末趋于稳定。

疫情防控不松懈，"宅经济"仍然站在风口，但是线上娱乐、远程办公等 App 要留住用户，仍需磨练内功。

（来源：中国青年报 20200410）

（四）综艺节目："云娱乐"促多样化复工

春节以来，受新冠肺炎疫情影响，不少综艺节目面临延播、停播的困境，特别是边录边播的电视节目库存告急。

《中国新闻出版广电报》记者近日从国家广播电视总局官网获悉，全国广播电视台为减少人员聚集、加速内容制作，搭建"5G+4K+AI+云"免接触录制平台，有效保障了疫情防控期间的优质节目输出，丰富了群众精神文化生活。在"内容智能云制作，保障优质节目输出"的政策指引下，《青春有你》《王牌对王牌》《我家那闺女》《歌手2020》等综艺节目以"云娱乐"形式呈现创新、多样化复工。

（来源：人民网 20200411）

中 篇

发 声 美

第六单元 动力系统·气息控制
——深匀通活

- "谁掌握了气息，谁就掌握了歌唱。"

  ——卡鲁索（意大利歌唱家）

- "谁懂得呼吸，谁就会唱歌。"

  ——帕瓦罗蒂（意大利男高音歌唱家）

- "呼吸是歌唱的基础，气息是歌唱的动力。"

  ——沈湘（中国男高音歌唱家）

- "气乃声之本。"　　　　——李渔（明末清初戏剧家）

- "善歌者必先调其气。氤氲自脐间出，至喉乃噫其词，即分抗坠之音，既得其术，即可致遏云响谷之妙。"

  ——《乐府杂录·歌》（唐）段安节

第一节 呼吸方法

人体发音过程：动力系统（呼吸系统）提供气息——气息振动声带发出喉原音——咬字器官对喉原音进行加工，赋予喉原音以意义——共鸣系统进一步扩大和美化声音——传出体外。

意大利著名男高音歌唱家帕瓦罗蒂曾说："谁懂得呼吸，谁就会唱歌。"想要自如驾驭声音，首先要能够自如地控制气息！较好的气息控制可以提高播音员、主持人的吐字、发声质量。声音的特性可以通过四个核心要素来描述，即音高、音强、音色和音长。人们在发声时，声音的大小、高低、长短和音质的好坏都与气息息息相关。

一、呼吸系统

人体呼吸系统由呼吸道和呼吸器官构成。

呼吸器官主要由肺、胸腔和膈肌三部分组成。

呼吸道包括上呼吸道和下呼吸道。上呼吸道主要包括鼻腔、咽腔和喉腔，下呼吸道主要包括气管和支气管等。

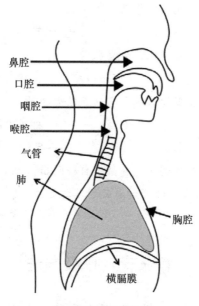

人体呼吸系统示意图

（注：口腔是咬字器官而非呼吸器官）

气息是发音的原动力，它由肺部呼出，通过支气管、气管达到喉头，作用于声带、咽头、口腔、鼻腔等发音器官，发出不同的语音。肺不能自己主动扩张或缩小，是被动变化的器官。当胸廓扩张或回缩时，肺也随之扩张或回缩。

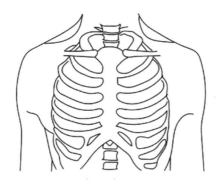

胸廓示意图

胸廓呈锥形，上窄下宽，由于肋骨的存在，肺的上部扩张的空间较小，肺的底部扩张的空间较大。

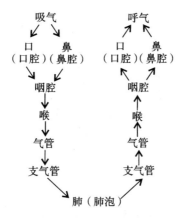

呼吸时气息流动路线示意图

二、呼吸方法

（一）胸式呼吸法（又称肋式呼吸法）

胸式呼吸是一种通过肋间肌的收缩和舒张来带动胸廓向外扩张或向内收缩的呼吸方式。胸式呼吸靠肋骨的侧向扩张来吸气，用这种方法吸气时可以明显看到吸气者胸部扩张和两肩上抬（耸肩动作），因此又被称为"肩式呼吸法"。这种呼吸方法主要依靠扩大胸腔的前后径和左右径来吸气，只有肺部的上半部肺泡在工作，吸气浅。肺在肋骨的"包围"下，横向扩张的空间有限，所以胸式呼吸法的吸气量相对较小。另外，长时间用胸式呼吸法呼吸，肺部的中下肺叶不工作会使其老化，影响呼吸功能。

播音发声如果运用这种呼吸方式，吸气较浅，声音会有"漂浮而无根"的感觉，像断了线的风筝，不易控制，且容易造成喉咙挤卡。

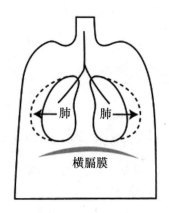

胸式呼吸吸气示意图

（二）腹式呼吸法

腹式呼吸是通过横膈膜的上下运动而不是靠增加胸腔的运动来完成的一种呼吸方法。横膈膜是一块膜状肌肉（膈肌），它像一个大圆盘，位于胸腔与腹腔之间。横膈膜的上升或下降，起到协助吸气和呼气的作用。腹式呼吸伴随着腹壁的起伏运动。在吸气时，如果你的肋骨动了，那是因为你扩张了你的胸部，而不是腹部。

吸气时，膈肌收缩，横膈膜下降"下压"腹腔，腹部会鼓起；

呼气时，膈肌舒张，横膈膜上升，腹部会恢复到自然状态，甚至凹进去。

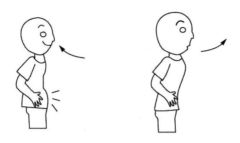

腹式呼吸法腹部的运动状态

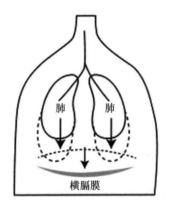

腹式呼吸法吸气示意图

这种呼吸方法在瑜伽中常常被强调，腹式呼吸法充分利用了占全肺五分之四的中下肺叶，可以实现吸气深且吸气较足的目的。常用这种呼吸方法不仅可以扩大肺活量，还可以改善心肺功能。

拓展——膈肌运动模拟实验

以下是"模拟膈肌运动"演示实验示意图。膈肌的运动我们用肉眼无法观察到，我们通过这个实验可以直观地了解被动呼吸的原理。两个气球模拟人体的肺部，玻璃罩模拟胸廓，"Y"形玻璃管用来模拟气管、支气管。玻璃罩底部用具有弹性的橡皮膜封

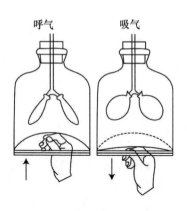

呼气　　　　吸气

膈肌运动模拟实验示意图

住，这个橡皮膜模拟的就是横膈膜。向上推橡皮膜时，膈肌舒张，横膈膜顶部上升，胸廓上下径缩小，胸腔容积变小，气球（肺）变小，完成呼气；释放向上的推力，橡皮膜回弹，膈肌收缩，横膈膜顶部下降，胸廓上下径增大，胸腔容积增大，气球（肺）变大，完成吸气。

（三）胸腹联合式呼吸法

胸腹联合式呼吸法是一种依靠胸廓扩张收缩、横膈膜升降和腹部肌肉的收缩舒张来控制气息的呼吸方法。这种呼吸方法兼顾腹式呼吸吸气量大的特点和胸式呼吸的补气作用，充分利用了胸腔上下、前后、左右的空间，有效增加吸气量。在控制呼吸的过程中，吸气肌肉群与呼气肌肉群形成对抗，从而对呼吸进行调节，外部表现为两肋与小腹之间的拮抗。

吸气要领：先用叹气法将气息全部呼出，然后口鼻同吸（尽量做到无声），吸到肺底（深吸气），膈肌等吸气肌肉群明显收缩，横膈膜下降，两肋有意识地向两侧扩张，腰带感觉渐紧，使处于预备状态的腹肌逐渐绷紧向小腹"丹田"位置收缩。

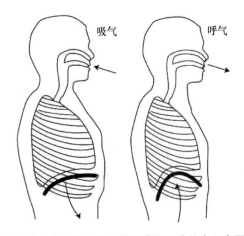

胸腹联合式呼吸胸腔和横膈膜的运动状态示意图

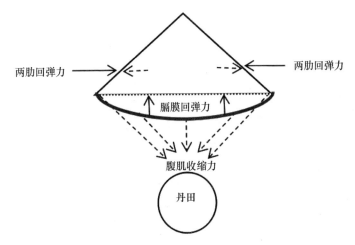

拮抗力简易示意图（虚线力与实线力相抵）

　　人们把丹田视为储藏精气神的地方，又称为"气海"。"丹田"一词，是我国古代戏曲艺术借用道教修炼气功的术语，用来表示用气的位置。丹田在脐下二三指的位置，所谓"气沉丹田"并不是说气息真的吸到丹田里，而是一种腹部收缩力向小腹集中的感觉。京剧艺术中讲的"丹田音"，意思是说演员歌唱时肺部蓄足气息，小腹用力，好像声音是随着气息从丹田发出的。用这种方法发出的声音较为扎实，传送得较远。

气沉丹田，头顶虚空，全凭腰转，两肩放松。

——程砚秋（戏曲家）

呼气要领：呼气时，膈肌舒张，横膈膜上升，两肋收缩，但不能立即松懈，两肋和小腹的骤然回弹会使得气息快速呼出，不利于实现平稳而持久的呼气。所以在呼气时，腹肌的收缩感要继续保持，使得膈肌保持一定的张力，从而支撑着两肋，即呼气时吸气肌依旧保持工作状态，使得横膈膜和两肋的回弹得到控制。随着气息缓缓流出，小腹逐渐放松（但仍有控制），横膈膜和两肋逐渐恢复到自然状态。

膈肌是不随意肌，而腹肌是随意肌，我们用小腹的收缩感来控制呼气，所以有"腹乃气根，气似云行"一说。腹肌是主要的呼气肌，是发声的能量源头。小腹也被称为"气息支点"。声乐艺术在呼吸技巧上强调呼气时依旧保持吸气的状态，用吸气肌肉群的力量抵抗呼气肌肉群的力量，形成一种"拮抗"，避免骤然"泄"气，从而使呼吸变得均匀、持久，达到控制呼吸的目的。此外，气流在口腔中也会受到不同程度的节制，加强唇舌力度也可以起到节制气流的作用。

胸腹联合式呼吸不仅吸气量大而且容易控制呼吸的状态，是播音主持创作时最佳的呼吸方式。要在积极状态下主动吸气——通过扩大器官来吸气，而不是通过吸气来扩大器官，正所谓"兴奋从容两肋开，不觉吸气气自来"。

除了呼吸器官的锻炼外，还需要做一些身体各部位肌肉的锻炼，以此增强心肺功能。

第二节　气息训练

一、吸气训练——"兴奋从容两肋开，不觉吸气气自来"

（一）慢吸练习——深而缓

1. 闻花香（深吸气）

用鼻子闻花的香味儿（可用香水等代替），将"香味儿"吸入肺部底部。吸气时腹肌收缩，横膈膜下降，两肋打开（腰带周围有胀满的感觉）。吸到七八成满后，保持几秒后再释放。

2. 顶重物（腹部力量）

身体平躺，在腹部脐周放置重物（如书本），身心放松，然后做慢吸慢呼动作。吸气时，随着气息慢慢吸入，小腹将重物顶至最高，尽可能长时间地保持该姿势，随后放松呼气，腹部慢慢回落，但依然有控制地承受重力（腹肌保持收缩感）。注意感受呼吸过程中将重物缓缓顶起和缓缓放下时小腹的控制和横膈膜的运动状态。

3. 俯身吸（两肋打开）

俯身吸气，能够更加明显地感受到后腰两侧打开撑住的感觉。

（二）快吸练习——深而快

1. 模拟惊讶或惊恐时的"倒吸气"

想象突然想起来忘做了某件重要的事，有可能导致极其严重的后果，倒吸一口气；忽然遇到仰慕的偶像（或明星）时，惊讶地倒吸一口气。腹肌迅速收缩，两肋同时张起，就像"橡皮球"骤然鼓起的感觉。

2. 数枣

出东门，过大桥，大桥底下一树枣，拿着竿子去打枣，青的多，红的少。（吸）一个枣，两个枣，三个枣，四个枣，五个枣，六个枣，七个枣，八个枣，九个枣，十个枣（可吸）；十个枣，九个枣，八个枣，七个枣，六个枣，五个枣，四个枣，三个枣，两个枣，一个枣。（吸）这是一个绕口令，一口气说完才算好。

3. 喊节拍：每小节换气

八个八拍

1 2 3 4 5 6 7 8（快吸）；

2 2 3 4 5 6 7 8（快吸）；

3 2 3 4 5 6 7 8（快吸）；

4 2 3 4 5 6 7 8（快吸）；

5 2 3 4 5 6 7 8（快吸）；

6 2 3 4 5 6 7 8（快吸）；

7 2 3 4 5 6 7 8（快吸）；

8 2 3 4 5 6 7 8（快吸）。

4. 十道黑

一道儿黑，两道儿黑，三四五六七道儿黑，八道儿九道儿十道儿黑。我买了一根儿烟袋儿乌木杆儿，我是掐着它的两头儿那么一道儿黑。二兄弟描眉来演戏，照着他的镜子那么两道儿黑。粉皮儿墙，写川字儿，横瞧竖瞧三道儿黑。象牙桌子乌木腿儿，把它放着在那炕上那么四道儿黑。我买了一只母鸡不下蛋，把它搁着在那笼里捂（五）到黑。挺好的骡子不吃草，把它牵着在那街上遛（六）到黑。买了一只小驴儿不套磨，把它备上它的鞍鞯骑（七）到黑。二姑娘南洼去割菜，丢了她的镰刀拔（八）到黑。月窠儿的小孩儿得了病，团几个艾球灸（九）到黑。卖瓜子儿的打瞌睡，哗啦啦啦撒了这么一大堆，他的扫帚、簸箕不凑手儿，那么一个儿一个儿拾（十）到黑。

二、呼气训练——久而稳

提示：吸气要深，呼气要缓，要善于用口腔"拢"住气息。

（一）发"s"音

缓慢、持久地发出擦音"s"，均匀、缓慢地呼出气息，小腹逐渐变小，两肋逐渐回落，但是吸气时腹肌表现出的收缩感继续保持，与横膈膜和两肋的回弹形成一种平衡。

（二）吹气球

吸气后，吹气球，不要吹得太急，缓慢、匀速地吹，气球慢慢变大。

（三）吹吸管

将吸管一端放入水中，另一端用嘴吹，让水泡均匀、缓慢地冒出。

（四）韵母延长音

吸气七八成，发单韵母延长音。可以先单独发单韵母 ɑ、o、e、i、u、ü 的延长音，然后一口气连起来发几个单韵母组合音 i-ê-ɑ-o-u。

（五）数数儿

以每秒一个或两个数的速度一口气数数儿，通过反复练习延长呼气时间。这个练习要兼顾字音的规范和圆润。

三、气息控制（呼吸）训练

（一）将上述吸气练习和呼气练习方法结合起来练习

例如，用"闻花香"方法深吸气后，发"s"音延长音，在保证呼出气流均匀的情况下，尽可能地维持较长的呼气时间。

（二）深吸慢呼发"ɑ"音延长音

深吸气，然后用中低音区发长音"ɑ"音（或"i"音）。

（三）数葫芦

金葫芦，银葫芦，一口气数不了二十四个葫芦。（吸足气）一个葫芦、两个葫芦、三个葫芦……二十四个葫芦。

（四）吆喝声

"磨剪子嘞——戗菜刀——"

（五）仰卧起坐（锻炼腹肌）

做仰卧起坐锻炼腹部肌肉的力量，增加腹部肌肉的弹性。正确的方式是：腹部肌肉用力，缓慢起坐，同时呼气，保持身体弯曲两秒左右；然后缓缓向后仰卧，同时吸气。

（六）拮抗力量感受

先深吸一口气，屏气，然后抬重物，感受两组力量的拮抗。

（七）连音练习

可以选择任意母音（a、o、e、i、u）练习，要注意声音的连贯性与发声位置的统一性。

1. $\frac{2}{4}$ 1　2　3　4　｜5　4　3　2　｜1　－　‖

2. $\frac{2}{4}$ 1　3　5　6　｜6　5　3　｜1　－　‖

提示：第2个练习的音高跨度比第1个练习大一些，要兼顾声音的流动性和气息的平衡控制。

四、膈肌弹力训练

（一）狗喘气

模仿狗喘气，可以看作是快吸快呼练习，通过上腹部肌肉的运动来促使膈膜上下移动。由于"狗喘气"练习会增加气流对喉部的摩擦，所以不宜多练。

（二）弹发"hou""ha"音

吸气后，小腹弹动，用收紧小腹的方法"顶气"，气息急出，连续弹发"hou""ha"音。先慢后快，主要体会腹肌的控制力量，找

"气沉丹田，入地三尺"之感。

（三）喊节拍

12345678，22345678 ······ 82345678。不用追求速度，主要练习膈肌的弹跳，每个数字小腹弹跳一次。

（四）跳音练习

提高膈肌的弹性，使声音变得灵活有力。可以选择任意母音来练习，也可以再加字头，要求唱得清晰、短促、灵活且富有弹性。

第七单元　振动系统·喉部控制
——放松喉部

第一节　认识喉部

上一节我们讲到"气乃声之本"，那么声音之源在哪里呢？喉头内部的声带就是声源，声带的振动产生喉原音，这是人体共鸣腔体塑造声音的"原材料"。

科学的喉部控制不仅能改善发声质量，还能够保护我们的嗓子。喉部控制的要领是：稳定喉头，放松喉部。

一、喉部的结构

喉部位于咽和气管之间，上通咽头，下连气管顶端，是由甲状软骨、环状软骨、杓状软骨、会厌软骨组成的管状器官，声带就悬挂在这一管道中。

甲状软骨是最大的一块软骨，男性的喉结就是甲状软骨的突出。

会厌起到开闭声门的功能。

咽喉食息之道得以不乱者，赖其遮厌，故谓之会厌。（厌，通"掩"）

——《类经》卷二十一　（明）张景岳

声带位于喉头中间，是两片富有弹性的薄膜。声带前端附着在甲状软骨上，后端分别与两块杓状软骨相连。

人体发声的声源就是喉头内部的声带，它的振动情况直接影响发声的质量，声带间的区域叫声门，声门是呼吸道最狭窄的通道。

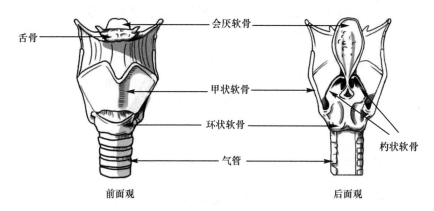

舌骨　会厌软骨　甲状软骨　环状软骨　气管　杓状软骨

前面观　　　　　　后面观

喉的软骨支架

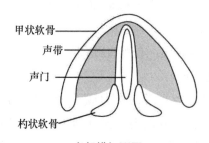

甲状软骨　声带　声门　杓状软骨

喉部横切面图

声带的放松或拉紧，使声门打开或闭合。

自然呼吸时的声门　　　　　发音时的声门

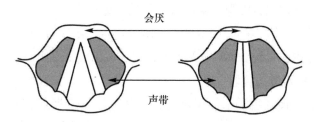

会厌　声带

自然呼吸状态下的声门和发音时的声门

从肺部呼出的气息，经由支气管和气管，到达喉部。在自然呼吸的状态下，声带松弛，声门开放，声门的形状是变化着的等腰三角形，呈倒"V"形；在发音时，声门闭合呈"I"形，实际上闭合的声带阻碍了气流在喉部的流动。气流通过闭合的声带，使得声带振动，产生用以塑造言语声的基本声源，也叫作嗓音或喉原音。

二、喉部的作用

播音用声强调以实声为主，虚实结合。声音的虚实、明暗、高低等都与声带的状态有密切的关系。

喉部的肌肉控制着声带的松紧和声门裂的大小：声带越紧，声门裂越窄；声带越松，声门裂越宽。

喉部的控制对人体发声有哪些影响呢？

（一）音调的高低

人声音调的高低与声带的张力成正比，发高音时，声带变长、变紧，振动面积小，气流量小（但气压大），振动频率高；发低音时，声带缩短、放松，振动面积大，气流量大（但气压小），振动频率低。

（二）声音的虚实

声带紧闭，气流通过使声带振动，乐音成分多，发出的是明亮实声；声带松弛，声带间空隙大，气流摩擦产生的噪声成分超过了声带振动的乐音，就会产生虚声；闭合松弛或半闭合的声带振动时乐音成分少，且包含流出气流的摩擦音，发出的是虚实声。

（三）声音的真假

我们在日常生活中的用声多在自然音区，声带是横向振动的，发出的声音音色较为丰满，声带整体振动，是真声；在声乐或戏曲艺术表演中，有的作品需要表演者发出超高音，声带拉紧、伸长，声带边缘振动，且声带是上下纵向振动的，这时发出的就是假声。

（四）低频的共鸣

喉部紧张不利于低频共鸣的产生。例如，在挤卡喉咙状态下发声时，胸腔共鸣的效果很难呈现。想要使用中低音区发声，喉部要尽量放松，否则声音在听感上会过于明亮。

（五）音质的好坏——声带闭合与气息的配合

声门闭合的时间与气流呼出的时间协调一致时，才能发出自然的声音。

声门闭合不全（可能是因为声带生理性病变），发出的声音就会伴随较重的气息声，产生沙哑的声音；声门闭合过紧，会导致嗓音的音质刺耳。

例如，有些人在发音时"气声"较多，可能是因为声带不能够有效地紧密闭合，所以在发声时，过多的气流"溢"出。此外，气息不充足，发声过程中，"断"了气而无法控制，也是产生"气声"的可能原因。此时就要使声带适度紧张，保持较好的身体姿势，并为发声提供充足的气息。

第二节 放松喉部

声门是气息通道最狭窄的地方，发声时容易"挤嗓子"。在这里特别强调一点，我们在发音时声带的闭合不是紧密靠拢，而是轻松贴合。喉部肌肉要保持放松，声带振动自如，才能与呼出的气息协调配合，发出乐音成分较多的声音。相反，喉部紧张用力，声带振动不自如，会发出乐音成分较少的声音，声带也容易疲劳，甚至损伤。同时，我们也要注意放松面部、舌头、下巴、咽喉和颈部的肌肉，这些肌肉群的紧张不利于喉部的放松。特别是舌头的放松，舌头的根部与喉部相连，舌根的紧张会造成喉部的紧张。

下面给大家提供几个放松喉部的练习：

提示：全身的放松，有助于发声器官的松弛。

①打哈欠：模拟做打哈欠的动作，但外口腔开合幅度不要太大，软腭上抬，张嘴吸气，此时声带是松弛的，声门是张开的，喉部有上下松开的感觉，然后再缓缓闭合口腔，重复。

呼气发音时，声带虽然靠拢，但要轻松贴合，而非紧紧闭合。所以发音时要继续保持吸气的状态，使声带轻松靠拢，发出明而不亮的实声。

②放松舌根：模拟看口腔医生时张大嘴巴的动作，舌根放松，尽可能让医生看清咽部。

③可以用手轻柔按摩下巴、喉部来放松喉部肌肉。

④气泡音：打哈欠状，控制微弱的气息，用低音发"啊"这个音，放松声带，体会声音"挂"在声带上的感觉。微弱的气流与声带边缘摩擦，在喉咽腔共鸣的作用下产生一连串颗粒性的声音，我们可以通过调节气息来改变气泡的大小和疏密，体会声带振动时的张力和对气流的阻力。

⑤吹吸管发"u"音：匀速、缓慢地用一根吸管吹气，边吹边发音调较低的"u"音。发音过程中，想象嗓子长在了唇部或吸管上，使喉部得到充分的休息。

⑥"u"音音阶练习：满口用力，解放喉部。

```
1  2  3  4 │ 5 - - - ‖
5  4  3  2 │ 1 - - - ‖
```

⑦哼鸣练习：也叫哼唱练习，用鼻腔发出"m"或"n"音来练习发声。这个练习不仅对放松喉部和稳定喉头有帮助，还有利于稳定气息、改善共鸣、扩展音域。

可以先练习两组共 30 秒的长哼鸣，保持气息稳定，充分开声后做哼唱音阶的练习：

$\frac{2}{4}$3　　　　　2　　　　|1　　　-　　　‖

⑧发"ma"音：先发"m"哼鸣音，找喉部放松的状态，然后发 a 音，体会喉部放松的发音状态。

⑨低音发 iou 音：强调胸腔共鸣，低音慢发 iou 音（可以弱化唇舌的滑动），找叹气发声的感觉，声音往下"叹"。

⑩当声带缺乏弹性（张力）时，可以做喊人练习（例如喊"阿毛"）。注意腹部的控制，打开喉咙，立起咽壁。也可以做戏曲里的"吊嗓儿"练习，提高声带张力，立起咽壁，注意腹部的控制，用气息"吊"声，而非用声带"挤"出声。

要有这样的意识：发音动力来自腹部而非喉部。

拓展——喉部控制与气息控制

气息通过声门使声带产生振动，喉部控制的训练不应脱离气息控制的配合。声门下的气流可以控制声带的振动，声门下存在空气的压力，使声门开合，声带振动，产生声音，这种压力叫作声门下压力。声带的松紧、长短和声门的闭合情况以及气息的流速和流量等因素会影响到声门下压力。

声门下气压过大时，会导致发出的嗓音听起来刺耳，会给声带带来过多压力和负担，导致声带损伤。呵斥、命令时常用这种方式。

声门下气压过小时，会发出伴随较多气息声的嗓音，听起来有些沙哑，给人一种"有气无力"的感觉。虚弱的病人常用这种方式。

发声过程中，声门类似于用以拦截水流来调节流量的水坝，水流就好比我们的气息，其流量和流速都可以得到控制。水流（气息）较强时，为了避免决堤，我们可以采取以下两个措施：

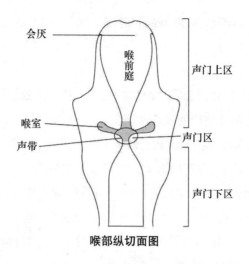

喉部纵切面图

1. 适当减少水流流速或流量——减弱气息。

2. 增加或增大泄水孔——放松喉部，扩大声门裂。

还有一种情况是，发音时声带闭合不充分，大量气息流出，造成气息声明显。总的来说，最理想的状态就是——声门闭合的时间与气流呼出的时间协调一致，声门下气压既可以使得声带自如振动，又不至于给声带带来负担。

我们可以通过下面几个练习来体会一下声带与气息的配合：

练习 1——跳音练习

提示：通过跳音练习，体会发高音时声带拉紧，发低音时声带放松的不同感觉。声带闭合与气息控制协调配合，才能发出音质较好的声音。

ɑ 音或 u 音

1 0 1 0 | 1 - | 2 0 2 0 | 2 - | 3 0 3 0 | 3 - | 4 0 4 0 | 4 - |

5 0 5 0 | 5 - | 4 0 4 0 | 4 - | 3 0 3 0 | 3 - | 2 0 2 0 | 2 - |

1 0 1 0 | 1 - | 7 0 7 0 | 7 - | 6 0 6 0 | 6 - | 5 0 5 0 | 5 - ‖

练习2——结合声调练习体会音高的高低变化中气息和声带（声门）的协调配合感

声调	音高	声带	声门下压力	气息流率
阴平（55）ā	高平	始终拉紧不变	不变	平均
阳平（35）á	由低到高	逐渐紧张	逐渐加强	由弱到强
上声（214）ǎ	先降后升	先渐松后骤紧	先渐弱后渐强	先渐弱后渐强
去声（51）à	由高到低	由紧到松	由强到弱	由强到弱

bā–bá–bǎ–bà–

dā–dá–dǎ–dà–

zā–zá–zǎ–zà–

zhā–zhá–zhǎ–zhà–

jiā–jiá–jiǎ–jià–

gā–gá–gǎ–gà–

练习3——"吊嗓"锻炼声带

深吸气，全身放松，低音发"啊"或"咿"，然后音高逐渐升高至最高点，再回落。

第三节　起音练习

声乐艺术有"起音"一说，也叫"起声"，指歌唱发声时最初的那一刻。起声要做好准备——调节气息、闭合声带和打开共鸣腔。歌唱的起声分为激起音、软起音和舒起音。下面是从发声原理、声音特点、常用呼吸方法等角度来对比三种起音方式。

对比方法	激起音	软起音	舒起音
发声原理	吸气结束，胸腔稳定不动，声带自然闭合后，气息冲击声带，声带振动发声。	声带闭合，气息同时外送。发音时，打开声门和气息振动声带同时进行。	气息振动声带前声门打开。气息先于声音流出。
声音特点	扎实、有力	稳健、柔和	气音明显（漏气）
常用呼吸方法	快吸快呼	慢吸慢呼	大吸大呼
积极意义	利于解决声带漏气的问题	利于缓解喉音重问题	利于避免声音僵硬
练习方法	跳音练习	连音或长音练习	较为抒情的通俗歌曲

　　播音发声讲求"以实声为主的虚实结合"的声音。具体的起音方式要服从稿件的需要，多采用软起音方法。但是播音主持的软起音应少用慢吸慢呼的呼吸方法，往往多采用快吸慢呼的呼吸方法。

　　特别是容易紧张的初学者在播读稿件时，起音前常常大量吸气后"屏"住呼吸，起音时气息冲击声带，采用激起音的起音方式，往往发出的声音有些"冲"，不平稳。这样不仅影响起音后面的发声状态和语言节奏（往往造成急而乱），也很容易使创作者内心越来越紧张。一旦意识到起音不正确，就要第一时间调整气息和声带状态，找到合适的语节点，采用软起音的方式继续播读。

　　所以在平时练习播读稿件时，我的建议是：首先，吸气不要过满，一旦呼吸肌的拮抗控制能力不足时，喉部声带的屏气压力就会增加，喉部肌肉的紧张造成"扼喉"，不利于自如的发声状态。其次，起音前别屏住呼吸，或者屏气的时间尽量要短。可以在呼出少量微弱的气息（不是"泄气"）后再发声——声，随波而发；字，逐流而吐。这样的方法往往伴随着平稳的气息，既有利于控制语言节奏，也可以尽量缓解紧张的心理状态。

　　有些人声带闭合不好，导致声音发虚，可以加强字头的力度，运用硬起音的方式快速起音，把后面的韵母"带"出来。

起音训练

硬起音练习（跳音练习）：

$\frac{2}{4}$ 1　3　5　3 | 1　3　5　3 | 1　-　‖

软起音练习（连音练习）：

$\frac{2}{4}$ 1　2　3　4 | 5　4　3　2 | 1　-　‖

舒起音练习：用"叹气"的感觉唱《你问我爱你有多深》

你问我爱你有多深，我爱你有几分？

我的情也真，我的爱也真，月亮代表我的心。

第八单元　共鸣系统·共鸣控制
——润饰音色

第一节　认识共鸣

一、共鸣的定义

一个振动物体的频率和另外一个物体的固有频率相同或相近时，振动的物体会引起另外这个物体产生振动，这种现象叫作共鸣。简单地说，发音体之间的共振现象就叫作共鸣。

人体的发声共鸣是指声带振动产生的喉原音，通过人体声道共鸣器官时产生共振，声音得以被扩大和美化。声波在进入口腔后，则是在形成特定语音音色的基础上得以美化和放大的。声道是人类发声的共鸣器官，人体语音共鸣腔体主要包括声带上方的喉腔、咽腔、口腔和鼻腔，此外胸腔和头腔也有一定的共鸣作用。

二、人体共鸣腔体组成

人类发声的共鸣腔体（共鸣器官），我们叫作声道。人体共鸣腔体主要包括咽腔（鼻咽、口咽、喉咽）、口腔、鼻腔、喉腔和胸腔。

共鸣腔体可以分为高音共鸣区、中音共鸣区和低音共鸣区三区。高音共鸣区是头腔和鼻腔，通过头腔和鼻腔共鸣获得的声音较为高亢、响亮；中音共鸣区为咽腔和口腔，较好的咽腔和口腔共鸣可以获得圆润、饱满的声音；低音共鸣区为胸腔，通过胸腔共鸣可以获得较为低沉、浑厚的声音。

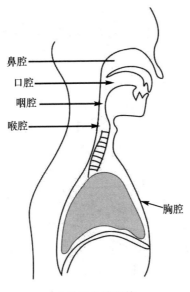

鼻腔
口腔
咽腔
喉腔

胸腔

人体的共鸣腔体

想要增加共鸣，有三个关键点：一是充足气流的支持；二是松弛的状态；三是良好的姿势。

三、共鸣的作用

人体声带振动产生的喉原音特别小而且单调。喉原音通过共鸣腔体共振后，音量被放大，音色被美化，使得声音传得远且具有较大的可塑性。共鸣运用得好可以有效提高发声效率，改善发声质量。此外，声波进入口腔后，在口腔共鸣的作用下形成特定的语音音色，在此基础上得以美化和放大。

播音发声采用以口腔共鸣为主、以胸腔共鸣为基础的声道共鸣方式。

第二节　口腔共鸣及训练

一、认识口腔

口腔，使声音变得有意义，由唇、齿、齿龈、硬腭、软腭、舌等组成。

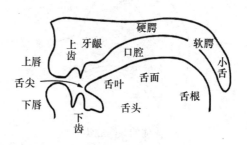

口腔示意图

口腔是人体可调节的最重要的共鸣腔，是造字器官。口腔的活动（主要是唇舌）可以塑造不同的腔体形状，进而通过共鸣塑造言语声。此外，良好的口腔共鸣还可以使字音清晰、圆润、动听。

元音的发音主要与声带的振动和共鸣腔体的形状有关。不同的腔体形状形成了不同元音的色彩。口腔腔体形状的改变主要是通过唇形和舌位的变化来实现的。我们在发 i、ɑ、u 三个元音时，唇形和舌位的不同形成了不同形状的口腔共鸣腔体，共鸣作用下形成不同的语音音色。咧开嘴角声音较明朗，拢圆嘴唇声音较暗，可以发 i、u 音来感受一下。

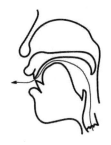

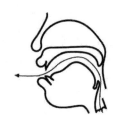

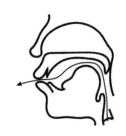

i 音的口腔切面图　　　α音的口腔切面图　　　u音的口腔切面图

舌头分为舌尖、舌体和舌根。舌尖位于口腔前部，主要参与部分辅音的发声；舌体位于口腔中部，主要参与元音的发声（构成元音）；舌根位于口腔后部，主要参与部分辅音的发声，也会影响咽部共鸣。

发辅音时，气流在口腔中受阻。辅音对字音的清晰度起到非常重要的作用。

声带振动产生的喉原音通过喉腔后在后咽壁的折射作用下进入口腔，继续向前流动冲击腭前区（硬腭前部）及上齿龈中部。穹窿状的腭前区折射声波，使得声音集中。

口腔共鸣主要的作用是使声音明亮、集中、结实，使字音清晰、饱满、圆润。我们前面提到过，胸腔共鸣又叫作"低音共鸣"，我们可以把口腔共鸣称作"中音共鸣"。

二、口腔共鸣训练

（一）打哈欠——打开口腔，挺起软腭

自然地打哈欠，感受口腔打开的状态，然后发一个腔音"α"，体会口腔内部折射空间变大后声音的改善效果。

（二）上下颌协调练习

下巴基本不动，保持放松，脊椎用力向斜上方牵动上口盖（上颌），打开牙关，同时保持颧肌提起和软腭抬举，以此体会真正打开口腔的感觉。所谓打开口腔，实际上是指打开内口腔，使口腔内部呈"u"形状而非"v"形状，目的是增加口腔内声波折射空间，增加口腔共鸣，同时也为舌头提供更多的活动空间。

（三）唇齿相依

1. 双唇收缩，贴住上下齿，保持"唇齿相依"的状态，然后发 a、o、e、i、u、ü。

2. 朗读下列词语，唇齿贴合，因为向前噘唇会拉长口腔腔体，声音会偏闷暗。

韵头为 u、ü：敦煌　矜寡　圆圈　轩辕　捐款　官宣

韵母为 u、ü：朴素　福禄　雨具　女婿　录取　虚度

韵尾为 u：小鸟　报告　老少　巧妙

黄花大闺女 huáng huā dà guī nü

3. 绕口令

朱叔锄竹笋

朱家一株竹，竹笋初长出，朱叔处处锄，锄出笋来煮，锄完不再出，朱叔没笋煮，竹株又干枯。

（四）声"挂"前腭

声音像一条带子，下端与气息相连，从小腹垂直向上抽出，经过咽部，成为声束，至口咽腔，沿着上腭中纵线向前，在口腔中受到节制形成字音，冲击在硬腭前部折射后，从上齿处弹出，流动向前。

发复韵母 ai、ei、ao、ou，体会声束沿着上颚中纵线向前滑动后"挂"在硬腭上的感觉。

拟声词练习

吧嗒嗒　滴溜溜　叮铃铃　咣啷啷　扑棱棱　呼啦啦

第三节 鼻腔共鸣及训练

一、认识鼻腔

鼻腔是一个不可调节的共鸣腔，也就是说我们无法改变鼻腔的形状。鼻腔的底部是硬腭，后面通向鼻咽腔。鼻腔对高频音有共鸣作用，声乐艺术中常说声音明亮的焦点在鼻腔。在发超高音时，位于鼻腔上方的蝶窦、额窦等小窦也起到共鸣作用（头腔共鸣），歌唱者的头面部产生振动感，这样歌声就集中明亮了。在播音发声中，我们要把握好鼻腔共鸣对区分鼻音和非鼻音的作用，也要避免非鼻音元音鼻音化，适度使用鼻腔共鸣，因为过度使用鼻腔共鸣会导致音色浑浊，影响语音的清晰度。

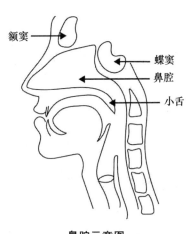

鼻腔示意图

鼻腔的形状不能变化，但是我们可以通过升降软腭来打开或关闭鼻腔通路。软腭位于鼻腔的底部，能够促使鼻咽腔形状的变化及音色的变化：抬举软腭后，口咽腔增大，鼻咽腔减小，鼻腔共鸣减弱；软腭下垂，口咽腔减小，鼻咽腔增大，鼻腔共鸣增强。我们在发鼻韵尾音节时，就需要下降软腭，打开鼻腔通路。

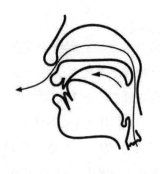

前鼻音 n

后鼻音 ng

二、鼻腔共鸣训练

（一）哼唱练习

软腭中部产生振动，扩大鼻咽腔，还能使鼻咽腔下部也打开。打开牙关，放松下巴。

开口、闭口哼唱《摇篮曲》：

pp

3 5 2·34 | 3 3 2171 2 5̣ | 3 5·5 2·34 | 3 3 23421 0 |

睡 吧！睡 吧！我 亲 爱 的 宝 贝，妈妈 的 双 手 轻 轻 摇 着 你，
睡 吧！睡 吧！我 亲 爱 的 宝 贝，妈妈 的 手 臂 永 远 保 护 你，
睡 吧！睡 吧！我 亲 爱 的 宝 贝，妈妈 爱 你 妈妈 喜 欢 你，

2· 2 3·21 | 5 65̂432 5̣ | 3 5 2·34 | 3 3 23421 0 ‖

摇 篮 摇 你 快 快 安 睡，夜 已 安 静，被 里 多 温 暖。
世 上 一 切 幸 福 愿 望，一 切 温 暖，全 都 属 于 你！
一 束 百 合，一 束 玫 瑰，等 你 睡 醒，妈妈 都 给 你。

（二）减少鼻音色彩训练

带有微量的鼻腔共鸣可以使声音柔和且有光彩，提高发音效率，但鼻音色彩过重，就会出现"嚷鼻音"。

可以用手捏住鼻子发单韵母和非鼻音字词来判断自己是否闭合了鼻腔通路。鼻音色彩过重主要是由于软腭无力而下垂、口腔开度不够和唇舌无力等造成的。鼻咽腔既可以使声束进入鼻腔，又能不让气息进入鼻腔，它具有离析声音和气息的作用，能够促使鼻音共鸣的色彩变化。所以我们在捏住鼻子时，仍可发出鼻化元音，要避免这种情况。

1. 词语（非鼻音）

溪水　列车　所以　不朽　区域　炉火

策略　日子　指导　滋味　瓷器　朱砂

读下面这些鼻音音节词语时，要避免鼻韵母元音鼻化过早的情况，方法是推后鼻音色彩开始的时间，即在元音后部开始形成鼻化。

2. 词语（鼻音）

边缘　沾光　常亮　健康　经营　连长

冰凌　森林　缝纫　攀岩　进贡　长江

（三）前后鼻音对比训练

连续反复发 n、ng 音，通过改变成阻部位来体会前后鼻音的发音方法，然后读一些前后鼻音组合的二字词。

1. 前后鼻韵尾组合

新颖　繁忙　胆量　真正　深坑

蓝箱　坦荡　绵羊　绽放　边疆

宽广　暖阳　奔腾　村庄　担当

民兵　天堂　欢畅　春光　山岗

2. 前鼻韵尾

天坛　盘算　森林　权限　轩辕　汗津津

3. 后鼻韵尾

昂扬　帮忙　能量　充公　兴冲冲　警醒

（四）鼻音音节的儿化训练

1. 前鼻音儿化（完全失去鼻音色彩）

快板儿　脸蛋儿　栅栏儿　包干儿　门槛儿

笔杆儿　茶馆儿　送信儿　好玩儿　烟卷儿

人缘儿　小辫儿　拉链儿　牙签儿　开春儿　合群儿

2. 后鼻音儿化（主要元音鼻化）

药方儿　赶趟儿　瓜瓢儿　天窗儿　花样儿

透亮儿　钢镚儿　酒盅儿　夹缝儿　提成儿

火星儿　图钉儿　果冻儿　抽空儿　小熊儿　胡同儿

（五）综合练习

1. 古诗词（言前辙、江阳辙、中东辙、人辰辙）

言前辙

《从军行七首·其四》王昌龄（唐）

青海长云暗雪山，孤城遥望玉门关。

黄沙百战穿金甲，不破楼兰终不还。

江阳辙

《江城子·乙卯正月二十日夜记梦》苏轼（宋）

十年生死两茫茫，不思量，自难忘。

千里孤坟，无处话凄凉。

纵使相逢应不识，尘满面，鬓如霜。

夜来幽梦忽还乡，小轩窗，正梳妆。

相顾无言，惟有泪千行。

料得年年肠断处，明月夜，短松冈。

中东辙

《赠汪伦》李白（唐）

李白乘舟将欲行，忽闻岸上踏歌声。

桃花潭水深千尺，不及汪伦送我情。

人辰辙

《从军行七首·其五》王昌龄（唐）

大漠风尘日色昏，红旗半卷出辕门。

前军夜战洮河北，已报生擒吐谷浑。

2. 绕口令练习

种冬瓜

东门童家，门东董家，

童、董两家，同种冬瓜。

童家知道董家冬瓜大，来到董家学种冬瓜；

门东董家懂种冬瓜，来教东门童家种冬瓜。

盆碰棚

老彭捧着一个盆，路过老庞干活儿的棚，老庞的棚碰了老彭的盆。棚倒盆碎棚砸盆，盆碎棚倒盆撞棚。老彭要赔老庞的棚，老庞要赔老彭的盆。老庞陪着老彭去买盆，老彭陪着老庞来修棚。

第四节　喉腔共鸣及训练

一、认识喉腔

　　声带振动产生的喉原音声波经过的第一个共鸣腔体就是喉腔。我们可以通过下图看到声门上方的喉室空间特别小，它的共鸣作用影响着声音质量。

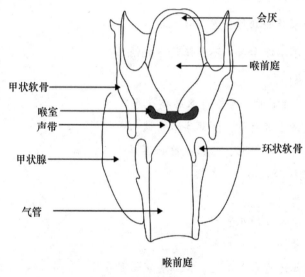

喉前庭

喉（冠状切面后面观）

　　播音发声对喉部控制有两个要求：一是放松。如果压迫喉腔或束紧喉部发音，共鸣腔体被挤扁，其共鸣效果大打折扣，会损失较多低频泛音，听感上给人一种声音"锁"在喉部的感觉，从而影响整个发音质量。二是稳定。喉头可以上下移动，我们可以通过"吞咽"动作来体验。喉头上升，声道变短，有利于高频泛音共鸣；喉头下降，声道变长，有利于低频泛音共鸣。我们尽量使喉头下降，保持基本稳定的状态，避免缺失喉腔的低频共鸣，而且这也可以给声带提供充分的运动空间，也不易使喉部肌肉疲劳或损伤。喉头上升（特别是挤卡喉咙导致的喉头上升）会缩小声带运动空间，不利于音域的扩展和音量的扩大，音色也会发"横"，不够柔和。

二、喉腔共鸣训练

（一）体会喉腔的上下移动——吞咽动作

（二）体会喉腔的下降——打哈欠吸气时喉头下降明显

（三）稳定喉头训练——发低 u 音延长音（注意不要压舌根）

注意：喉部与舌根相连，舌根紧张（压舌根）会使喉部紧张，所以做喉部放松练习的时候，如果舌根的紧张不能有效控制，可以尝试着把舌头自然伸出去再发音。

（四）矫正声音太暗的问题——模仿婴儿哭泣

（五）矫正发 i 音时"压喉"问题——宽发窄 i 音

先发开口呼 a 音延长音，上下颌尽量不动，下巴放松，主要依靠舌头的运动从 a 音变到齐齿呼 i 音。

大家还记得前面提到的"窄音宽发"原则么？可以通过这种方式体会。

第五节 咽腔共鸣及训练

一、认识咽腔

咽腔是鼻腔、口腔和喉腔的中通枢纽，也是将喉部声源与造字器官口腔相连接的唯一通道，是可变化的共鸣腔体。咽腔是呼吸道和消化道共同的通道，我们在吞咽时，咽腔缩短、变窄；打哈欠深吸气时，咽腔扩张、变粗。咽腔由鼻咽、口咽和喉咽三个部分组成，分别参与高频、中频和低频共鸣。

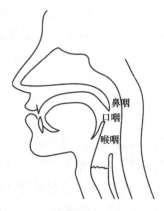

鼻咽
口咽
喉咽

咽腔示意图

咽腔的容积较大，它是一个管状通道，是可调节的共鸣腔体。大部分声波在口咽弯道处由向上转为向前，所以后咽壁要"站立"（定点在脖颈的下方，背的上方），并保持一定的坚韧度，加强对声波的反射作用。脊柱的直立与伸展感可以带动咽后壁。我们可以站正，目视前方，保持脊椎直立，感觉有人在提拉头发，从而找到脊椎的伸展感。

咽壁的紧张度——影响音色是明亮还是黯淡：

当软腭抬举、咽壁紧张时，音色明亮；

当软腭不抬、咽壁松弛时，音色暗淡，容易产生鼻音。

二、咽腔共鸣训练

（一）仰头靠背（咽壁站定）

放松下巴，仰头靠背，脖颈部可以夹住一支笔，体会脖颈部力量，然后做一些发声训练，记住这种感觉。咽壁站定有利于调动全身心的兴奋状态。

（二）弹发"ha"音（加强后咽壁力量）

嘴唇放松，弹发 ha 音，声音结实，注意腹部力量的配合。

（三）发"丽""绿"音（王宝璋提出）

用"丽"和"绿"这两个字来带发"咽音成分"。这个练习对于解决声音的"滞塞"问题和扩展嗓音的音域都有帮助。

第六节 胸腔共鸣及训练

一、认识胸腔

胸腔是胸内的体腔部分，是由胸廓（由胸骨、胸椎、肋骨、肋软骨等组成）、胸廓上口和膈肌所围成的腔隙，形状似鸟笼。胸腔的上界为胸廓上口，胸廓的下界为横隔膜。横隔膜是胸腔和腹腔的临界处。

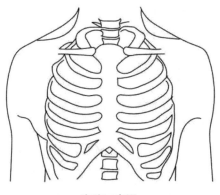

胸腔示意图

我们可以夸张发阳平音和上声音来体会胸腔共鸣，把手放在胸口前能感受到胸腔的振动，音高越低，振感越强。胸腔的低频共鸣明显，所以我们也把胸腔共鸣称作"低音共鸣"。

要想达到较好的胸腔共鸣效果，要配合正确的呼吸方法。用腹式呼吸法或胸腹联合式呼吸法发出的声音较为结实、浑厚，有利于产生胸腔共鸣。用胸式呼吸法发声，吸气较浅，声音浮而飘，不利于胸腔共鸣。

人体胸腔腔体容积大，胸腔共鸣可以有效扩大音量、美化声音。

但是胸腔共鸣过多会造成声音"闷暗",影响字音的清晰度。所以胸腔共鸣的运用要适度,在保证字音清晰度不受损的前提下,可使声音听起来浑厚、宽广,给人以深沉、可信的权威感。

二、胸腔共鸣训练

(一)体会胸腔共鸣

摸着胸口叹气发"ei"音,体会胸部振感。

哼鸣或哼唱。随着音高的变化,体会胸部振感的变化。胸腔振感明显时,声音是低沉的。

(二)夸张发上声练习

好 hǎo 美 měi 吼 hǒu

(三)(舒起音)叹气慢发"hei、ha"音

手摸着胸口体会胸腔振动,采用舒起音的方式发"嘿、哈",有了明显的胸腔振感后,紧接着读字词和古诗,体会充分的胸腔共鸣给语音面貌带来的变化。

hei · ha · hei · ha……好/ 高/扬/到

hei · ha · hei · ha……统一/总结/所以/反馈

hei · ha · hei · ha……

《春晓》 孟浩然 (唐)

春眠不觉晓,处处闻啼鸟。

夜来风雨声,花落知多少。

(四)胸部响点的练习

弹发"ha"音,音高从低到高,想象声音从胸部发出,体会胸部响点随着音高的升高而上移的变化。

第九单元　吐字系统·口腔控制
——如珠如流

气乃声之本，声带是声音之源，口腔是赋予喉原音以意义的加工厂，也是美化声音的中音共鸣区。口腔控制在整个发声训练中的作用不容忽视，它强调的是各咬字器官的协调配合。播音员、主持人理应加强口腔锻炼，提高口腔控制能力，达到播音吐字的要求。我们习惯用"字正腔圆"来描述吐字的整体要求，具体可以概括为：准确、清晰、圆润、集中和流畅。

第一节　咬字器官训练

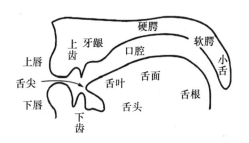

咬字器官（口腔）示意图

徐恒在《播音发声学》中对吐字时咬字器官的总体状态这样描述：口盖提起如穹窿，唇舌灵活力集中。下面我们针对各咬字器官进行针对性训练。

一、牙关

牙关是指上颌和下颌之间的关节，这部分练习的目的是提高开合咀嚼能力。

练习1　咬苹果（打开牙关）：打开口腔，模拟大口咬苹果的动作，不要把注意力放在张大外口腔上，尽量张大内口腔。咬苹果动作的核心着力点要放在上齿门牙上，下巴要放松。

练习2　放松下巴：下巴首先微收且放松，用手托住下巴，使其相对固定，缓慢抬头，通过上颌的移动打开口腔，上颌再慢慢下放回到初始状态，继续反复练习。

练习3　咀嚼哼鸣：闭口状态下，发"m"音。哼鸣的同时，口腔内保持大幅度的咀嚼动作。注意口腔内壁肌肉尽量保持紧绷的积极状态，感觉口腔内立着一个鸡蛋，咬字器官大范围自如运动。

二、软腭

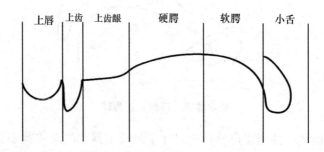

上唇　上齿　上齿龈　　硬腭　　软腭　　小舌

目标：**提高软腭的挺起升降能力，但也不要抬得太高，否则舌根会用力（压舌根）。**

体会：大家模仿一下鸭子的叫声，这个时候软腭就没有挺起来。

再尝试挺软腭，发出"gɑ、gɑ、gɑ"的声音，你就会意识到发音时挺软腭的重要性。

练习1 模拟打哈欠（软腭上升）：半打哈欠，张大内口腔，打开牙关，然后再缓缓闭合。

练习2 发鼻化元音（软腭下降）：抬举软腭，发单元音 ɑ、o、e、i、u、ü，然后软腭下降，舌根别用力，发鼻化元音（注意不是鼻音）：ã、õ、ẽ、ĩ、ũ、ǖ。

还可以读一些后鼻音的儿化韵，体会发鼻化元音时软腭的运动状态。

帮忙儿 药方儿 鼻梁儿 钢镚儿 起名儿 人影儿 人缘儿
香肠儿 夹缝儿 小葱儿 眼镜儿 花瓶儿 火星儿 图钉儿

练习3 鼻音训练（软腭下降）

人生 民兵 心情 灵敏 神圣 本能 争论 闲情 板凳
看病 反应 伴娘 蛮横 南疆 恳请 看中 干净 民警

三、唇

目标：提高唇的喷闭收撮能力

练习1 撮、咧唇：双唇沿着牙齿向中间撮合，再向两侧展开，反复。

练习2 噘唇：双唇向中间撮合后，再向上、下、左、右噘唇。

练习3 绕唇：双唇向中间撮合后，沿着顺时针方向转，再向逆时针方向转，交替进行。

练习4 喷唇：上唇力量集中在中端向中间缩，与下唇接触后蓄气，气息冲破阻碍发出"po"音，力量集中在唇中央的三分之一处。

练习 5 双唇打响：上唇力量集中在中段向中间缩，与下唇接触后"抽"走口腔中的气息达到半真空的状态，双唇分开打响，类似于开红酒瓶最后一刻"peng"一声的感觉。

练习 6 绕口令：在说绕口令前先"喷"发"ba"音，想象每个声音都像一颗子弹，要给予充分的"喷"力，使这颗子弹打到前方的靶子上，然后顺势练习下面两个绕口令。

八百标兵（b、p）

八百标兵奔北坡，炮兵并排北边跑。

炮兵怕把标兵碰，标兵怕碰炮兵炮。

炮兵和步兵（b、p、m）

炮兵攻打八面坡，炮兵排排炮弹齐发射。

步兵逼近八面坡，歼敌八千八百八十多。

练习 7 四呼练习：前六个练习的重点在唇部的灵活度和力量上，四呼练习重点在唇部的形状（唇形）上。（具体练习内容可见第二单元第六节）

四、舌

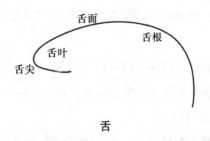

舌

目标：提高舌的顶弹滑动力。

练习 1 伸舌：用力向口外伸舌，使舌头下垂盖住下唇，力量集中在舌尖（舌体放松），使得舌头前端呈"尖"状，然后向上翘卷着回缩。还可以将舌伸出向上下和左右方向尽力伸展。

练习2 弹舌：舌尖力量集中，抵住上齿龈阻碍气流，然后气流冲破阻碍爆破成声，发出"te"音。让舌尖在上齿龈上"弹跳"，加强舌头的灵活性。

练习3 舌打响：舌尖上卷顶住硬腭前部后，吸气，舌内侧口腔形成半真空的低压，然后骤然解除阻碍打响。这个练习可以加强舌头的灵活性和上卷力。

练习4 刮舌：舌尖抵住下齿背，上齿接触舌叶开始向后刮，刮过的舌前部逐渐挺起，直至无法继续刮舌。这个练习主要锻炼舌头的收拢上挺力，利于纠正"尖音"问题。

练习5 立舌：舌体在口腔内180°翻动，使舌体两侧交替向上。

练习6 顶舌：闭唇状态下用舌尖顶左右两腮，左右交替。

练习7 绕舌：闭唇状态下用舌尖"刷牙"，舌尖在唇齿间顺时针转动，然后再向逆时针方向转动，交替进行。

练习8 绕口令：先"弹"发 da、da、da、da 音（或先"啃"发 ga、ga、ga 音），想象每个声音都像一颗子弹，要给予充分的"弹"力（或"啃"力），使这些字音（子弹）打到前方的靶子上。然后顺势练习下面四个绕口令。

打特盗（d、t）

调到敌岛打特盗，特盗太刁投短刀。

挡推顶打短刀掉，踏盗得刀盗打倒。

谭老汉买蛋和炭（d、t）

谭家谭老汉，挑担到蛋摊，买了半担蛋，挑担到炭摊，买了半担炭，满担是蛋炭。老汉忙回赶，回家炒蛋饭。进门跨门槛，脚下绊一绊，跌了谭老汉，破了半担蛋，翻了半担炭，脏了木门槛。老汉看一看，急得满头汗，连说怎么办，蛋炭完了蛋，老汉怎吃蛋炒饭。

哥挎瓜筐过宽沟（g、k）

哥挎瓜筐过宽沟，赶快过沟看怪狗。

光看怪狗瓜筐扣，瓜滚筐空哥怪狗。

哥哥捉鸽（g、k、h）

哥哥过河捉个鸽，回家割鸽来请客，

客人吃鸽称鸽肉，哥哥请客乐呵呵。

第二节　打开口腔训练

打开口腔，指打开内口腔，重在开"腔"，并不是看牙医时所做的"张大嘴巴"的动作。打开口腔可以加强口腔共鸣，增加声音的明朗度和字音的饱满度。

打开口腔或者说增大口腔腔体容积，可以为发音时舌头的运动提供更多的空间，从而利于拉开字腹和延长唇舌的动程，增加语言的艺术效果。同时也可以避免气流因口腔狭窄而进入鼻腔，出现"囔鼻音"，影响字音的清晰度。

总的来说，打开口腔至少有以下几个好处：

较为充分的口腔共鸣可以增加字音的明朗度和声音的美化度；

为舌头的运动提供更多的空间，唇舌滑动的动程被拉长，吐字饱满，增加艺术效果；

避免明显的鼻腔共鸣；

打开内口腔而非张大嘴巴，可以兼顾面部表情的柔和度。

打开口腔，我们可以通过"提、打、挺、松"四个要领来实现，分别为：提颧肌、打牙关、挺软腭、松下巴。

一、提——提颧肌

从上唇到颧骨之间的肌肉叫作颧肌。提颧肌，或叫作挺颧肌，有助于打开口腔，是一种积极的状态，常伴有鼻翼打开的感觉。提颧肌会有口腔前部向上抬起的感觉，唇齿之间也会紧贴。提颧肌并非是一个僵死的机械动作，而是要综合协调整体，兼顾面部和其他相关肌肉的活动。可以用双手辅助向两侧斜上方推。

提颧肌

二、打——打牙关

上颌（也叫上颚）主动抬举，特别是要提起上颌后槽牙，舌根和下巴放松，为口腔共鸣"腾"出更多的空间。用手指触摸颌骨和头骨交汇的地方（耳根前部），打开牙关时这个地方会凹下去。发音时，灵活地控制牙关上下开合，下巴随之活动，利于声音的自如变化。

可按照以下提示体会打牙关的感觉：握紧拳头，想象它是一个"大苹果"，然后尝试做咬一大口苹果的动作。我们也可以通过半打哈欠来体会打开牙关的感觉。

三、挺——挺软腭

软腭位于上腭的后三分之一处。挺软腭即软腭部分向上抬起，可以充分增加口腔后部空间，同时也可以减少流入鼻腔的气流，避免鼻音色彩浓重。可以通过打哈欠吸气的动作来体会挺软腭的感觉。我们在作呕时，软腭就是挺起的。

可以边打哈欠边发音，记住这种发声状态。

也可以通过哼鸣练习来找挺软腭的感觉：打开口腔，挺软腭，感觉口腔内放了一个鸡蛋，然后双唇轻轻闭合，想象鸡蛋依旧立在口腔中，然后做"m"音的哼鸣练习。

$\frac{2}{4}$ 3　　　　　　2　　　　│1　　　　　　－　　　　　‖

四、松——松下巴

吐字过程中，下巴微收且处于放松的状态。不要着力，否则紧张的下巴会压迫喉部，带动喉部肌肉紧张。

想象下巴是挂在一根线上的，左右摇摆下巴放松移动，找到放松的状态后发低音"ia~"。同时体会明显的胸腔共鸣，如果下巴和喉部紧张，胸腔共鸣不会太明显。

用手轻触下巴，使其稳定在向下、靠后的位置上，然后低音发"ia、ie"两个音。

发气泡音，唇部放松，开口闭口交替。

抬头张嘴：用手轻触下巴，使下巴保持稳定。脊椎用力向斜上方牵动口盖（上颌），同时打开口腔，这时候慢慢吸气，吸满气后停留大概五秒钟，然后自然闭合口腔。

需要强调的是，"提打挺松"是打开口腔的要诀，也是打开口腔的综合感觉。提打挺松，不是四个彼此独立的分解动作，是彼此影响的协同动作。颧肌不提，牙关不易打开；下巴紧张，软腭也很难挺起……打开口腔关乎吐字质量，也关乎发声质量。积极的状态下，彼此促进；反之，彼此牵绊。

上一节我们谈到舌、软腭、牙关等咬字器官的训练，这里我们更强调打开口腔时各部位的整体配合。

打开口腔综合训练——夸张朗读

音节

yao（邀）ye（耶）wa（挖）wo（窝）wei（危）wai（歪）

成语

来龙去脉 来日方长 鹏程万里 百炼成钢 翻江倒海 滔滔不绝

古诗

《题西林壁》 苏轼（宋）

横看成岭侧成峰，远近高低各不同。

不识庐山真面目，只缘身在此山中。

《相思》 王维（唐）

红豆生南国，春来发几枝。

愿君多采撷，此物最相思。

歌词

《草原上升起不落的太阳》（节选） 美丽其格

蓝蓝的天上白云飘，

白云下面马儿跑。

挥动鞭儿响四方，

百鸟儿齐飞翔。

第三节　声音集中训练

一、唇齿相依（字）

bu pu mu fu

du tu nu lu

gu ku hu

ju qu xu

zhu chu shu ru

zu cu su

二、唇齿相依（词）

合口呼：哆嗦　胡说　目光　呼出　浮夸　尾随
　　　　火花　懦弱　瓜果　戳穿　亏空　规划

撮口呼：轩辕　曲剧　拒绝　拥军　晕圈　女婿
　　　　军靴　军旅　愉悦　源泉　芋圆　语序

三、"a"音练习

ba pa ma fa

da ta na la

ga ka ha

za ca sa

zha cha sha（ra）

jia qia xia

四、弹发"丽"和"绿"音

第四节　吐字归音训练

（详见第五单元）

一、字头——叼住弹出

（一）声母训练——绕口令

1. 双唇音 b p m

八百标兵奔北坡，炮兵并排北边跑。

炮兵怕把标兵碰，标兵怕碰炮兵炮。

白庙外蹲着一只白猫，白庙里有一顶白帽。白庙外的白猫看见了白庙里的白帽，叼着白庙里的白帽跑出了白庙。

一平盆面，烙一平盆饼，饼碰盆，盆碰饼。

2. 唇齿音 f

粉红墙上画凤凰，凤凰画在粉红墙。

红凤凰、粉凤凰、红粉凤凰、花凤凰。

3. 舌尖中音 d t n l

调到敌岛打特盗，特盗太刁投短刀。

挡推顶打短刀掉，踏盗得刀盗打倒。

牛郎年年恋刘娘，刘娘连连念牛郎。

牛郎恋刘娘，刘娘念牛郎，郎恋娘来娘念郎。

白石塔，白石搭，白石搭石塔，白塔白石搭，

搭好白石塔，白塔白又大。

4. 舌尖前音 z c s

早晨早早起，早起做早操。人人做早操，做操身体好。

山前有个崔粗腿，山后有个崔腿粗。二人山前来比腿，不知是

崔粗腿比崔腿粗的腿粗，还是崔腿粗比崔粗腿的腿粗。

上桑山，砍山桑，背着山桑下桑山。

5. 舌尖后音 zh ch sh r

史老师，讲时事，常学时事长知识。时事学习看报纸，报纸登的是时事。常看报纸要多思，心里装着天下事。

四是四，十是十，十四是十四，四十是四十。谁说十四是时事，就打谁十四；谁说四十是事实，就打谁四十。

三山撑四水，四水绕三山。三山四水春常在，四水三山四时春。

6. 舌面音 j q x

七巷一个漆匠，西巷一个锡匠。七巷漆匠用了西巷锡匠的锡，西巷锡匠拿了七巷漆匠的漆。七巷漆匠气西巷锡匠用了漆，西巷锡匠讥七巷漆匠拿了锡。

氢气球，气球轻，轻轻气球轻擎起，擎起气球心欢喜。

7. 舌根音 g k h

哥挎瓜筐过宽沟，赶快过沟看怪狗。

光看怪狗瓜筐扣，瓜滚筐空哥怪狗。

（二）介音训练——四呼

1. 开口呼

海滩　报道　阑珊　犒劳　兜售　特赦　灯塔

2. 齐齿呼

气球　牵强　缥缈　激淞　凛冽　英烈　优秀

3. 合口呼

姑苏　花朵　怀揣　追随　温顺　馄饨　装潢

4. 撮口呼

旅居　约略　冤屈　逡巡　均匀　汹涌　熊熊

二、字腹——拉开立起

十三辙训练（强调母音的共鸣）

1. 发花辙 a ia ua

《泊秦淮》杜牧（唐）

烟笼寒水月笼沙，夜泊秦淮近酒家。

商女不知亡国恨，隔江犹唱后庭花。

2. 梭波辙 o e uo

《咏鹅》骆宾王（唐）

鹅鹅鹅，曲项向天歌。

白毛浮绿水，红掌拨清波。

3. 乜斜辙 ie üe

《村夜》白居易（唐）

霜草苍苍虫切切，村南村北行人绝。

独出门前望野田，月明荞麦花如雪。

《江雪》柳宗元（唐）

千山鸟飞绝，万径人踪灭。

孤舟蓑笠翁，独钓寒江雪。

4. 遥条辙 iao ao

《春晓》孟浩然（唐）

春眠不觉晓，处处闻啼鸟。

夜来风雨声，花落知多少。

5. 一七辙 i ü

《江畔独步寻花》杜甫（唐）

黄四娘家花满蹊，千朵万朵压枝低。

留连戏蝶时时舞，自在娇莺恰恰啼。

6. 姑苏辙 u

《悯农》李绅（唐）

锄禾日当午，汗滴禾下土。

谁知盘中餐，粒粒皆辛苦。

7. 怀来辙　ai uai

《题菊花》黄巢（唐）

飒飒西风满院栽，蕊寒香冷蝶难来。

他年我若为青帝，报与桃花一处开。

8. 灰堆辙　ei uei

《渔歌子》张志和（唐）

西塞山前白鹭飞，桃花流水鳜鱼肥。

青箬笠，绿蓑衣，斜风细雨不须归。

《凉州词》王瀚（唐）

葡萄美酒夜光杯，欲饮琵琶马上催。

醉卧沙场君莫笑，古来征战几人回？

9. 油求辙 iou ou

《黄鹤楼送孟浩然之广陵》李白（唐）

故人西辞黄鹤楼，烟花三月下扬州。

孤帆远影碧空尽，唯见长江天际流。

10. 言前辙　an ian uan

《望庐山瀑布》李白（唐）

日照香炉生紫烟，遥看瀑布挂前川。

飞流直下三千尺，疑是银河落九天。

《凉州词（其一）》王之涣（唐）

黄河远上白云间，一片孤城万仞山。

羌笛何须怨杨柳，春风不度玉门关。

11. 人辰辙　en in uen ün

《送元二使安西》王维（唐）

渭城朝雨浥轻尘，客舍青青柳色新。

劝君更尽一杯酒，西出阳关无故人。

《清明》杜牧（唐）

清明时节雨纷纷，路上行人欲断魂。

借问酒家何处有？牧童遥指杏花村。

12. 江阳辙　ang iang uang

《静夜思》李白（唐）

床前明月光，疑是地上霜。

举头望明月，低头思故乡。

13. 中东辙　eng ing ong iong ueng

《江南春》杜牧（唐）

千里莺啼绿映红，水村山郭酒旗风。

南朝四百八十寺，多少楼台烟雨中。

《赠汪伦》李白（唐）

李白乘舟将欲行，忽闻岸上踏歌声。

桃花潭水深千尺，不及汪伦送我情。

三、字尾——弱收到位

开尾字词：佳话　学业　组局　瓜果

i 尾词语：塞北　外来　水位　尾随

u 尾词语：小鸟　邮票　陡峭　爆料

n 尾词语：天坛　森林　权限　轩辕

ng 尾词语：昂扬　能量　充公　雄壮

第五节　吐字综合感觉

吐字的综合感觉可归纳为五个字——拢、弹、滑、挂、流。

《播音发声学》徐恒

一、拢——发音着力点在中间

相关的发音部位要向中纵线集中力量。

练习1：唇的力量散，声音就容易散，唇的力量应集中在唇的内缘中央三分之一处。

ba pa ma fa

bo po mo fo

bi pi mi

bu pu mu fu

练习2：舌的力量集中在前后中纵线上，舌头要有收势，成阻部位呈点状接触。

da ta na la

za ca sa

zha cha sha ra

ga ka ha

jia qia xia

二、弹——吐字要灵活轻快，避免僵滞，不能"拖泥带水"

双唇用"喷"法；

舌尖用"弹"法；

舌根用"啃"法。

练习 1：声母与 a、i、u、ü 相拼。

1. 声母与韵母 a 相拼

ba pa ma fa da ta na la ga ka ha（jia qia xia）zha cha sha ra za ca sa

2. 声母与韵母 i 音相拼

bi pi mi di ti ni li ji qi xi

3. 声母与韵母 u 音相拼

bu pu mu fu du tu nu lu gu ku hu zhu chu shu ru zu cu su

4. 声母与韵母 ü 相拼相拼

nü lü ju qu xu

练习 2：所有声母与 a、i（含 -i）、u 相拼（要求有轻快弹动感）。

ba bi bu pa pi pu ma mi mu fa（fi）fu

da di du ta ti tu na ni nu la li lu

ga（gi）gu ka（ki）ku ha（hi）hu

jia ji jiu qia qi qiu xia xi xiu

zha zhi zhu cha chi chu sha shi shu（ra）ri ru

za zi zu ca ci cu sa si su

练习 3

1. "喷"——唇音练习

八了百了标了兵了奔了北了坡，炮了兵了并了排了北了边了跑。

炮了兵了怕了把了标了兵了碰，标了兵了怕了碰了炮了兵了炮。

天上一个盆，地下一个棚，

盆碰棚，棚碰盆，棚倒了，盆碎了，

是棚赔盆，还是盆赔棚？

2. "弹" ——舌音练习

调了到了敌了岛了打了特了盗，特了盗了太了刁了投了短了刀。

挡了推了顶了打了短了刀了掉，踏了盗了得了刀了盗了打了倒。

门口有四辆四轮大马车，你爱拉哪两辆，就拉哪两辆。

断头台倒吊短单刀，歹徒登台偷短刀。

断头台倒盗跌倒，对对短刀叮当掉。

3. "啃" ——腮音练习

哥了挎了瓜了筐了过了宽了沟，赶了快了过了沟了看了怪了狗。

光了看了怪了狗了瓜了筐了扣，瓜了滚了筐了空了哥了怪了狗。

4. "吐" ——喉音练习

无父母不孤独，五叔督促苦读书。

不读书无出路，独宿竹屋哭不住。

吴素夫，无父母，素夫诉苦不孤独，

吴素夫，入互助，不入互助无出路。

5. "磨" ——齿音练习

隔着窗户撕字纸，一次撕下横字纸，一次撕下竖字纸。

是字纸，撕字纸，不是字纸，不要胡乱地撕一地纸。

司小四和史小世，四月十四日十四时四十上集市，

司小四买了四十四斤四两西红柿，史小世买了十四斤四两细蚕丝。

司小四要拿四十四斤四两西红柿换史小世十四斤四两细蚕丝。

史小世十四斤四两细蚕丝不换司小四四十四斤四两西红柿。

司小四说我四十四斤四两西红柿可以增加营养防近视，

史小世说我十四斤四两细蚕丝可以织绸织缎又抽丝。

注：喷弹啃吐磨，是传统曲艺相声中练嘴皮子的五种技法。

三、滑——唇舌的滑动感

拉长动程，为舌头的滑动提供充足的空间，同时要注意气息控制与口腔控制的配合。枣核形体现的是字音"珠圆玉润"的吐字状态，这种状态下的吐字具有日常口语所缺少的艺术效果。但是如果在语流中机械地追求字字成枣核，势必因片面追求口腔滑动感而丧失语流的流畅度。

练习1：字——"枣核形"

例字	字头		字腹	字尾	字神
	声母	韵头（字颈）	韵腹	韵尾	（声调）
强 qiáng	√	√	√	√	阳平
恰 qià	√	√	√	×	去声
刚 gāng	√	×	√	√	阴平
挖 wā（uā）	×	√	√	×	阴平
优 yōu（iōu）	×	√	√	√	阴平
流 liú（lióu）	√	√	√	√	阳平
奥 ào（àu）	×	×	√	√	去声
鹅 é	×	×	√	×	阳平
拔 bá	√	×	√	×	阳平

注：枣核形音节结构图见第五单元第三节"枣核形"。

练习2：词

成语慢读

中~国~伟~大~ 囫~囵~吞~枣~ 高~山~流~水~

盲~人~摸~象~ 才~高~八~斗~ 鸟~语~花~香~

早~出~晚~归~ 内~外~兼~修~ 别~出~心~裁~

练习3：句——诗歌

《花非花》 白居易 （唐）

花非花，雾非雾。夜半来，天明去。

来如春梦几多时？去似朝云无觅处。

练习4：段——记录速度播读新闻

中共中央政治局3月27日召开会议，分析国内外新冠肺炎疫情防控和经济运行形势，研究部署进一步统筹推进疫情防控和经济社会发展工作，审议《关于2019年脱贫攻坚成效考核等情况的汇报》和《关于中央脱贫攻坚专项巡视"回头看"情况的综合报告》。

四、挂——声"挂"前腭

硬腭前部是声束出口前最后的着力位置，字音好像在口腔控制下被"吸"在硬腭前部，要结合气息的运用形成一个集中的声束（不能是一片）。声束打到硬腭上，咬字成"尖儿"，使得声音集中并具有穿透力。

拓展：树立用"上前口腔"发音的意识。

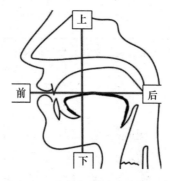

上图通过横竖两条线将口腔分为四部分，声束在口腔中的最后

着力点在"上前嘴"。虽然四部分都参与咬字,但上齿、上唇在咬字层面来讲要比下齿、下唇更主动,参与咬字更频繁,舌尖也多与上齿、上齿龈和硬腭前部接触。此外,我们也要避免"后下嘴"内出现压舌根和压喉的问题。我们要提高用"上前嘴"咬字的意识,解放"后下口腔",放松舌根和喉部,声束最终直击硬腭后流出口外。

练习1:想象练习

保持目视前方,想象一个人在你的正上方,然后对着他说绕口令。

练习2:拟声词练习

吧嗒嗒　滴溜溜　叮铃铃　咣唧唧　扑棱棱　呼啦啦

练习3:喊人练习

感受声束的路线并体会声束最终打在硬腭上的感觉。

1. 你——在——哪——里——

2. 阿毛——

3. A:有人吗?

　　B:船来啦!

练习4:吆喝声(叫卖声)

"磨剪子嘞——戗菜刀——"

"冰糖葫芦儿——"

练习5:古诗练习

《望庐山瀑布》李白(唐)

日照香炉生紫烟,遥看瀑布挂前川。

飞流直下三千尺,疑是银河落九天。

五、流——字音向前流动的感觉

气息向前流动与气息被小腹向下拉的感觉形成一对拮抗的力量。控制气息流动的关键在小腹。

注：要避免朗读时字字松散，不成语流，即所谓的"蹦字儿""见字出声"。产生这一问题的根源在于传播的理念欠佳。有声语言的意义并非一个字音一个字音的简单"堆砌"，而在于准确的重音、停连、节奏、语气等技巧的运用下，一个"词音"一个"词音"地连续加工处理，是一种语言的遣词造句在声音层面上的有机呈现，是用词语造句到用声音"组句"的过渡。

练习 1：绕口令

爸爸抱宝宝

爸爸抱宝宝，跑到布铺买布做长袍。

宝宝穿了长袍不会跑，跑了八步就拉破了布长袍。

练习 2：数数

一二三四五六七，七六五四三二一。

六五四三二一，五四三二一。

四三二一 三二一，二一一，一个一。

练习 3：诗词

《山村咏怀》 邵雍 （宋）

一去二三里，烟村四五家。

亭台六七座，八九十枝花。

练习 4：句段练习

《军港之夜》 马金星

军港的夜啊静悄悄

海浪把战舰轻轻地摇

年轻的水兵头枕着波涛

睡梦中露出甜美的微笑

海风你轻轻地吹海浪你轻轻地摇

远航的水兵多么辛劳

回到了祖国母亲的怀抱

让我们的水兵好好睡觉

拓展——改善吐字

在保证发音准确的基础上，理应兼顾实际听感和口唇外观。我们要在合规的范围内对吐字进行适度调整，以改善吐字。

发元音时，唇形和舌位的极致状态都会造成吐字僵化，从而减损语言的和谐度和灵动感。极高、极低、极前、极后、极圆、极展的吐字并不意味着极规范，这种机械发音最终会造成令人不悦的"极腔"。相反，相对高、相对低、相对前、相对后、相对圆、相对展的中庸之策，不会偏规范之轨，反倒可以"圆润"字之音、"美颜"唇之形。

下面给大家介绍几个改善韵母吐字的发音原则。

1. 窄韵宽发和宽韵窄发

（1）窄韵宽发（闭音稍开）

高元音 i、u、ü 是"窄元音"。舌位高，发音时舌面隆起的最高点距离上腭较近，腔体狭窄，气息通过狭窄的腔体易产生摩擦，甚至部分气流容易被"挤"入鼻腔，产生"囔鼻音"。高舌位还易使舌根紧张，造成声音捏挤。我们可以适当地稍开口腔（内口腔），降低舌位，增加腔体容积，减少气息在口腔中的阻碍，使声音干净、明朗。

发力　稀奇　戏曲

淅淅沥沥　陆陆续续

（2）宽韵窄发（开音稍闭）

低元音 a、o、e 是"宽元音"。舌位低，发音时舌面隆起的最高点距离上腭较远，腔体较宽，声束不易集中，而且外口腔的大幅度动作也不美观。我们要控制口腔，适度减小口腔开度，使声束集中，声音明朗，口形动作自然、美观。

发达　袈裟　发际线

邋邋遢遢　婆婆妈妈

2. 前音后发和后音前发

i、ü、ê是前元音，发音时舌面隆起最高点在上腭前部，在发前元音时，应适当将舌位略向后移，扩大前声腔，声音会更加明朗、通畅。

o、u、e是后元音，发音时舌面隆起最高点在上腭后部。在发后元音时，舌位偏后，距离双唇较远，加长了声腔，低频共鸣较多，声音会偏闷暗。舌位略向前移，使声波更容易外送，不至"闷"在口中。

礼物　　　解饿　　　无极
（前后）　（前后）　（后前）

3. 圆唇扁发和扁唇圆发

（1）圆唇扁发

o、ü、u是圆唇元音，发音时唇形拢圆。双唇向前撮，加长了声腔，低频共鸣较多，声音易闷暗。在发圆唇元音时，唇形稍圆即可，唇齿尽量贴合，使字音明朗、清楚。同时，唇形看起来也会更加自然、美观。

姑苏　梧桐　勃勃　语句

（2）扁唇圆发

a、e、i是扁唇元音，发音时唇形展开，呈扁平状。在发扁唇元音时，唇形稍扁即可，从而增加口腔开度，将韵腹拉开立起，使字音听起来饱满、圆润。同时，唇形看起来也会更加柔和。

汽车　特赦　忐忑

第十单元　综合系统・声音弹性
——变化万千

第一节　认识声音弹性

弹性，比喻事物的可多可少、可大可小等伸缩性。我们可以由此进一步得出声音弹性的概念——指声音的可高可低、可强可弱、可虚可实、可明可暗、可刚可柔、可厚可薄等可塑性。我们做声音弹性的训练，目的就是提高我们声音的可塑性，轻松地驾驭我们的声音，去适应不同的稿件，去表达丰富而多变的情感，使有声语言具有丰富的表现力和强烈的感染力。

声音的弹性有几个维度——高低、强弱、虚实、明暗、刚柔、厚薄等。在播音主持艺术实践中，每个声音维度的实现又需要在具体语境的框定下、具体思想感情的催发下、具体心理动态的指引下，恰切地综合运用气息控制、喉部控制、共鸣控制和口腔控制等，这是一个有机的综合。所以声音弹性的训练理应包括两个目标：一是提高声音的物理可塑性；二是提高声音对稿件和话题的适应性。

综合状态：

身体放松不懈怠；

情感细腻不空洞；

气息自如不僵滞；

喉部放松不挤压；

口腔灵活不松垮。

第二节　音高维度训练

我们要追求"低音宽厚，中音圆润，高音坚韧"的嗓音，不要一味追求高音，而要在巩固中音和低音的基础上练习高音的韧性。这一节练习的重点在音高的变化，音强的变化幅度尽量小一点。

一、音阶练习——扩展音域

提示：可以选择"o"或"u"这样比较圆润的元音练习，容易保持喉咙打开的状态。也可以根据自己的发声习惯选择适合自己的母音来练习。

（一）连音基础

$\frac{2}{4}$ 1　2　3　4 ｜ 5　4　3　2 ｜ 1　- ‖

（二）连音进阶

$\frac{3}{4}$ 1　3　5　i　5　3 ｜ 1　-　- ‖

$\frac{2}{4}$ i　7　6　5 ｜ 4　3　2⌢1｜1　- ‖

（三）跳音+连音

$\frac{4}{4}$ 5̇ 0　4 0　3 0　2 0 ｜ 1 3 5 i 5 3　1⌢1 - - - ‖

二、ɑ、i 音上下滑动

（一）直线式

从低音开始发 ɑ 音或者 i 音，音高从低音直线式上滑至高音，然后从最高点直线式下滑至低音。在音高的最高点（转折点）容易挤卡喉咙，可以猛收一下小腹，有一种用气流把高音"顶"出去的感觉。

（二）阶梯式

可以结合跳音音阶练习，从低音到高音，再从高音到低音，逐渐扩大音域。

（三）螺旋式

从低音开始发 a 音或者 i 音，螺旋式层层上绕至高音，然后螺旋式层层下绕至低音。注意腹部的控制力量，气息要"拉住"声音。

三、句子练习

"我爱你，中国！"

（一）先用自己音域范围内较低的音高说，然后音高逐渐升高至"极高点"，然后逐渐降低音高。这里的"极高点"位置一定是你所能承受的音高，避免用嗓子"喊"到某个极限，那样就会顾此失彼，伤了"身体"，又达不到训练效果。

（二）用同样的句子做音高骤高骤低变化的训练，气息和声带都要做灵活的大跨度调整。把"我爱你，中国！"这句话分为两部分即"我爱你"和"中国"，进行高低跨越式的对比练习。

| | 中国！ | | 中国！ | | 中国！ | | 中国！ |
| 我爱你， | | 我爱你， | | 我爱你， | | 我爱你， | |

| 我爱你，| | 我爱你， | | 我爱你， | | 我爱你， | |
| | 中国！ | | 中国！ | | 中国！ | | 中国！ |

四、古诗练习

夸张练习声调，体会音高变化的综合感觉。

《登鹳雀楼》王之涣（唐）

白日依山尽，黄河入海流。

欲穷千里目，更上一层楼。

《凉州词二首·其一》王之涣（唐）

黄河远上白云间，一片孤城万仞山。

羌笛何须怨杨柳，春风不度玉门关。

第三节 音强维度训练

提示：重点变化声音的大小，音高变化的幅度尽量小一点。

声音的强弱（或大小）主要取决于气息和共鸣等因素，同时声带也要有配合性的调整，但是一定要记住声音强度的"开关"不在喉，而在气息和共鸣的控制。

1. 母音渐强渐弱练习

例如发 a 音的延长音，音强逐渐增强，然后逐渐减弱。

2. "hou·ha"音弹发

由弱到强，由强到弱，尽量保持音高稳定。

3. 句子练习

"我爱你，中国！"

上一节同样的句子我们做的是音高维度的训练，这一节我们强调声音在音强维度上的变化，可以逐渐增强音强，然后逐渐减弱音强，亦可做音强强弱跨越式的对比练习。

4. 音高、音强综合练习

喊人练习——阿毛

（1）音量逐渐加大，音高逐渐升高。（想象听者离你越来越远）

（2）音量逐渐减小，音高逐渐降低。（想象听者离你越来越近）

第四节 音色维度训练

虚与实、明与暗、刚与柔、厚与薄……每一对声音色彩的对比描述都是最理想的极致状态。但是在实际运用时，我们不会单纯地只用到一种声音色彩，更不会只用到一种声音色彩的极致状态。声音色彩的运用（选择或搭配）有点像做菜，食盐、白糖、辣椒等都得加点儿，但是每种调料加多加少决定了这道菜的味道；有点像画画儿，红色、白色、蓝色、黑色等颜色都可以使用，但是每种颜色的多少和深浅决定了最后这张画儿的色彩；又有点像用手机软件美化一张图片，曝光度、亮度、锐度、饱和度、色温等都可以调节，每个项目调节的幅度影响了这张图片的最终效果。音高的高低、音强的强弱和音长的长短等变化也是一样的道理。

　　人类有声语言的奇妙之处为何？声音为什么可以成为一个人的标志？我想，答案的一部分应该可以在这里找到吧！所以每个声音色彩的练习绝非是让大家单纯运用某一声音色彩的极致状态，而是强调运用比例的问题罢了，这一点需要和大家说清楚。

一、虚实

（一）虚

声门闭合较松，声带间有一定开度，声门对气息的"拦截"少，气声为主。例如身体虚弱或说悄悄话时我们常用虚声。

（模拟在课堂上和同桌窃窃私语）

A：今天中午我们吃啥？

B：饺子吧！

A：昨天刚吃完，还是吃面吧！

B：好吧！

（二）实

声门闭合较紧，声带间开度较小，声门对气息的"拦截"多，气推字出。播音用声以实声为主。

国家统计局发布 2019 年国民经济和社会发展统计公报

央视网消息：国家统计局今天（2 月 28 日）发布《2019 年国民

经济和社会发展统计公报》，初步核算，2019 年全年国内生产总值990865 亿元，比上年增长 6.1%。

其中，第一产业增加值70467 亿元，增长 3.1%；第二产业增加值386165 亿元，增长 5.7%；第三产业增加值534233 亿元，增长6.9%。第一产业增加值占国内生产总值比重为 7.1%，第二产业增加值比重为 39.0%，第三产业增加值比重为 53.9%。

全年最终消费支出对国内生产总值增长的贡献率为 57.8%，资本形成总额的贡献率为 31.2%，货物和服务净出口的贡献率为 11.0%。

人均国内生产总值70892 元，比上年增长 5.7%。

（来源：《新闻联播》2020 年 2 月 28 日）

（三）虚实结合

1. 句子练习

我爱你，中国！中国，我爱你！

盼望着，盼望着，东风来了，春天的脚步近了。

一切都像刚睡醒的样子，欣欣然张开了眼。山朗润起来了，水涨起来了，太阳的脸红起来了。

2. 段落练习

她的一双小手几乎冻僵了。啊，哪怕一根小小的火柴，对她也是有好处的！她敢从成把的火柴里抽出一根，在墙上擦燃了，来暖和暖和自己的小手吗？她终于抽出了一根。哧！火柴燃起来了，冒出火焰来了！她把小手拢在火焰上。多么温暖多么明亮的火焰啊，简直像一支小小的蜡烛。这是一道奇异的火光！小女孩觉得自己好像坐在一个大火炉前面，火炉装着闪亮的铜脚和铜把手，烧得旺旺的，暖烘烘的，多么舒服啊！哎，这是怎么回事呢？她刚把脚伸出去，想让脚也暖和一下，火柴灭了，火炉不见了。她坐在那儿，手里只有一根烧过了的火柴梗。

（节选自《卖火柴的小女孩》）

百合刚刚诞生的时候，长得和杂草一模一样。但是，它心里知道自己并不是一株野草。它的内心深处，有一个内在的纯洁的念头："我是一株百合，不是一株野草。唯一能证明我是百合的办法，就是开出美丽的花朵。"有了这个念头，百合努力地吸收水分和阳光，深深地扎根，直直地挺着胸膛。终于，在一个春天的早晨，百合的顶部结出了第一个花苞。

（节选自《心田上的百合花开》林清）

二、明暗

（一）明

强调提颧肌、挺软腭，声束在口腔中集中"打"在硬腭上，声音明朗。

桃树、杏树、梨树，你不让我，我不让你，都开满了花赶趟儿。红的像火，粉的像霞，白的像雪。花里带着甜味儿；闭了眼，树上仿佛已经满是桃儿、杏儿、梨儿。花下成千成百的蜜蜂嗡嗡地闹着，大小的蝴蝶飞来飞去。野花遍地是：杂样儿，有名字的，没名字的，散在草丛里，像眼睛，像星星，还眨呀眨的。

（节选自《春》朱自清）

那是力争上游的一种树，笔直的干，笔直的枝。它的干呢，通常是丈把高，像是加以人工似的，一丈以内，绝无旁枝；它所有的丫枝呢，一律向上，而且紧紧靠拢，也像是加以人工似的，成为一束，绝无横斜逸出；它的宽大的叶子也是片片向上，几乎没有斜生的，更不用说倒垂了；它的皮，光滑而有银色的晕圈，微微泛出淡青色。这是虽在北方的风雪的压迫下却保持着倔强挺立的一种树！哪怕只有碗来粗细罢，它却努力向上发展，高到丈许，两丈，参天耸立，不折不挠，对抗着西北风。

（节选自《白杨礼赞》茅盾）

（二）暗

颧肌不用明显上提，气息控制和缓，声束在口腔中不集中偏后，声音闷暗。

纪录片《大自然在说话》解说词（节选）

我是水，

对于人类来说，

我司空见惯，理所当然。

但是，我却非常有限，

而人类的数量却每天都在增长。

我化身为雨水，

落入山中，

流进小溪与河流，

最终汇入大海。

让我回到起始的形态，

有时需要一万年的时间。

然而对于人类来说，

我只是水，

理所当然，

就应该存在。

如果人口再增加几十亿，

人类还能找到我吗？

他们自己又将如何生存呢？

人类为了争夺各种资源而陷入战争，

未来他们是否会为了争夺我，

而又发起战争呢？

那倒也是一种选择，

但并非唯一选择。

《雨霖铃·寒蝉凄切》柳永（宋）

寒蝉凄切，对长亭晚，骤雨初歇。都门帐饮无绪，留恋处，兰舟催发。执手相看泪眼，竟无语凝噎。念去去，千里烟波，暮霭沉沉楚天阔。

多情自古伤离别，更那堪，冷落清秋节！今宵酒醒何处？杨柳岸，晓风残月。此去经年，应是良辰好景虚设。便纵有千种风情，更与何人说？

三、刚柔

（一）刚

气息和口腔控制有力，胸腔共鸣较多，声音刚而不直。

锐评指出，对于美方发起的贸易战，中国早就表明态度：不愿打，但也不怕打，必要时不得不打。面对美国的软硬两手，中国也早已给出答案：谈，大门敞开；打，奉陪到底。经历了五千多年风风雨雨的中华民族，什么样的阵势没见过？！在实现民族复兴的伟大进程中，必然会有艰难险阻甚至惊涛骇浪。美国发起的对华贸易战，不过是中国发展进程中的一道坎儿，没什么大不了，中国必将坚定信心、迎难而上，化危为机，斗出一片新天地。

无论外部风云如何变幻，对中国来说，最重要的就是做好自己的事情，不断深化改革，扩大开放，实现经济高质量发展。美国下一步是要谈，还是要打，抑或是采取别的动作，中国都已备足了政策工具箱，做好了全面应对的准备。这正如习近平主席所指出，中国经济是一片大海，而不是一个小池塘；狂风骤雨可以掀翻小池塘，但不能掀翻大海；经历了无数次狂风骤雨，大海依旧在那儿！

（来源：《新闻联播》2019 年 5 月 13 日）

（二）柔

气息控制较和缓，口腔控制力较弱（不是无控制），声音柔而不颓。

《致橡树》 舒婷

我如果爱你

绝不像攀援的凌霄花，

借你的高枝炫耀自己；

我如果爱你

绝不学痴情的鸟儿，

为绿荫重复单调的歌曲；

也不止像泉源，

常年送来清凉的慰藉；

也不止像险峰，

增加你的高度，衬托你的威仪。

甚至日光，

甚至春雨，

不，这些都还不够！

我必须是你近旁的一株木棉，

作为树的形象和你站在一起。

根，紧握在地下；

叶，相触在云里。

每一阵风过，

我们都互相致意，

但没有人，

听懂我们的言语。

你有你的铜枝铁干，

像刀，像剑，

也像戟；

我有我红硕的花朵，

像沉重的叹息，

又像英勇的火炬。

我们分担寒潮、风雷、霹雳；

我们共享雾霭、流岚、虹霓。

仿佛永远分离，

却又终身相依。

这才是伟大的爱情，

坚贞就在这里：

爱——

不仅爱你伟岸的身躯，

也爱你坚持的位置，足下的土地。

（三）刚柔并济

刚中有柔，柔里带刚。

春天像刚落地的娃娃，从头到脚都是新的，它生长着。

春天像小姑娘，花枝招展的，笑着，走着。

春天像健壮的青年，有铁一般的胳膊和腰脚，领着我们上前去。

（节选自《春》朱自清）

四、厚薄

（一）厚

气息较深，胸腔共鸣明显，声音厚而粗。

《泊秦淮》杜牧（唐）

烟笼寒水月笼沙，夜泊秦淮近酒家。

商女不知亡国恨，隔江犹唱后庭花。

（二）薄

气息较浅，胸腔共鸣略少，声音薄而细。

小白兔白又白

小白兔白又白，两只耳朵竖起来，

爱吃萝卜爱吃菜，跑起路来真叫快。

五、对比练习

强与弱　气壮山河——春风化雨；

高与低　举头望明月——低头思故乡；

刚与柔　百炼成钢——柔情似水；

明与暗　生机勃勃——死气沉沉。

厚与薄　奶牛：这么多人喝我们的奶，却没有一个人叫我们一
　　　　　　声妈！

　　　　蚊子：我和蜜蜂最大的差别就是口味不同！

第五节　情声结合训练

以气托声，气息是声音的动力；以声传情，声音是传情的媒介。自如的气息为"声情并茂"提供生理动力；真情实感为"活"气"心"声提供心理依据。下面的练习以"七情"为主线，强调情与

声的结合，要做到气随情生、以情催声。

牛刀小试：同一句话通过不同的声音形式表达不同情感——

"你怎么来了？"

七情包括喜、怒、忧、思、悲、恐、惊。

一、喜

提示：气多声高

任鲁豫：九州日升中国年，四海潮起报春来。

李思思：中华儿女大拜年，共享欢乐新时代。

尼格买提：中国中央电视台。

朱迅：中国中央电视台。

康辉：现场和电视机前的观众朋友们，正在通过央视网和央视新闻客户端收看直播的朋友们。

任鲁豫：已经回家团聚和正在回家路上的朋友们。

李思思：港澳台同胞以及全球的华人华侨朋友们，大家……

合：春节好。

（节选自 2018 年春节联欢晚会主持词）

二、怒

提示：气粗声重

军长轻轻地拂去战士肩上的积雪，猛然发现他身上竟然穿得那样单薄，单薄得就像一张纸。"棉衣，棉衣呢？为什么没有发给他棉衣？"军长两眼发红。"军需处长呢？"警卫员在发愣。"给我找军需处长！"还是没有人应声。"快，快给我找军需处长！"

（节选自《军礼》）

三、忧

《春望》杜甫（唐）

国破山河在，城春草木深。

感时花溅泪，恨别鸟惊心。

烽火连三月，家书抵万金。

白头搔更短，浑欲不胜簪。

四、思

《一剪梅·红藕香残玉簟秋》李清照（宋）

红藕香残玉簟秋。轻解罗裳，独上兰舟。云中谁寄锦书来？雁字回时，月满西楼。

花自飘零水自流。一种相思，两处闲愁。此情无计可消除，才下眉头，却上心头。

《乡愁》余光中

小时候，

乡愁是一枚小小的邮票，

我在这头，

母亲在那头。

长大后，

乡愁是一张窄窄的船票，

我在这头，

新娘在那头。

后来啊，

乡愁是一方矮矮的坟墓，

我在外头，

母亲在里头。

而现在，

乡愁是一湾浅浅的海峡，

我在这头，

大陆在那头。

五、悲

我俯下身体舔着我的丈夫，它的眼睛还是那么大，那么明亮，只是充满了恐惧；我又去亲吻我的小女儿，她的眼中只有惊诧与好奇。女儿啊！你还太小，妈妈知道你是至死也不明白发生了什么事情。其实，其实妈妈也不明白，为什么，为什么人类在自己的亲人死去时悲痛欲绝，却能够坦然地去杀掉别人的亲人！难道他们在开枪时就没有一丝犹豫吗？难道他们动手时没有一丝怜悯吗？当他们的亲人惨遭杀害，他们却无力反击时，他们又会怎样呢？

(删改自《最后一只藏羚羊》彭波)

六、恐

提示：气提声凝

天已经很黑了，走进楼道，楼道里黑洞洞的，我的心怦怦直跳，总觉得不知道从哪儿会钻出个人来，我越想越害怕。

漆黑的夜晚，寂静阴森，外面的风阴冷地嚎叫着，时不时可以听到风吹树叶的沙沙声。现在已经午夜时分，突然一个黑影掠过窗头，可是外面寂静得可怕，仿佛黑暗要吞噬一切，我不敢多想，只期待黎明的到来！

七、惊

她又擦了一根。火柴燃起来了，发出亮光来了。亮光落在墙上，那儿忽然变得像薄纱那么透明，她可以一直看到屋里。桌上铺着雪白的台布，摆着精致的盘子和碗，肚子里填满了苹果和梅子的烤鹅正冒着香气。更妙的是，这只鹅从盘子里跳下来，背上插着刀和叉，摇摇摆摆地在地板上走着，一直向这个穷苦的小女孩走来。这时候，火柴又灭了，她面前只有一堵又厚又冷的墙。

（节选自《卖火柴的小女孩》安徒生）

第六节　强弱声训练

一、强声（强控制）训练——高呼呐喊、训斥呵责、激情朗诵等

要领：吸气深，共鸣足，情绪满，声音强。

《海燕》节选　高尔基（俄）

在苍茫的大海上，狂风卷集着乌云。在乌云和大海之间，海燕像黑色的闪电，在高傲地飞翔。

一会儿翅膀碰着波浪，一会儿箭一般地直冲向乌云，它叫喊着，——就在这鸟儿勇敢的叫喊声里，乌云听出了欢乐。

在这叫喊声里——充满着对暴风雨的渴望！在这叫喊声里，乌云听出了愤怒的力量、热情的火焰和胜利的信心。

海鸥在暴风雨来临之前呻吟着，——呻吟着，它们在大海上飞窜，想把自己对暴风雨的恐惧，掩藏到大海深处。

海鸭也在呻吟着，——它们这些海鸭啊，享受不了生活的战斗的欢乐：轰隆隆的雷声就把它们吓坏了。

蠢笨的企鹅，胆怯地把肥胖的身体躲藏到悬崖底下……只有那

高傲的海燕，勇敢地，自由自在地，在泛起白沫的大海上飞翔！

乌云越来越暗，越来越低，向海面直压下来，而波浪一边歌唱，一边冲向高空，去迎接那雷声。

雷声轰响。波浪在愤怒的飞沫中呼叫，跟狂风争鸣。看吧，狂风紧紧抱起一层层巨浪，恶狠狠地把它们甩到悬崖上，把这些大块的翡翠摔成尘雾和碎末。

海燕叫喊着，飞翔着，像黑色的闪电，箭一般地穿过乌云，翅膀掠起波浪的飞沫。

看吧，它飞舞着，像个精灵，——高傲的、黑色的暴风雨的精灵，——它在大笑，它又在号叫……它笑那些乌云，它因为欢乐而号叫！

这个敏感的精灵，——它从雷声的震怒里，早就听出了困乏，它深信，乌云遮不住太阳，——是的，遮不住的！

狂风吼叫……雷声轰响……

一堆堆乌云，像青色的火焰，在无底的大海上燃烧。大海抓住闪电的箭光，把它们熄灭在自己的深渊里。这些闪电的影子，活像一条条火蛇，在大海里蜿蜒游动，一晃就消失了。

——暴风雨！暴风雨就要来啦！

这是勇敢的海燕，在怒吼的大海上，在闪电中间，高傲地飞翔；这是胜利的预言家在叫喊：

——让暴风雨来得更猛烈些吧！

二、弱声（弱控制）训练——深情赞颂、自言自语、窃窃私语等

要领：气声多，情绪收，声音低而弱。

《一片槐树叶》纪弦

这是全世界最美的一片，

最珍奇，最可宝贵的一片，
而又是最使人伤心，最使人流泪的一片，
薄薄的、干的、浅灰黄色的槐树叶。

忘了是在江南，江北，
是在哪一个城市，哪一个园子里捡来的了。
被夹在一册古老的诗集里，
多年来，竟没有些微的损坏。

蝉翼般轻轻滑落的槐树叶，
细看时，还沾着些故国的泥土啊。
故园哟，啊，要等到何年何月何日，
才能让我回到你的怀抱里
去享受一个世界上最愉快的
飘着淡淡的槐花香的季节？

下 篇

运 用 活

第十一单元　诗词——音韵之美

一、古典诗词

《春江花月夜》节选 张若虚（唐）

春江潮水连海平，海上明月共潮生。

滟滟随波千万里，何处春江无月明！

江流宛转绕芳甸，月照花林皆似霰。

空里流霜不觉飞，汀上白沙看不见。

江天一色无纤尘，皎皎空中孤月轮。

江畔何人初见月？江月何年初照人？

人生代代无穷已，江月年年望相似。

不知江月待何人，但见长江送流水。

《枫桥夜泊》张继（唐）

月落乌啼霜满天，江枫渔火对愁眠。

姑苏城外寒山寺，夜半钟声到客船。

《题西林壁》苏轼（宋）

横看成岭侧成峰，远近高低各不同。

不识庐山真面目，只缘身在此山中。

《夜雨寄北》李商隐（唐）

君问归期未有期，巴山夜雨涨秋池。

何当共剪西窗烛，却话巴山夜雨时。

《念奴娇·赤壁怀古》 苏轼（宋）

大江东去，浪淘尽，千古风流人物。故垒西边，人道是，三国周郎赤壁。

乱石穿空，惊涛拍岸，卷起千堆雪。江山如画，一时多少豪杰。

遥想公瑾当年，小乔初嫁了，雄姿英发。羽扇纶巾，谈笑间，樯橹灰飞烟灭。

故国神游，多情应笑我，早生华发。人生如梦，一尊还酹江月。

《声声慢·寻寻觅觅》 李清照（宋）

寻寻觅觅，冷冷清清，凄凄惨惨戚戚。乍暖还寒时候，最难将息。三杯两盏淡酒，怎敌他、晚来风急！雁过也，正伤心，却是旧时相识。

满地黄花堆积，憔悴损，如今有谁堪摘？守着窗儿，独自怎生得黑！梧桐更兼细雨，到黄昏、点点滴滴。这次第，怎一个愁字了得！

《江城子·密州出猎》 苏轼（宋）

老夫聊发少年狂，左牵黄，右擎苍，锦帽貂裘，千骑卷平冈。为报倾城随太守，亲射虎，看孙郎。

酒酣胸胆尚开张，鬓微霜，又何妨！持节云中，何日遣冯唐？会挽雕弓如满月，西北望，射天狼。

二、现当代诗歌

《我爱这土地》艾青

假如我是一只鸟，
我也应该用嘶哑的喉咙歌唱：
这被暴风雨所打击着的土地，

这永远汹涌着我们的悲愤的河流，

这无止息地吹刮着的激怒的风，

和那来自林间的无比温柔的黎明……

——然后我死了，

连羽毛也腐烂在土地里面。

为什么我的眼里常含泪水？

因为我对这土地爱得深沉……

《面朝大海，春暖花开》海子

从明天起，做一个幸福的人，

喂马，劈柴，周游世界。

从明天起，关心粮食和蔬菜，

我有一所房子，面朝大海，春暖花开。

从明天起，和每一个亲人通信，

告诉他们我的幸福。

那幸福的闪电告诉我的，

我将告诉每一个人，

给每一条河每一座山取一个温暖的名字。

陌生人，我也为你祝福，

愿你有一个灿烂的前程，

愿你有情人终成眷属，

愿你在尘世获得幸福，

我只愿面朝大海，春暖花开。

《致橡树》舒婷

我如果爱你——

绝不像攀援的凌霄花，

借你的高枝炫耀自己；

我如果爱你——
绝不学痴情的鸟儿，
为绿荫重复单调的歌曲；
也不止像泉源，
常年送来清凉的慰藉；
也不止像险峰，
增加你的高度，衬托你的威仪。
甚至日光，
甚至春雨。
不，这些都还不够！
我必须是你近旁的一株木棉，
作为树的形象和你站在一起。
根，紧握在地下。
叶，相触在云里。
每一阵风过，
我们都互相致意，
但没有人，
听懂我们的言语。
你有你的铜枝铁干，
像刀，像剑，也像戟；
我有我红硕的花朵，
像沉重的叹息，
又像英勇的火炬。
我们分担寒潮、风雷、霹雳；
我们共享雾霭、流岚、虹霓。
仿佛永远分离，
却又终身相依。

这才是伟大的爱情，
坚贞就在这里：
爱——
不仅爱你伟岸的身躯，
也爱你坚持的位置，足下的土地。

《相信未来》食指

当蜘蛛网无情地查封了我的炉台，
当灰烬的余烟叹息着贫困的悲哀，
我依然固执地铺平失望的灰烬，
用美丽的雪花写下：相信未来。

当我的紫葡萄化为深秋的露水，
当我的鲜花依偎在别人的情怀，
我依然固执地用凝霜的枯藤
在凄凉的大地上写下：相信未来。

我要用手指那涌向天边的排浪，
我要用手掌那托住太阳的大海。
摇曳着曙光那支温暖漂亮的笔杆
用孩子的笔体写下：相信未来。

我之所以坚定地相信未来，
是我相信未来人们的眼睛。
她有拨开历史风尘的睫毛，
她有看透岁月篇章的瞳孔。

不管人们对于我们腐烂的皮肉，
那些迷途的惆怅、失败的苦痛，

是寄予感动的热泪、深切的同情，
还是给以轻蔑的微笑、辛辣的嘲讽。

我坚信人们对于我们的脊骨，
那无数次的探索、迷途、失败和成功，
一定会给予热情、客观、公正的评定。
是的，我焦急地等待着他们的评定。

朋友，坚定地相信未来吧，
相信不屈不挠的努力，
相信战胜死亡的年轻，
相信未来，热爱生命。

第十二单元　散文——形散神凝

一、《春》　朱自清

盼望着，盼望着，东风来了，春天的脚步近了。

一切都像刚睡醒的样子，欣欣然张开了眼。山朗润起来了，水涨起来了，太阳的脸红起来了。

小草偷偷地从土里钻出来，嫩嫩的，绿绿的。园子里，田野里，瞧去，一大片一大片满是的。坐着，躺着，打两个滚，踢几脚球，赛几趟跑，捉几回迷藏。风轻悄悄的，草软绵绵的。

桃树、杏树、梨树，你不让我，我不让你，都开满了花赶趟儿。红的像火，粉的像霞，白的像雪。花里带着甜味儿；闭了眼，树上仿佛已经满是桃儿、杏儿、梨儿。花下成千成百的蜜蜂嗡嗡地闹着，大小的蝴蝶飞来飞去。野花遍地是：杂样儿，有名字的，没名字的，散在草丛里，像眼睛，像星星，还眨呀眨的。

"吹面不寒杨柳风"，不错的，像母亲的手抚摸着你。风里带来些新翻的泥土的气息，混着青草味儿，还有各种花的香，都在微微润湿的空气里酝酿。鸟儿将窠巢安在繁花嫩叶当中，高兴起来了，呼朋引伴地卖弄清脆的喉咙，唱出宛转的曲子，与轻风流水应和着。牛背上牧童的短笛，这时候也成天嘹亮地响着。

雨是最寻常的，一下就是三两天。可别恼。看，像牛毛，像花针，像细丝，密密地斜织着，人家屋顶上全笼着一层薄烟。树叶儿却绿得发亮，小草儿也青得逼你的眼。傍晚时候，上灯了，一点点黄晕的光，烘托出一片安静而和平的夜。在乡下，小路上，石桥边，有撑起伞慢慢走着的人，地里还有工作的农民，披着蓑戴着笠。他们的房屋，稀稀疏疏的，在雨里静默着。

天上风筝渐渐多了，地上孩子也多了。城里乡下，家家户户，老老小小，也赶趟儿似的，一个个都出来了。舒活舒活筋骨，抖擞抖擞精神，各做各的一份事去。"一年之计在于春"，刚起头儿，有的是工夫，有的是希望。

春天像刚落地的娃娃，从头到脚都是新的，它生长着。

春天像小姑娘，花枝招展的，笑着，走着。

春天像健壮的青年，有铁一般的胳膊和腰脚，领着我们上前去。

二、《匆匆》　朱自清

燕子去了，有再来的时候；杨柳枯了，有再青的时候；桃花谢了，有再开的时候。但是，聪明的，你告诉我，我们的日子为什么一去不复返呢？——是有人偷了他们罢：那是谁？又藏在何处呢？是他们自己逃走了罢——现在又到了哪里呢？

我不知道他们给了我多少日子，但我的手确乎是渐渐空虚了。在默默里算着，八千多日子已经从我手中溜去，像针尖上一滴水滴在大海里，我的日子滴在时间的流里，没有声音，也没有影子。我不禁头涔涔而泪潸潸了。

去的尽管去了，来的尽管来着；去来的中间，又怎样地匆匆呢？早上我起来的时候，小屋里射进两三方斜斜的太阳。太阳他有脚啊，轻轻悄悄地挪移了；我也茫茫然跟着旋转。于是——洗手的时候，日子从水盆里过去；吃饭的时候，日子从饭碗里过去；默默时，便从凝然的双眼前过去。我觉察他去的匆匆了，伸出手遮挽时，他又从遮挽着的手边过去，天黑时，我躺在床上，他便伶伶俐俐地从我身上跨过，从我脚边飞去了。等我睁开眼和太阳再见，这算又溜走了一日。我掩着面叹息。但是新来的日子的影儿又开始在叹息里闪过了。

在逃去如飞的日子里，在千门万户的世界里的我能做些什么呢？只有徘徊罢了，只有匆匆罢了；在八千多日的匆匆里，除徘徊外，又剩些什么呢？过去的日子如轻烟，被微风吹散了，如薄雾，被初阳蒸融了；我留着些什么痕迹呢？我何曾留着像游丝样的痕迹呢？我赤裸裸来到这世界，转眼间也将赤裸裸的回去罢？但不能平的，为什么偏要白白走这一遭啊？

你聪明的，告诉我，我们的日子为什么一去不复返呢？

三、《冬日絮语》（节选）　冯骥才

朋友送来一盆"香棒"，放在我的窗台上说："看吧，多漂亮的大叶子！"

这叶子像一只只绿色光亮的大手，伸出来，叫人欣赏。逆光中，它的叶筋舒展着舒畅又潇洒的线条。一种奇特的感觉出现了！严寒占据窗外，丰腴的春天却在我的房中怡然自得。

自从有了这盆"香棒"，我才发现我的书房竟有如此灿烂的阳光。它照进并充满每一片叶子和每一根叶梗，把它们变得像碧玉一样纯净、通亮、圣洁。我还看见绿色的汁液在通明的叶子里流动。这汁液就是血液。人的血液是鲜红的，植物的血液是碧绿的，心灵的血液是透明的，因为世界的纯洁来自于心灵的透明。但是为什么我们每个人都说自己纯洁，而整个世界却仍旧一片混沌呢？

我还发现，这光亮的叶子并不是为了表示自己的存在，而是为了证实阳光的明媚、阳光的魅力、阳光的神奇。任何事物都同时证实着另一个事物的存在。伟大的出现说明庸人的无所不在；分离愈远的情人，愈显示了他们的心丝毫没有分离；小人的恶言恶语不恰好表达你的高不可攀和无法企及吗？而骗子无法从你身上骗走的，正是你那无比珍贵的单纯。老人的生命愈来愈短，还是他生命的道路愈来愈长？生命的计量，在于它的长度，还是宽度与深度？

第十三单元　寓言——意味深长

一、《猴吃西瓜》

猴王找到个大西瓜。可是怎么吃呢？这个猴啊是从来也没吃过西瓜的。忽然他想出一条妙计，于是就把所有的猴都召集来了，对大家说："今天我找到一个大西瓜，这个西瓜的吃法嘛，我是完全知道的，不过我要考验一下你们的智慧，看你们谁能说出西瓜的吃法。要是说对了，我可以多赏他一份！要是说错了，我可要惩罚他！"小毛猴一听，搔了搔腮说："我知道，吃西瓜是吃瓤！"猴王刚想同意。

"不对。我不同意小毛猴的意见！"一个短尾巴猴说。"我清清楚楚地记得，我和爸爸到我姑妈家去的时候，吃过甜瓜，吃甜瓜就是吃皮。我想，这甜瓜是瓜，西瓜也是瓜，吃西瓜嘛，当然该吃皮啦。"

大家一听有道理，可到底谁对呢？于是都不由地把眼光集中到一只老猴身上。老猴一看，觉得出头露面的机会来了，就打扫一下嗓子说道："吃西瓜嘛，当然……是吃西瓜皮啦！我从小就吃西瓜，而且是一直吃皮，我想我之所以老而不死，也正是由于吃了西瓜皮的缘故吧！"

有些猴早等急了，一听老猴也这么说，就跟着嚷起来。"对，吃西瓜吃皮，吃西瓜吃皮！"猴王一看，认为已经找到了正确的答案，就向前跨进一步开言道："对！大家说的都对，吃西瓜是吃皮！哼，就小毛猴崽子说吃西瓜吃瓤，那就叫他一个人吃瓤，咱们大家都吃西瓜皮！"于是西瓜一刀两断，小毛猴吃瓤，大家伙是共分西瓜皮。

有个猴吃了两口，就捅了捅旁边的说："哎。我说这可不是滋味啊！"

"咳，老弟，我常吃西瓜，西瓜嘛，就是这味……"

二、《一头学问渊博的猪》

一头绝顶聪明的猪，住在一个非常出名的图书馆的院子里。它深信自己由于多年图书馆的生涯，已经成了渊博的学者。

有一天，一只八哥来访问。这头猪立即按照惯例，对客人进行自我介绍。

"朋友，相信我吧！"它说，"我在这个图书馆里待的时间很长了，我对这儿的沟渠、粪坑、垃圾堆，都有着深刻的了解，甚至屋后山坡上的墓穴都拱翻了好几个。谁要是想在这个图书馆得到知识而不找我，那他是白跑了一趟。"

八哥说："你所说的都是图书馆外面的事，那里面的东西你也了解吗？"

"里面？"这头学问渊博的猪说，"那我最清楚不过了。里面无非是一些木架子，上面堆满了各色各样的书。"

"你对那些书也了解吗？"八哥问。

"怎么不了解呢？"这位渊博的学者说，"那是最没意思的了。它们既没有什么香气，也没有什么臭气，我咀嚼过好几本，也谈不上有什么味道，干巴巴的，连一点儿水分也没有。"

"可是人们老在里面待着，据说他们在里面探求知识的宝藏呢！"八哥又说。

"人们？你说他们干什么！"这位猪学者说，"他们确实是那样想的，想在书里找点什么东西。我常常看到许多人把那些书翻来翻去，结果什么也没有得到，还是把书丢在架子上又走了。我保险他们在里面连糠渣菜叶都没有得到一点，还谈什么宝藏！我从不做那种蠢事。与其花时间去啃书本，还不如到垃圾堆翻几个烂萝卜啃啃。"

"算了吧，我的学者!"八哥说，"一个从垃圾堆里啃烂萝卜的嘴巴，来谈论书本上的事，是不大相宜的。还是去啃你的烂萝卜吧!"

三、《乌鸦和狐狸》

一只乌鸦得到了一块奶酪，躲在一棵大树上，准备好好地享享口福!

正在这时候，大树下来了一只狐狸。奶酪的香味钻进了狐狸的鼻子里，馋得它直流口水。

狐狸停下脚步，舔舔嘴巴，眼珠子一转，计上心来。于是，它卷起尾巴，细声细气地冲着树上的乌鸦说："哎呀，这是一只多么美丽的鸟啊! 瞧那脖子、那眼睛，简直像天堂里的梦! 那羽毛，真是太迷人啦!"乌鸦听了这几句奉承的话，心里美滋滋的，真想张开嘴说一声谢谢，可是又舍不得嘴里的奶酪。狐狸见乌鸦没有上当，就清了清嗓子继续说："你是神仙，你是天使。你唱出歌来，一定比天使还好听。唱吧，亲爱的，别害臊啊。你长得这么漂亮，再一唱歌，就变成鸟里的皇后啦!"

听了这些话，乌鸦高兴得什么都忘了。它扇扇翅膀，张开嘴巴，放声唱了起来:

"啊——"随着这一声刺耳的尖叫，奶酪就掉到树下去了!

只见狐狸叼起奶酪，一转眼就跑得无影无踪啦!

四、《卖火柴的小女孩》[丹麦] 安徒生（节选）

她的一双小手几乎冻僵了。啊，哪怕一根小小的火柴，对她也是有好处的! 她敢从成把的火柴里抽出一根，在墙上擦燃了，来暖和暖和自己的小手吗？她终于抽出了一根。哧！火柴燃起来了，冒出火焰来了！她把小手拢在火焰上。多么温暖多么明亮的火焰啊，简直像一支小小的蜡烛。这是一道奇异的火光！小女孩觉得自己好像坐在一个大火炉前面，火炉装着闪亮的铜脚和铜把手，烧得旺旺的，暖烘烘的，多么舒服啊！哎，这是怎么回事呢？她刚把脚伸出去，想让脚也暖和一下，火柴灭了，火炉不见了。她坐在那儿，手里只有一根烧过了的火柴梗。

她又擦了一根。火柴燃起来了，发出亮光来了。亮光落在墙上，那儿忽然变得像薄纱那么透明，她可以一直看到屋里。桌上铺着雪白的台布，摆着精致的盘子和碗，肚子里填满了苹果和梅子的烤鹅正冒着香气。更妙的是这只鹅从盘子里跳下来，背上插着刀和叉，摇摇摆摆地在地板上走着，一直向这个穷苦的小女孩走来。这时候，火柴又灭了，她面前只有一堵又厚又冷的墙。

她又擦着了一根火柴。这一回，她坐在美丽的圣诞树下。这棵圣诞树，比她去年圣诞节透过富商家的玻璃门看到的还要大，还要美。翠绿的树枝上点着几千支明晃晃的蜡烛，许多幅美丽的彩色画片，跟挂在商店橱窗里的一个样，在向她眨眼睛。小女孩向画片伸出手去。这时候，火柴又灭了。只见圣诞树上的烛光越升越高，最后成了在天空中闪烁的星星。有一颗星星落下来了，在天空中划出了一道细长的红光。

"有一个什么人快要死了。"小女孩说。唯一疼她的奶奶活着的时候告诉过她：一颗星星落下来，就有一个灵魂要到上帝那儿去了。

她在墙上又擦着了一根火柴。这一回，火柴把周围全照亮了。奶奶出现在亮光里，是那么温和，那么慈爱。

"奶奶！"小女孩叫起来，"啊！请把我带走吧！我知道，火柴一灭，您就会不见的，像那暖和的火炉，喷香的烤鹅，美丽的圣诞树一个样，就会不见的！"

　　她赶紧擦着了一大把火柴，要把奶奶留住。一大把火柴发出强烈的光，照得跟白天一样明亮。奶奶从来没有像现在这样高大，这样美丽。奶奶把小女孩抱起来，搂在怀里。她们俩在光明和快乐中飞走了，越飞越高，飞到那没有寒冷，没有饥饿，也没有痛苦的地方去了。

第十四单元　新闻——新鲜明快

一、《新闻联播》前导词

A：各位观众晚上好。

B：晚上好。

A：今天是 2019 年 12 月 30 日星期一，农历十二月初五，欢迎收看今天的《新闻联播》节目。

B：今天节目的主要内容有：

A：习近平对京张高铁开通运营作出重要指示强调，京张高铁建成投运意义重大，冬奥会各项筹备工作都要高标准高质量推进；

B：国家主席习近平将发表二〇二〇年新年贺词；

A：李克强主持召开国务院常务会议；

B：老挝政府总理将访华；

A：2019 年我国社会消费品零售总额预计将突破 40 万亿元；

B：元旦春节临近，中央纪委曝光五起违反中央八项规定精神典型问题；

A：美军打击伊拉克和叙利亚境内什叶派武装组织，已造成 25 人死亡。

B：接下来请看详细报道。

（来源：央视网《新闻联播》2019 年 12 月 30 日）

二、吴孟超：披肝沥胆 报国为民铸忠诚（节选）

央视网消息：今天的《爱国情 奋斗者》要为大家介绍一位从医70 年的医生。他把手术台当作报效国家的平台，开创了中国的肝胆外科，创造了世界医学领域的无数个第一，他就是国家最高科技奖获得者、中国科学院院士——吴孟超。

为国家多做点事，这是吴孟超一辈子的人生追求。1927 年，5 岁的吴孟超随家人移居马来西亚。初中毕业时，他和同学们主动把聚餐费捐给延安抗日，以毛泽东和朱德名义发来的感谢电在吴孟超心里烙上了红色的印记。1940 年春，年仅 18 岁的吴孟超决定回到祖国。

1949 年新中国成立时，吴孟超大学毕业，正式成为一名医生。面对当时我国肝癌高发、防治一片空白的情形，吴孟超决心向肝脏外科领域进军。经过成千上万次解剖实验，吴孟超等"三人小组"首次提出"五叶四段"肝脏结构理论，找到了打开肝脏禁区的钥匙。上世纪六七十年代，吴孟超主刀完成我国第一例肝脏肿瘤切除手术，世界上第一例中肝叶切除手术等无数个第一，使我国肝癌手术成功率从不到 50%提高到 90%以上，震惊了国际医学界。

（来源：央视网《新闻联播》2019 年 4 月 14 日）

三、新冠肺炎疫情下"宅消费"大幅走高

央广网北京 3 月 18 日消息（记者冯烁）据中央广播电视总台中国之声《新闻纵横》报道，受新冠肺炎疫情影响，近一段时间我国老百姓几乎把工作和生活一度搬到了互联网上。疫情迫使线下购物迁移到线上，提升了在线购物的渗透率，甚至一些从未在网上买过菜的中老年人开始在网上买菜。

受疫情影响，传统商业遭遇"滑铁卢"，线上生活一瞬间成为老

百姓主流的生活和消费方式。近日，中消协发布的相关问卷调查也显示，线上消费替代线下消费趋势明显，近六成受访者线上消费超线下消费，尤其在新冠肺炎疫情期间，更加速了受访者日常生活类消费的线上化。

从京东提供的数据来看，疫情期间，销量最高的三个品类分别是食品、日化商品和3C商品，这也和国家统计局的数字一致。国家统计局近日的数据显示，2月份我国肉禽蛋类零售额增长了37.8%，蔬菜类零售额增长了27.1%，冻肉、方便面产量增长达到两位数。

（来源：央广网 2020 年 3 月 18 日）

四、南京栖霞山厕所设捆绑消费 想方便需付 3 元茶钱

据中国之声《新闻晚高峰》11 月 8 日报道，南京栖霞山，是著名的风景区，在南京当地有"春牛首，秋栖霞"的说法，因为一到深秋，红叶满山的栖霞山会尤为美丽。但是，当游客们被红叶吸引而至的时候，困难也跟着来了。

这个困难还有点儿难以启齿，是如厕难。游客们花了40元的门票，爬上山顶，发现山顶的厕所，还有捆绑式消费——必须得先付3块钱，来喝茶、赏鱼。

这茶是一杯普通的大麦茶，鱼也只不过是几尾普通的观赏鱼，但是这厕所是山顶上唯一的一间厕所。所以，虽然收费不合理，一些不得已的游客也只能乖乖交钱。

有游客去景区管委会投诉，得到的答案是，山顶这地儿已经承包给外单位了，管委会管不了。看来，这管委会承包出去的，不只是经营权，还有管理义务，不如管委会改个名字，叫"不管会"吧。

（来源：央广网 2013 年 11 月 8 日）

五、肯德基、星巴克相继推出"人造肉"菜品 "人造肉"未来发展前景如何？（节选）

近日，肯德基、星巴克相继宣布，在中国市场推出植物肉产品，也就是人们常说的"人造肉"。在两家餐饮巨头宣布之后，"人造肉"板块一度集体走强，相关企业涨幅甚至超过9%。打着"健康牌"强势出道的"人造肉"在中国市场接受度如何？未来发展前景怎么样？

这几天，走进星巴克门店，新品广告牌格外显眼。星巴克推出的5款新品，分别是：青酱牛肉意面、经典千层面、美式酸辣酱大卷、新善肉越式风味沙拉和新善肉蘑菇谷物碗。听名字似乎没什么特别，但它们新在内涵。前三款含有植物牛肉，后两款含有植物猪肉，也就是人们常说的"人造肉"，这是星巴克首次在中国推出"人造肉"产品，吸引了不少年轻人尝"鲜"。

美国一家市场调查咨询公司研究报告预计全球植物性"人造肉"的市场规模每年将以15%的复合增长率增长，到2025年将达到279亿美元。而中国占全球肉类消费量的大约四分之一，科信食品与营养信息交流中心主任钟凯认为，"人造肉"在中国市场有较大的增长空间，但不会取代传统肉类。

（来源：央广网）

第十五单元　解说——娓娓道来

一、《庆祝中华人民共和国成立 70 周年大会 阅兵式 群众游行特别报道》（节选）

海霞：今天是你的生日，我的中国。在这个不同寻常的节日，相信每一位中华儿女都会从心底里说一句，我爱你，中国。

康辉：70 年风雨兼程，天安门广场上的红飘带寓意着红色基因连接历史、现实与未来。

海霞：今天的天安门广场是世界瞩目的中心，今天的中国正前所未有地靠近世界舞台中心。

康辉：长安街上，人民军队精神抖擞，这支曾经穿草鞋、拿梭镖走上征途的队伍，现在已经拥有了自己的航母和新一代隐身战机，正阔步迈向世界一流军队。此时此刻，4 名上将，2 名中将，100 多名少将，近 15000 名官兵列队完毕，等待接受统帅的检阅，接受祖国和人民的检阅。

海霞：长安街两侧身穿节日盛装的 10 万游行群众已集结完毕，一个多小时后，他们将组成一个个方阵，从天安门前通过，向全世界展示自由生动、欢愉活泼。70 年前中国人的平均预期寿命只有 35 岁，70 年后的今天已经达到 77 岁，70 年来不断创造奇迹的中国让世界刮目相看。

康辉：新中国用短短几十年的时间走过了西方发达国家几百年

的工业化历程，70 年前的中国满目疮痍、积贫积弱，今天中国已经成为世界第二大经济体，是全球经济发展的第一引擎。

海霞：长安街始建于明代，寓意"长治久安"，回望长安大街，它记载着一个国家的兴衰和曾经有过的悲伤挣扎、奋斗喜悦，也记载着我们浴血奋战得解放，披荆斩棘成大道，砥砺奋进新时代的伟大征程。今天走在中国特色社会主义道路上我们无比自豪、无比自信。

康辉：黄河长江的浪，长城内外的风，起起伏伏，多少仁人志士上下求索。

海霞：革命先行者孙中山，凝视着天安门广场，他曾经奋力让黑暗的中国走向黎明。

康辉：开国领袖毛泽东，注视着天安门广场，他让沉睡的东方雄狮昂起了头颅。

海霞：1949 年，"一唱雄鸡天下白"，中国迈进新纪元。

康辉：此时此刻，地域不同、口音不同的人们会聚在这里，有 56 个民族的兄弟姐妹，有港澳台同胞和海外侨胞，有关心和支持中国发展的外国友人，我们将共同见证历史。

康辉：中央广播电视总台。

海霞：中央广播电视总台。

康辉：这里是中华人民共和国首都北京。

海霞：我们在这里向全球直播，庆祝中华人民共和国成立 70 周年大会。

康辉：一个必将载入史册的国家盛典即将开始。

（来源：央视网 2019 年 11 月 1 日）

二、《人与自然》自然发现：生命——天高任鸟飞（上）（节选）

【前导词】

"天高任鸟飞"，鸟儿不仅有独特的飞行技术，还有更多的独门绝技。

无论是生儿育女还是捕猎逃生。

但鸟儿更高强的本领还表现在求爱上。

见识一下鸟类与众不同的爱情宣言，敬请关注人与自然系列纪录片生命之鸟类。

一亿五千万年前，恐龙即将到达它们的鼎盛时期，另外一类物种却循着一条前所未有的崭新路线演化。虽然保留着爬行动物原有的特点，但是它们进化出了新的特征——羽毛。

羽毛起到保温以及炫耀的作用。不仅如此，羽毛能提供更大的价值，那就是飞翔的能力。

对鸟而言，羽毛改变了一切。鸟类可以在空中自由飞翔，比任何动物移动得更快、更远，能够在这个星球的每一个角落获得众多机会。但鸟类也必须在生命中的某些关键时刻应对由此带来的生存挑战。

【叉扇尾蜂鸟】

飞行需要极高的技巧和力量。发生在秘鲁安第斯山麓里的一幕就是最有力的证明。在吸食花蜜时，雌蜂鸟可以稳稳地悬在空中，翅膀和尾巴的构造便于它飞向四面八方。但是雄性蜂鸟却实在飞不起来，因为它拖着两根超长的尾羽，末梢还坠着两个沉重的圆盘，这就是奇妙的叉扇尾蜂鸟。两根长羽毛是它吸引异性的招牌。即便是悠闲地落在枝头，这样前后舞动尾羽，也十分费力，但是为了赢得异性的芳心，它在所不辞。叉扇尾峰鸟必须向异性证明自己善于飞行，但这真是个力气活。的确非常辛苦，雄性蜂鸟只能坚持几秒钟就必须休息一下，它挣扎着，用最后一点力气去打动异性的芳心。运动需要耗费极大的体力、精力，因而雄峰鸟只能进行短暂而急促的飞行。但是，大部分鸟类需要长时间在空中停留，所以它们必须寻找更能节省体力的行动方式。

（来源：央视网《人与自然》2015 年 7 月 15 日）

三、《航拍中国》第二季·四川（节选）

【前导词】

你见过什么样的中国？

是 960 万平方公里的辽阔，

还是 300 万平方公里的澎湃？

是四季轮转的天地，

还是冰与火演奏的乐章？

像鸟儿一样离开地面，冲上云霄，

结果超乎你的想象。

前往平时无法到达的地方，

看见专属于高空的奇观，

俯瞰这片朝夕相处的大地，

再熟悉的景象，也变了一副模样。

从身边的世界，到远方的家园，

从自然地理，到人文历史，

50 分钟的空中旅程，

前所未有的极致体验，

从现在开始，和我们一起，天际遨游！

　　四川，位于中国内陆的西南部。它的西边是雄伟的山脉与高原，中部和东部则是深陷在群山中的盆地，其中的成都平原沃野千里，被誉为"天府之国"。我们的旅程从西北端的高原开始，然后深入高山峡谷，发现举世无双的人间仙境；翻越雪山，随滔滔江水，去见识一座奇迹般的古代工程。

　　松潘高原，位于四川西北部，又被称为若尔盖大草原。清晨，当发源于巴颜喀拉山的黄河来到这里与寒冷的地表空气遭遇时，相对温暖的河面上就会升腾起大量白雾。它们依着河道，紧贴在地面上，形成难得一见的云水奇观。若尔盖西部的唐克镇，是藏族牧民的聚居地。在藏语中，"若尔盖"的意思就是"牦牛喜欢的地方"。一路向东的黄河，就在这里，掉头向北，造就出曲折柔美的九曲黄河第一湾。

　　（来源：央视网《航拍中国》第二季·四川 2019 年 4 月 6 日）

第十六单元　栏目主持——驾驭节目

一、《焦点访谈》（节选）

节目主题：垃圾分类 难在哪里

观众朋友大家好！欢迎收看今天的焦点访谈。

7月1日，《上海市生活垃圾管理条例》正式实施，上海市民进入了生活垃圾强制分类的时代。实际上就地方立法而言，广州、杭州、宁波等城市，也已经颁布了相关的条例。比如广州，在2018年7月1日就正式出台了《广州市生活垃圾分类管理条例》。那么，在有了地方性的强制法规之后，城市生活垃圾分类到底进行得怎么样呢？遇到了哪些问题？下面就跟随记者一起来看一下。

……

实行垃圾分类，关系广大人民群众生活环境，关系节约使用资源，也是社会文明水平的一个重要体现。垃圾分类，大势所趋。但从现状看，还存在不少这样那样的困难，比如公民意识的提高、分类知识的普及、后续处理的科学合理等；虽然任务艰巨，但也必须要循序渐进，把工作做细做实，持续推进。公民、企业、政府、全社会人人动手，让垃圾各归其类，各有所去，我们的环境和生活才能更"绿色"。

（来源：央视网《焦点访谈》2019年7月8日）

二、《晚间天气预报》（节选）

观众朋友晚上好，马上就要进入到3月份了，没完没了的阴雨将会是整个3月上旬南方天气的常态。比如说今天晚上到明天，南方还是会出现大范围的小到中雨，到了后天，贵州、湖南、广西这一带的雨势会加强，将会有中到大雨。来看一下图上的这些城市，未来一周半数以上的时间都可以看到雨水的身影。

其实通常来讲，阴雨频繁本就是南方 3 月份冬春过渡时期最大的天气特点，尤其是江南的这些地方，3 月也是一年当中最多雨的时段。

反观 3 月里的北方，这里的阳光就大方很多了。未来一段时间北方就是晴天多、雨雪少，即便是下也是下那种小范围短时间比较弱的降水，但是由于冷空气还是比较活跃，所以很难长时间保持晴暖的天气状态，气温是升升降降，所以大家还是要适时地增添衣物。另外在同样降水稀少的像广东北部、福建的西南部、江西南部，还有云南北部等地，明天要继续防范森林火灾的发生。

眼下这个时节降水结束之后，往往容易出现雾。像是北京、天津、河北的东部和中南部、河南北部、湖北南部、湖南北部等地，今天晚上到明天上午可能会出现大雾或者是浓雾，局部地区还有可能会出现强浓雾。

您还可以扫描屏幕上方的二维码，了解更多的天气变化。

（来源：央视网《晚间天气预报》2020 年 2 月 29 日）

三、《懒人厨房》（节选）

节目主题：巧做鲜虾豆腐煲

观众朋友们大家好，欢迎收看今天的懒人厨房。

在冬天这个季节，咱们应该吃点啥呢？

你看就是它——"鲜虾豆腐煲"。

想要把这道美食做得鲜香入味，可少不了一样东西，这就是虾头了。虾头到底怎么用呢？别着急咱们先做起来。

首先，咱们准备好食材。青笋洗净切块，然后把豆腐从中间切开，切成厚片。鲜虾去虾线、去虾头，这虾头您这千万别扔，它才是这道菜的灵魂所在。

起锅烧油，放入姜、蒜片炒香，将虾头倒入锅中来回翻炒。挤压虾头，使虾油一滴不剩的全压出来，这样虾头的鲜味加上 Q 弹的虾肉可谓是物尽其用。随后将虾头翻炒至金黄捞出，锅中加入番茄酱、耗油、开水，再加点盐。把食材一股脑地都放进去，盖上锅盖，焖五分钟，香喷喷的鲜虾豆腐煲就做好了。

您看怎么样？

［来源：央视网《生活圈》（巧做鲜虾豆腐煲）2019 年 11 月 28 日］

四、《朗读者》第二季（节选）

节目主题：故乡

【前导片】

故乡是我们年少时想要逃离的地方，是我们年老想回却已回不去的地方。

故乡是清明的那炷香，是中秋的那轮月，是春运时的那张车票，是不经意间流露出的口音。

故乡是屈原的秭归。那里是楚国宗祖，"洞庭波兮木叶下"。故乡是卡夫卡的布拉格。虚幻又现实，欲说还休。故乡是木心的乌镇。50 年未闻乡音，听起来麻痒痒的亲切感。而当我们终于不知疲倦，山一程，水一程，渐行渐远，才发现故乡是根本剪不断脐带的血地，断了筋骨连着血脉。故乡是起点，是终点，是即便回不去也依然是故乡的那个地方。

【节目开场】

行有道，达天下，欢迎各位收看由北汽集团独家冠名播出的《朗读者》第二季。大家好，我是董卿。

今天我们节目的主题词是故乡。在文学的世界里，有太多太多关于故乡的描述。"举头望明月，低头思故乡"，那是一份想念。"停船暂借问，或恐是同乡"，那是一份亲近。当有一天我们走得很远，走得很久，会发现故乡就像是妈妈缀扣子的针线，穿透了我们的心胸。在我们每一个人的心里，都会有一个或者若干个故乡。地域的故乡安放我们的身体，精神的故乡安放我们的灵魂。

接下来我要为大家请出的这位嘉宾，在观众的眼里，他严肃犀利，充满思想的力量。但是，在谈起故乡的时候，他会瞬间变得柔软，甚至不防备眼泪。他来自世界四大草原之一——呼伦贝尔大草原，就像诗中所写到的，那草原的清香，让他到天涯海角都不能相忘。接下来就让我们掌声请出朗读者，著名主持人白岩松。

［来源：央视网《朗读者 第二季》（故乡）2018 年 8 月 4 日］

第十七单元　晚会主持——营造气氛

一、《2020 中央广播电视总台春节联欢晚会》（节选）

A：全世界的观众、听众朋友们，这里是中国北京，各位正在收看收听的是中央广播电视总台《2020 春节联欢晚会》。

B：我们的晚会正通过央视综合频道、综艺频道、中文国际频道、国防军事频道、少儿频道、农业农村频道、4k 超高清频道，以及央广音乐之声、经典音乐广播、文艺之声、中国交通广播以及央广、国广各频道、频率向全球同步直播。

C：与此同时，央视频、央视新闻新媒体、央视网、央广网、国际在线等新媒体频道同步播出。总台英、西、法、阿、俄、中文国际频道和 43 种外语新媒体也将在全球 170 多个国家和地区的 560 多个平台播出。

D：又一个庚子鼠年如约而至。在这个华夏儿女阖家团圆的除夕之夜，在中华民族将迎来决胜全面小康，决战脱贫攻坚的历史时刻。

E：我们向全国各族人民向港澳台同胞，向海外华侨、华人说一声——

合：过年好！

A：亲爱的朋友们，各位在关注春晚的同时，还可以参与由春晚独家互动合作伙伴"快手 App"发起的五轮现金红包互动，互动总金额高达 10 亿元人民币。赶紧下载，并打开"快手 App"来领取现金红包吧！祝各位好运。

D：此时此刻，中国春节的年味飘向了五洲四海，整个地球都在与我们天涯共此时。今年的春晚，来自俄罗斯、喀麦隆、阿塞拜疆、印度等国家的演员将和我们一起——

A、D：欢度中国年。

（来源：央视网《2020 中央广播电视总台春节联欢晚会》2020年 1 月 25 日）

二、《2018 年度感动中国人物颁奖盛典》（节选）

A：现场和电视机前的观众朋友们，大家好。这里是中央广播电视总台 2018《感动中国》年度人物颁奖典礼的现场，感谢您如约而至。

B：回望 2018 年，有哪些面孔曾经让我们凝视，有哪些声音让我们倾听，有哪些瞬间让我们心动。风雨兼程，这一年我们也许有很多遇到，也许有很多错过，然而我们回望来路的时候。我们不愿意错过那一次又一次的感动。

A：感动是一种特别让人期待的情感，因为哪里有感动，哪里就会有勇气，就会有信守承诺，更有情也有爱。

B：一年又一年的《感动中国》，就像一次又一次地播下种子。面对种子我们会想到什么呢？想到生机，想到生活，想到生命，然而在世界屋脊，当一位中国的科学家面对种子的时候，他是怎样的视野，他心中是怎样的格局，他脚下又是怎样的路呢？

【钟扬——绽放在高山砾石的藏波罗花：短片+采访】

B：现在我来宣读感动中国组委会给予钟扬的颁奖辞：

超越海拔 6000 米，抵达植物生长的最高极限。跋涉 16 年，把论文写满高原。倒下的时候，双肩包里藏着你的初心、誓言和未了的心愿。你热爱的藏波罗花，不求雕梁画栋，只绽放在高山砾石之间。

《感动中国》2018 年度人物——钟扬。

（来源：央视网《2018 年度感动中国人物颁奖盛典》2019 年 2月 19 日）

第十八单元　台词——"声"临其境

一、《东京审判》（节选）

梅：巴尔先生，我再次提请您注意，您是一个法官！法官的职责是什么？是对罪行进行审判进行认定，然后根据法律给予他们惩罚！我不知道您为什么要来做法官，您具有一个佛教徒的伟大情怀却在纵容犯罪，这绝不是一个法官应该有的立场！如果您要坚持这样，那您没有资格坐在审判席上，您应该回到印度的寺庙里去！

（面对全体法官）

梅：死刑是什么？死刑是法律对犯罪最严厉的惩罚！为了掠夺别国的资源、为了扩张自己的领土、为了占领亚洲甚至全世界，日本干了什么？他们杀中国人、杀朝鲜人、杀菲律宾人、杀新加坡人、杀美国人、杀英国人、杀无数无数无辜的平民！他们强劫，他们强奸，他们放火，他们杀戮，难道这些不足以让他们受到法律最严厉的惩罚吗?！如果法律不给日本、不给这些战犯以最严厉的惩罚，谁敢保证日本有一天不会再次挑起战争?！谁敢保证日本不会再侵略别的国家?！谁敢保证日本军国主义的幽灵不会再次复活?！（他瞪着眼，强忍着泪）在座哪位先生敢做这样的保证?！

我不是一个复仇主义者，我无意于把日本帝国主义者欠下我们的血债写在日本人民的账上。但是，忘记过去的苦难可能招致未来的灾祸。我不是斗士，我是法官，中国的法官。

二、《大宅门》选段《誓者》（节选）

（旁白）1937年7月，七七事变的半个月后，北平落到了日本人手中。大汉奸王喜光找到了白家七老爷白景琦，请他为日本人出任药行商会的会长。正当七爷进退两难之际，白家三老太爷白颖宇却主动提出他自己要来担任这个会长。喜出望外的王喜光立马召集了全北平药行的人为三老太爷举办"登基"大会。当天在会场的一角，余记药行的余八爷向白景琦发难了。

余八爷：你还甭说，白家出了个老汉奸，这回可真风光！

白景琦：余八爷，甭站着说话不腰疼！

余八爷：哟，听出来啦！我的腰不疼，我没冲日本人弯腰……

白景琦：你！各家都有各家的难处，我三叔这样做是迫不得已……

余八爷：好！迫不得已……白老七，听说你妈死了以后，她养的那条哈巴狗三天没吃食，生生给饿死了。我怎么觉得你三叔还不如那条狗呢？！

白景琦：你说的这也是人话？！

余八爷：那我该怎么说啊！我给您请个安？恭喜您白七爷，恭喜白家出了个大汉奸？

白景琦：我三叔也是为了我才背的这个黑锅……

余八爷：那就是您不如狗。

白景琦：我抽你！

余八爷：我他妈抽你！白老七，我一向敬重你是一条汉子，我就闹不明白，白家这是怎么了！

（旁白）正当二人争吵不休之际，台上的王喜光，开口说话了。

王喜光：我说，好几年了，群龙无首，今儿个，白老太爷荣任咱们药行商会的会长，这可是皇军点了头的，得嘞，下面就请白颖宇老先生给咱们训话！

白颖宇：（紧接）训话可不敢，人老啦，离不开两口酒，还有这点儿酱肉。大伙儿瞧我往这儿一站，心里准说，瞧这老汉奸嘿！这么大岁数了，他就不嫌害臊！是不是啊王副会长？

王喜光：咳！您这说的哪儿的话儿啊！您这也是给大伙儿办事儿！

白颖宇：哼，人生一世，图个什么？吃喝玩乐啊！抽大烟、逛窑子，山珍海味，绫罗绸缎，有钱！干什么都成！

王喜光：哎对！对！白会长说得对！

白颖宇：可就有一样儿不能干，就是不能当汉奸！

王喜光：嗯？

白颖宇：我这个会长一上台，得先立几条规矩。头一条，甭管谁家的方子，收好喽！绝不能交给日本人！第二条，各号凡是在卖日本药的，都给我扔出去！别拿人家的拐子打自个儿的腿！这第三条，宁可挨千刀万剐，不做亡国奴！

王喜光：白……白颖宇！你这是抗日宣传，蛊惑人心！

白颖宇：王喜光！我儿子在重庆给日本鬼子的炸弹炸死了！我要是当了这个汉奸，我对不住我儿子，我！

王喜光：快来人！快来人！把他给我绑喽！

白颖宇：你们给我起开！用不着你们抓我！看看我这吃的是什么？烟膏子，大烟膏子就酒，小命立时没有。我活这么大岁数了，福也享了，孽也造了，我死而无怨！

（旁白）就在三老太爷走后的第二天，白景琦当着全族老少的面儿立下了遗嘱。

白景琦：三老太爷走了，他走得惊天动地！大伙儿谁心里头都跟明镜儿似的，日本鬼子他不会放过我，不就是个死吗！我不怕死，可这死了以后的事儿我不放心！我要立遗嘱！我，白景琦，光绪六年生人，自小顽劣，不服管教，闹私塾、打兄弟、毁老师，无恶不作。长大成人更是肆无忌惮！这辈子除了我妈，我没向谁弯过腰，我没向谁低过头！如今，日本鬼子打到了咱家门口，逼死了三老太爷，我立誓，宁死不当亡国奴！我死以后，本族老少如有与日本鬼子通同一气者，人人可骂之；我死以后，如有与日本鬼子通同一气者，人人可诛之；我死以后，如有与日本鬼子通同一气者，就照着我这口刀说话！立遗嘱人，白景琦。

第十九单元　曲艺——行云流水

一、单弦——半说半唱

《春景》唱词

春至河开，绿柳时来。

梨花放蕊，桃杏花开，遍地萌芽在土内埋。（过板）

农夫锄刨耕春麦，牧牛童儿就在竹（卧牛）竹篱外。

渔翁江心撒下网，单等那打柴的樵夫畅饮开怀。

《风雨归舟》唱词

卸职入深山，隐云峰受享清闲。

闷来时抚琴饮酒山崖以前。

忽见那西北乾天风雷起，乌云滚滚黑漫漫。

唤童儿收拾瑶琴至草亭间。

忽然风雨骤，遍野起云烟。

吧嗒嗒的冰雹把山花儿打，咕噜噜的沉雷震山川。

风吹角铃当啷啷地响，唰啦啦啦大雨似涌泉。

山洼积水满，涧下似深潭。

霎时间雨住风儿寒，天晴雨过，风消云散，

急忙忙驾小船，登舟离岸至河间。

抬头看，望东南，云走山头碧亮亮的天。

长虹倒挂在天边外，碧绿绿的荷叶衬红莲。

我打上来那滴溜溜的金丝鲤，唰啦啦啦放下了钓鱼竿。

320

摇桨船拢岸，弃舟至山前。

唤童儿放花篮，收拾蓑笠和鱼竿。

一半鱼儿在炉水煮，一半到那长街换酒钱。

二、京韵大鼓

《八爱》

花明柳媚爱春光，

月朗风清爱秋凉，

年少的那个佳人，她也爱才子，

年老双亲爱儿郎。

善人之家爱节烈，英雄到处爱豪强。

那龙爱大海长流水呀，

那虎爱深山在那涧下藏。

《风雨归舟》

过山林狂风如吼，冷嗖嗖，

堪堪的大雨临了头。

望江天，电掣雷鸣一阵阵地风骤。

获金鳞，渔翁摆桨荡归舟。

唰啦啦，风遍山川摇草木，

辨不出来镇店与林丘。

我也顾不得，绿柳村头得鱼换酒。

遥望见那一只小舟儿，

悠荡荡，荡悠悠，悠悠荡荡，荡荡悠悠，

恰好似那一叶儿飘飘就在水面浮。

我才好容易庤鱼曳缆忙然登了岸，

我猛回头，见一个贪午睡的小牧童儿他在那雨地里啼哭，

他是光景去找牛。

三、贯口、绕口令

《报菜名》（节选）

有蒸羊羔儿、蒸熊掌、蒸鹿尾儿、烧花鸭、烧雏鸡、烧子鹅、卤猪、卤鸭、酱鸡、腊肉、松花小肚儿、晾肉、香肠、什锦苏盘儿、熏鸡白肚儿、清蒸八宝猪、江米酿鸭子、罐儿野鸡、罐儿鹌鹑、卤什件儿、卤子鹅、山鸡、兔脯、菜蟒、银鱼、清蒸哈什蚂、烩腰丝、烩鸭腰儿、烩鸭条儿、清拌鸭丝儿、黄心管儿、焖白鳝、焖黄鳝、豆豉鲶鱼、锅烧鲤鱼、锅烧鲶鱼、清蒸甲鱼、抓炒鲤鱼、抓炒对虾、软炸里脊、软炸鸡！

《在苏州》

在苏州，有一个，六十六条胡同口，那里住着一个六十六岁的刘老六。他家有六十六座好高楼，在那楼上有六十六篓桂花油，篓上蒙着六十六匹绿绉绸，绸上绣着六十六个大绒球。楼底下钉着六十六根檀木轴。在那轴上拴着六十六条大青牛。牛旁边蹲着六十六个大马猴。这个刘老六，他坐门口把那牛头啃，打南边来了（这么）两条狗。两条狗，抢骨头，抢成仇，碰倒了六十六座好高楼，碰洒了六十六篓桂花油，油了那六十六匹绿绉绸，脏了那六十六个大绒球，拉躺下六十六根儿檀木轴，吓惊了六十六条大青牛，吓跑了六十六个大马猴。这正是，狗啃油篓篓油漏，狗不啃油篓篓不漏油。

《满天星》

天上看，满天星，地下看，有个坑，坑里看，有盘冰。

坑外长着一老松，松上落着一只鹰，鹰下坐着一老僧，僧前点着一盏灯，灯前搁着一部经，墙上钉着一根钉，钉上挂着一张弓。

说刮风，就刮风，刮得那男女老少难把眼睛睁。

刮散了天上的星，刮平了地下的坑，刮化了坑里的冰，刮断了坑外的松，刮飞了松上的鹰，刮走了鹰下的僧，刮灭了僧前的灯，刮乱了灯前的经，刮掉了墙上的钉，刮翻了钉上的弓。

只刮得：星散、坑平、冰化、松倒、鹰飞、僧走、灯灭、经乱、钉掉、弓翻的一个绕口令。

《六十六岁刘老六》

六十六岁刘老六，修了六十六座走马楼，

楼上摆了六十六瓶苏合油，门前栽了六十六棵垂杨柳，

柳上拴了六十六个大马猴。

忽然一阵狂风起，

吹倒了六十六座走马楼，

打翻了六十六瓶苏合油，

压倒了六十六棵垂杨柳，

吓跑了六十六个大马猴，

气死了六十六岁刘老六。

《十八愁》

数九寒天冷风嗖，年年春打六九头，正月十五龙灯会，一对狮子滚绣球。三月三王母娘娘蟠桃会，孙悟空大闹天宫把仙桃偷。五月当五端阳节，白蛇许仙不到头。七月初七天河配，牛郎织女泪双流。八月十五云遮月，月里嫦娥犯忧愁。要说愁，净说愁，一气儿说上十八愁，虎也愁，狼也愁，象也愁，鹿也愁，羊也愁，牛也愁，骡子也愁马也愁，猪愁，狗愁，鸭愁，鹅愁，蛤蟆愁，螃蟹愁，蛤蜊愁，乌龟愁，鱼愁，虾愁，各自有分由。虎愁不敢下高山，狼愁野心不改耍滑头，象愁鼻长皮又厚，鹿愁脑袋七叉八叉长犄角，羊愁从小长胡子，牛愁愁得犯牛轴，马愁背鞍行千里，骡愁愁得一世休，狗愁改不了净吃屎，猪愁离不开臭水沟，鸭子愁得扁了嘴，鹅

323

愁脑袋长个大崩儿头，蛤蟆愁了一身脓包疥，螃蟹愁愁得净横搂，蛤蜊愁闭关自守，乌龟愁不敢出头，鱼愁出水不能走，虾米愁空枪乱扎没准头。

《化肥会挥发》

化肥会挥发；

黑化肥发灰，灰化肥发黑；

黑化肥发灰，会挥发；灰化肥发挥，会发黑；

黑化肥挥发发灰，会挥发；灰化肥挥发发黑，会发挥；

黑灰化肥，会挥发发灰，黑化肥挥发；

灰黑化肥，会挥发发黑，灰化肥发挥。

黑灰化肥，会挥发发灰，黑化肥，黑灰挥发化为灰；

灰黑化肥，会挥发发黑，灰化肥，灰黑发挥化为黑。

黑化黑灰化肥，黑灰会挥发发灰，黑化肥黑灰化肥挥发；

灰化灰黑化肥，灰黑会发挥发黑，灰化肥灰黑化肥发挥。

第二十单元 歌曲——声随情动

小 草

歌剧《芳草心》主题歌

向 彤 何兆华 词
王祖皆 张卓娅 曲

1=F 2/4

中速 纯朴地

‖: (6̣ 3 6̣ 3 | 1 3 6̣ 3 | 6̣ 3 6̣ 3 | 1 3 6̣ 3) ‖

6 6 1 7̣ | 6· 0 | 6 6 3 2 | 3· 0 | 3 3 5 3 | 2 2 1 7̣ 7̣ | 6̣ 0 5̣ |
没有花 香， 没有树 高， 我是一棵无人知道的小

3̣· 0 | 6̣ 6̣ 1 7̣ | 6̣· 0 | 6̣ 6̣ 3 2 | 3· 0 |
草； 从不寂 寞， 从不烦 恼，

3 3 5 3 | 2 2 2 1 | 7̣ 6̣ 6̣ 5̣ | 6̣· 0 |
你看我的 伙伴遍及 天涯海 角。

‖: 7̣ 6̣ 3 | 7̣ 6̣ 3 | 5̣ 6̣ 6̣ #4̣ | 3 - | 7̣ 6̣ 3 | 7̣ 6̣ 3 | 5̣ 6̣ 6̣ #4̣ |
　春风啊春风你把我吹 绿，阳光啊阳光你把我照

3 - | 2 2 6̣ | 2 2 4 | 3 2 2 1 | 2 - |
耀， 河流啊山川你哺 育了 我，

2 2 6̣ | 1 1 0 2 | 7̣ 6̣ 6̣ 5̣ | 6̣ - ‖
大地啊母亲 把我紧紧拥 抱。

摇 篮 曲

1=♭A 4/4

行板

pp

[奥]克劳谛乌斯 词
舒 伯 特 曲
尚 家 骥 译配

3 5 2·3 4 | 3 3 2 1 7 1 2 5 | 3 5·5 2·3 4 | 3 3 2 3 4 2 1 0 |

睡 吧！睡 吧！我亲爱的宝贝，妈妈的双手轻轻摇着你，
睡 吧！睡 吧！我亲爱的宝贝，妈妈的手臂永远保护你，
睡 吧！睡 吧！我亲爱的宝贝，妈妈爱你妈妈喜欢你，

2· 2 3·2 1 | 5 65 4 3 2 5 | 3 5 2·3 4 | 3 3 2 3 4 2 1 0 ‖

摇篮摇你快 快安睡，夜已安 静，被里多温 暖。
世上一切幸 福愿望，一切温 暖，全都属于你！
一束百合，一 束玫瑰，等你睡 醒，妈妈都给你。

送 别

1=♭E 4/4

中速

mf

[英]J.P.奥特威 曲
李 叔 同 填词

5 3 5 i - | 6 i 6 5 - | 5 1 2 3 2 1 | 2 - - 0 |

长 亭 外， 古 道 边， 芳 草 碧 连 天；

5 3 5 i· 7 | 6 i 5 - | 5 2 3 4· 7 | 1 - - 0 |

晚 风 拂 柳 笛 声 残， 夕 阳 山 外 山。

6 i i - | 7 6 7 i - | 6 7 i 6 6 5 3 1 | 2 - - 0 |

天 之 涯， 地 之 角， 知 交 半 零 落；

5 3 5 i· 7 | 6 i 5 - | 5 2 3 4· 7 | 1 - - 0 |

一 壶 浊 酒 尽 余 欢， 今 宵 别 梦 寒！

5 3̲5̲ i̇ - | 6 i̇ 5 - | 5 1̲2̲ 3 2̲1̲ | 2 - - 0 |

长 亭 外, 古 道 边, 芳 草 碧 连 天;

5 3̲5̲ i̇. 7̲ | 6 i̇ 5 - | 5 2̲3̲ 4. 7̲ | 1 - - 0 ‖

晚 风 拂 柳 笛 声 残, 夕 阳 山 外 山。

满 江 红

1=F 4/4

[宋]岳飞 词

古 曲

慢板

mf

3 5 5̲6̲1 | 2 3̲2̲1. 0 | 6̣ 5̲6̲1 2 3 5 | 2 - - 0 | 3 1̲3̲5. 6̣ |

怒 发 冲 冠, 凭 栏 处, 潇 潇 雨 歇。 抬 望 眼,

i̇ 5 6̲3̲ 2. 3 | 1. 3̲ 2̲1̲6̣ 5̣. 0 | 5 5̲6̲ 3 3̲1̲ | 2. 3̲ 2. 0 |

仰 天 长 啸, 壮 怀 激 烈。 三 十 功 名 尘 与 土,

3. 5̲ i̇ 6̲5̲ | 3 2̲3̲2̲1. 0 | *mp* 5̣ 1̲ 2 3 5 | 1. 2̲ 3. 0 |

八 千 里 路 云 和 月。 莫 等 闲, 白 了 少 年 头,

渐慢

2 1̲6̲ 5̣ - | 5̲(5̲ 5̲ 5̲ 5̲ 5̲ 6̲ 1̲ 2̲) | 原速 5 - 5̲6̲1 | 2 3̲2̲1. 0 |

空 悲 切! 靖 康 耻, 犹 未 雪,

6̣ 5̲6̲ 1̲2̲3̲5̲ | 2 - - 0 | 3 1̲3̲5. 6̣ | i̇ 5 6̲3̲ 2. 3̲ |

臣 子 恨,何 时 灭! 驾 长 车, 踏 破

mf

1. 3̲ 2̲1̲6̣ 5̣. 0 | 5 5̲6̲ 3 3̲1̲ | 2. 3̲ 2. 0 | 3̄ 5̲6̲ i̇ 6̲5̲ |

贺 兰 山 缺。 壮 志 饥 餐 胡 虏 肉, 笑 谈 渴 饮

匈 奴 血。 待 从 头 收 拾 旧 山 河，

渐慢

朝 天 阙。

喀 秋 莎

伊萨科夫斯基　词
[前苏]勃兰切尔　曲
塞柏 译配

1=G 2/4

正 当 梨 花 开 遍 了 天 涯， 河 上 飘 着 柔 曼 的 轻 纱；
姑 娘 唱 着 美 妙 的 歌 曲， 她 在 歌 唱 草 原 的 雄 鹰；
驻 守 边 疆 年 轻 的 战 士， 心 中 怀 念 遥 远 的 姑 娘；

喀 秋 莎 站 在 峻 峭 的 岸 上， 歌 声 好 像 明 媚 的 春 光。
她 在 歌 唱 心 爱 的 人 儿， 她 还 藏 着 爱 人 的 书 信。
勇 敢 战 斗 保 卫 祖 国， 喀 秋 莎 爱 情 永 远 属 于 他。

嘎 达 梅 林

内蒙古民歌

1=D 4/4

中速稍慢

1. 南 方 飞 来 的 小 鸿 雁 啊， 不 落 长 江 不 呀 不 起 飞，
2. 北 方 飞 来 的 小 鸿 雁 啊， 不 落 长 长 江 不 呀 不 起 飞，
3. 天 上 的 鸿 雁 从 南 往 北 飞， 是 为 了 太 阳 的 温 暖 哟，
4. 天 上 的 鸿 雁 从 北 往 南 飞， 是 为 了 躲 避 北 海 的 寒 冷 哟，

5 6 5 3̲5̲ | 5 6 1 6̲·6̲ | 1 6̲1̲5 6 | 2·3̲3̲5 1 | 6 - - - ‖

要说起义的｜
要说造反的｜1.2.嘎达梅林，是为了　蒙古　人　民的土　　地。
对抗王爷的｜
造反起义的｜3.4.嘎达梅林，是为了　蒙古　人　民的利　　益。

大海啊，故乡

故事片《大海在呼唤》主题歌

王立平 词曲

1=C 3/4

稍缓慢 深情地

(5̲ 6̲ 5· 3̲ | 5̲ 6̲ 5 - | 6̲ 5̲ 4̲ 1̲ 6̲ 5̲ | 5 - - |

3̲ 4̲ 3· 2̲1̲ | 6̲ 2̲ 2 - | 4̲ 5̲ 4̲ 3̲ 1̲ 6̲ | 1 - -)

1̲ 2̲ 1· 7̲6̲ | 5̲ 3̲ 3 - | 3̲ 4̲ 3· 2̲1̲ | 6̲ 2̲ 2 -

小时候 妈妈对我讲，　大　海　就是我故乡，

7̲ 1̲ 7· 6̲5̲ | 5̲ 2̲ 2 - | 4· 3̲ 1̲ 6̲ | 1 - -

海　边　　出　生，　海　里成　长。

5̲ 6̲ 5· 3̲ | 5̲ 6̲ 5 - | 6̲ 5̲ 4̲ 1̲ 6̲ 5̲ | 5 - -

大　海　呀大　海，　是我生活的地　方，

3̲ 4̲ 3· 2̲1̲ | 6̲ 2̲ 2 - | 4̲ 5̲ 4̲ 3̲ 1̲ 6̲ | 1 - -

海风吹，　海浪涌，　随我漂流四　方。

5̲ 6̲ 5· 3̲ | 5̲ 6̲ 5 - | 6̲ 5̲ 4̲ 1̲ 6̲ 5̲ | 5 - -

大　海　呀大　海，　就像妈妈一　样，

3̲ 4̲ 3· 2̲1̲ | 6̲ 2̲ 2 - | 4̲ 5̲ 4̲ 3̲ 1̲ 6̲ | 1 - - ‖

走遍天涯海角，　总在我的身　旁。

329

附　　录

附录 1　　30 分钟练声计划

一、身体运动

（一）头部运动（点头、绕头）

（二）扩胸运动（单侧、双侧）

（三）腹背运动

（四）蹲起运动（原地、跳起）

（五）踝关节运动

二、口部操

（一）牙关

1. 张口、闭口咀嚼 10 秒×2 次（口部松弛，舌头自然放平）

2. 半打哈欠 5 次

3. 咬苹果 10 次

（二）唇

1. 双唇打响 30 次

2. 喷唇 30 次

3. 噘唇（前后、上下、左右）

4. 绕唇（顺、逆时针）

5. 打嘟噜

（三）舌

1. 伸舌　2. 舌打响　3. 顶舌　4. 绕舌　5. 立舌

三、开嗓

（一）气泡音

闭口、开口各 15 秒

（二）轻声哼鸣

"m" 20s

（三）低音发声

1. 长 "a" 音 15s

2. 长 "u" 音 10s

3. 长 "i" 音 20s~30s

四、气息训练

（一）快吸慢呼：吸气后发长音 i、s、u 等。

（二）慢吸慢呼：吸气——闻花香　呼气——s

（三）数枣

出东门，过大桥，大桥底下一树枣，拿着竿子去打枣。青的多，红的少。一个枣，两个枣……十个枣。十个枣，九个枣……两个枣，一个枣。这是一个绕口令儿，一口气说完才算好，才算好！

（四）喊数：123　321　1234567　7654321（**重复进行**）

（五）膈肌弹发训练："嘿哈"（"狗喘气"亦可）

（六）成语夸张朗读

五、声音弹性训练

（一）花红柳绿，春色满园（或中国伟大，山河美丽）

（二）拔音练习：a、i、u 由低向高滑动，再从高向低滑动

（三）绕音练习：a、i、u 绕音，螺旋式上绕、下绕练习

六、声母训练（绕口令）

（一）双唇音 b p m

八百标兵奔北坡，炮兵并排北边跑。炮兵怕把标兵碰，标兵怕碰炮兵炮。

白庙外蹲着一只白猫，白庙里有一顶白帽。白庙外的白猫看见了白庙里的白帽，叼着白庙里的白帽跑出了白庙。

一平盆面，烙一平盆饼，饼碰盆，盆碰饼。

（二）唇齿音 f

粉红墙上画凤凰，凤凰画在粉红墙。红凤凰、粉凤凰、红粉凤凰、花凤凰。

（三）舌尖中音 d t n l

调到敌岛打特盗，特盗太刁投短刀。挡推顶打短刀掉，踏盗得刀盗打倒。

牛郎年年恋刘娘，刘娘连连念牛郎。牛郎恋刘娘，刘娘念牛郎，郎恋娘来娘念郎。

白石塔，白石搭，白石搭石塔，白塔白石搭，搭好白石塔，白塔白又大。

（四）舌尖前音 z c s

早晨早早起，早起做早操。人人做早操，做操身体好。

山前有个崔粗腿，山后有个崔腿粗。二人山前来比腿，不知是崔粗腿比崔腿粗的腿粗，还是崔腿粗比崔粗腿的腿粗。

上桑山，砍山桑，背着山桑下桑山。

（五）舌尖后音 zh ch sh r

史老师，讲时事，常学时事长知识。时事学习看报纸，报纸登的是时事。常看报纸要多思，心里装着天下事。

四是四，十是十，十四是十四，四十是四十。谁说十四是时事，就打谁十四；谁说四十是事实，就打谁四十。

三山撑四水，四水绕三山。三山四水春常在，四水三山四时春。

（六）舌面音 j q x

七巷一个漆匠，西巷一个锡匠。七巷漆匠用了西巷锡匠的锡，西巷锡匠拿了七巷漆匠的漆。七巷漆匠气西巷锡匠用了漆，西巷锡匠讥七巷漆匠拿了锡。

氢气球，气球轻，轻轻气球轻擎起，擎起气球心欢喜。

（七）舌根音 g k h

哥挎瓜筐过宽沟，赶快过沟看怪狗。光看怪狗瓜筐扣，瓜滚筐空哥怪狗。

七、韵母诗词练习（十三辙）

（一）发花辙 a ia ua

《泊秦淮》 杜牧（唐）

烟笼寒水月笼沙，夜泊秦淮近酒家。

商女不知亡国恨，隔江犹唱后庭花。

（二）梭波辙 o e uo

《咏鹅》 骆宾王（唐）

鹅鹅鹅，曲项向天歌。

白毛浮绿水，红掌拨清波。

（三）乜斜辙 ê ie üe

《村夜》 白居易（唐）

霜草苍苍虫切切，村南村北行人绝。

独出门前望野田，月明荞麦花如雪。

《江雪》 柳宗元（唐）

千山鸟飞绝，万径人踪灭。

孤舟蓑笠翁，独钓寒江雪。

（四）遥条辙 iao ao

《春晓》孟浩然（唐）

春眠不觉晓，处处闻啼鸟。

夜来风雨声，花落知多少。

（五）一七辙 i ü

《江畔独步寻花》杜甫（唐）

黄四娘家花满蹊，千朵万朵压枝低。

留连戏蝶时时舞，自在娇莺恰恰啼。

（六）姑苏辙 u

《悯农》李绅（唐）

锄禾日当午，汗滴禾下土。

谁知盘中餐，粒粒皆辛苦。

（七）怀来辙 ai uai

《题菊花》黄巢（唐）

飒飒西风满院栽，蕊寒香冷蝶难来。

他年我若为青帝，报与桃花一处开。

（八）灰堆辙 ei uei

《渔歌子》张志和（唐）

西塞山前白鹭飞，桃花流水鳜鱼肥。

青箬笠，绿蓑衣，斜风细雨不须归。

《凉州词》王瀚（唐）

葡萄美酒夜光杯，欲饮琵琶马上催。

醉卧沙场君莫笑，古来征战几人回？

（九）油求辙 iou ou

《黄鹤楼送孟浩然之广陵》李白（唐）

故人西辞黄鹤楼，烟花三月下扬州。

孤帆远影碧空尽，唯见长江天际流。

（十）言前辙 an ian uan üan

《望庐山瀑布》李白（唐）

日照香炉生紫烟，遥看瀑布挂前川。

飞流直下三千尺，疑是银河落九天。

《凉州词（其一）》王之涣（唐）

黄河远上白云间，一片孤城万仞山。

羌笛何须怨杨柳，春风不度玉门关。

（十一）人辰辙 en in uen ün

《送元二使安西》王维（唐）

渭城朝雨浥轻尘，客舍青青柳色新。

劝君更尽一杯酒，西出阳关无故人。

《清明》杜牧（唐）

清明时节雨纷纷，路上行人欲断魂。

借问酒家何处有？牧童遥指杏花村。

（十二）江阳辙 ang iang uang

《静夜思》李白（唐）

床前明月光，疑是地上霜。

举头望明月，低头思故乡。

（十三）中东辙 eng ing ong iong ueng

《江南春》杜牧（唐）

千里莺啼绿映红，水村山郭酒旗风。

南朝四百八十寺，多少楼台烟雨中。

《赠汪伦》李白（唐）

李白乘舟将欲行，忽闻岸上踏歌声。

桃花潭水深千尺，不及汪伦送我情。

八、声调

（一）双字词

1. 阴阴：西安　江山　播音　青春　参加
　　　　班车　咖啡　工兵　拥军　丰收

2. 阴阳：发达　安全　发言　新闻　宫廷
　　　　坚决　鲜明　资源　飘扬　高潮

3. 阴上：争取　发展　听讲　班长　刚果
　　　　生长　黑板　公款　艰苦　歌舞

4. 阴去：庄重　播送　中外　通信　规范
　　　　单位　希望　方向　超越　拥政

5. 阳阴：国歌　长江　蓝天　农村　联欢
　　　　革新　围巾　原封　航空　明星

6. 阳阳：国旗　答题　滑翔　人民　模型
　　　　流传　驰名　儿童　联合　源泉

7. 阳上：泉水　遥远　难免　平坦　明朗
　　　　黄海　防守　平等　勤恳　狭小

8. 阳去：模范　革命　球赛　林业　豪迈
　　　　辽阔　繁重　雄厚　局势　同志

9. 上阴：广播　演出　指标　讲师　统一
　　　　法医　许多　展开　曙光　养生

10. 上阳：朗读　可能　主持　谴责　统筹
　　　　普及　解决　敏捷　反常　久违

11. 上上：领导　厂长　土壤　广场　表演
　　　　展览　北海　爽朗　勉强　总理

12. 上去：典范　挑战　诡辩　土地　主要
　　　　写作　水稻　恐怕　本位　解放

13. 去阴：爱心　认真　录音　办公　矿工
　　　　卫星　下乡　列车　气温　印刷
14. 去阳：任何　地球　化学　自然　特别
　　　　措辞　树林　戒严　电台　未来
15. 去上：历史　探险　电影　耐久　运转
　　　　剧本　信仰　外语　翅膀　戏曲
16. 去去：大厦　对话　报告　例会　胜利
　　　　画像　自传　塑料　告状　宴会

（二）成语

中国伟大　山河美丽　精神百倍　资源广阔
中流砥柱　逍遥法外　千锤百炼　心明眼亮
心直口快　深谋远虑　颠来倒去　风狂雨骤
花团锦簇　兵强马壮　花红柳绿　风调雨顺
胸怀坦荡　光明磊落　高扬转降　阴阳上去
优柔寡断　阴谋诡计　身强体壮　开渠引灌

（三）声韵歌

学好声韵辨四声，阴阳上去要分明，
部位方法须找准，开齐合撮属口形。
双唇班抱必百波，抵舌当地斗点钉，
舌根高狗工耕故，舌面机结教坚精。
翘舌主争真志照，平舌资责早在增。
擦音发翻飞分复，送气查柴产彻称。
合口忽午枯胡鼓，开口河坡哥安争，
嘴撮虚学寻徐剧，齐齿衣优摇业英。
抵颚恩音烟弯稳，穿鼻昂迎中拥生。
咬紧字头归字尾，不难达到纯和清。

九、段子练习

（一）京剧《卖水》（节选）

清早起来什么镜子照？梳一个油头什么花香？脸上擦的是什么花粉？口点的胭脂是什么花红？（数板）清早起来菱花镜子照，梳一个油头桂花香，脸上擦的是桃花粉，口点的胭脂是杏花红。（流水）什么花姐？什么花郎？什么花的帐子？什么花的床？什么花的枕头床上放？什么花的褥子铺满床？（数板）红花姐，绿花郎，干枝梅的帐子，象牙花的床，鸳鸯花的枕头床上放，木樨花的褥子（散板）铺满床！

（二）《十道黑》

一道儿黑，两道儿黑，三四五六七道儿黑，八道儿九道儿十道儿黑。我买了个烟袋儿乌木杆儿，我是掐着它的两头儿那么一道儿黑。二兄弟描眉来演戏，照着他的镜子那么两道儿黑。粉皮儿墙，写川字儿，横瞧竖瞧三道儿黑。象牙桌子乌木腿儿，把它放着在那炕上那么四道儿黑。我买了一只母鸡不下蛋，把它搁着在那笼里捂（五）到黑。挺好的骡子不吃草，把它牵着在那街上遛（六）到黑。买了一只小驴儿不套磨，把它背上它的鞍鞯骑（七）到黑。二姑娘南洼去割菜，丢了她的镰刀拔（八）到黑。月窠儿的小孩儿得了病，团几个艾球灸（九）到黑。卖瓜子儿的打瞌睡，哗啦啦啦撒了这么一大堆，他的扫帚、簸箕不凑手儿，那么一个儿一个儿拾（十）到黑。

十、稿件练习

新闻、文学作品、歌曲等自选内容。

提示：

每个人要结合自身的语音问题和发声情况选择训练材料和训练方法。练声切忌"千篇一律"，要为自己"定制"一份适合自己的练声计划。

附录2　汉语拼音字母与国际音标对照表

声母表

		双唇音		唇齿音	舌尖前音（齿音）	舌尖中音（龈音）		舌尖后音		龈腭音	软腭音	
		清音	浊音	清音	清音	清音	浊音	清音	浊音	清音	清音	浊音
鼻音		m[m]					n[n]					ng[ŋ]
塞音	不送气	b[p]				d[t]					g[k]	
	送气	p[pʰ]				t[tʰ]					k[kʰ]	
塞擦音	不送气				z[ts]			zh[ʈʂ]		j[tɕ]		
	送气				c[tsʰ]			ch[ʈʂʰ]		q[tɕʰ]		
擦音				f[f]	s[s]			sh[ʂ]	r[r]	x[ɕ]	h[x]	
边音						l[l]						

注：浊音 ng 不能作声母，只参与构成后鼻音韵母。

韵母表（宽式标音）

	开口呼	齐齿呼	合口呼	撮口呼
单韵母		i/i/	u/u/	ü/y/
	a/a/			
	o/o/			
	e/ɤ/或/ə/（轻声）			
	ê/ɛ/			
	er/ər/			
	–i（前）/ɿ/			
	–i（后）/ʅ/			
复韵母	ai/ai/ ao/au/	ia/ia/iao/iau/	ua/ua/ uai/uai/	
	ei/ei/		uei/uei/	
	ou/ou/	iou/iou/	uo/uo/	
		ie/iɛ/		üe/yɛ/

	开口呼	齐齿呼	合口呼	撮口呼
鼻韵母	an/an/	ian/ian/	uan/uan/	üan/yan/
	en/ən/		uen/uən/	
		in/in/		ün/yn/
	ang/aŋ/	iang/iaŋ/	uang/uaŋ/	
	eng/əŋ/	ing/iŋ/	ueng/uəŋ/	
			ong/uŋ/	iong/yŋ/

/a/ /o/ /e/ /i/ /u/ /y/ 的音位变体和语境

1. /a/ 的音位变体

（1）用［a］：ai、uai、an、uan

（2）用［A］：ia、ua 和跟在辅音后或单独使用

（3）用［ɑ］：ang、iang、uang、ao、iao

（4）用［ɛ］：ian（yan）

（5）用［æ］：üan（yuan）

（6）用［ɐ］：儿化音节中

2. /o/ 的音位变体

（1）用［o］：o、ou、iou（iu）、uo

（2）用［ʊ］：ao、iao、ong、iong

注：ou［əʊ］、iou［iəʊ］

3. /e/ 的音位变体

（1）用［ɤ］：单独使用或跟在辅音后

（2）用［e］：ei、uei（ui）

（3）用［ə］：en、eng、uen（un）、ueng、er

4. /i/ 的音位变体

（1）用［ɿ］：跟在 z、c、s 后

（2）用［ʅ］：跟在 zh、ch、sh、r 后

（3）用［j］：齐齿呼零声母音节起始位置

（4）用［ɪ］：ai、ei、uai、uei（ui）的韵尾

（5）用 ［i］：其他

5. /u/的音位变体

（1）用 ［ʊ］：ou、iou（you）、ao、iao（yao）的韵尾

（2）用 ［w］：合口呼零声母音节起始位置

（3）用 ［u］：其他

6. /ü/的音位变体

（1）用 ［y］：其他

（2）用 ［ɥ］：撮口呼零声母音节起始位置

参 考 书 目

国家语言文字工作委员会普通话培训测试中心编：《普通话水平测试实施纲要》，商务印书馆，2004。

张颂主编：《中国播音学》，中国传媒大学出版社，2003。

徐恒：《播音发声学》，中国传媒大学出版社，1999。

伍振国：《影视表演语言技巧》，中国广播电视出版社，2006。

王璐、吴洁茹编著：《语音发声》，中国传媒大学出版社，2014。

王峥编著：《语音发声科学训练》，中国传媒大学出版社，2014。

曾志华、吴洁茹、熊征宇、潘洁编：《普通话训练教程》，中国传媒大学出版社，2012。

［意］弗·兰皮尔蒂等：《嗓音遗训》，李维渤译，上海音乐出版社，2005。

林焘、王理嘉：《语音学教程》，北京大学出版社，2013。

王力：《汉语诗律学》，中华书局，2015。

王力：《汉语音韵学》，中华书局，2014。

黄伯荣、廖序东主编：《现代汉语》，高等教育出版社，2011。

胡裕树主编：《现代汉语》，上海教育出版社，2011。

林鸿编著：《普通话语音与发声》，浙江大学出版社，2014。

［英］梅丽贝丝·邦奇：《歌唱动力学》，韩丽艳、蒋世雄译，中国广播电视出版社，2010。

王宝璋：《咽音技法与艺术歌唱》，人民音乐出版社，1988。

后　记

　　《播音主持艺术语音发声基础》一书在播音发声学既有的理论框架基础上增添了一些曲唱理论中的内容，如"四呼""五音""六部""十三辙"等；在声调部分介绍了诗词格律的基础知识……有声语言表达是对文字语言进行音声化的再创作过程，处处渗透着中华民族特有的文化基因和生命哲学，值得我们好好去体会、去思考、去感悟。希望播音主持爱好者、学习者和从业者对这些传统文化能有一个简单的了解。播音主持学习者和从业者也理应借力有声语言，继承和弘扬我们优秀的传统文化。当然，最好这本书还能激发大家的学习热情，从这里出发去探索汉语语言之美。

　　本书在编写过程中得到了很多朋友的支持和帮助，或是鼓励，或是批评，同为我的坚持助力！感谢我的朋友苏亚威协助我查找一些资料，并对本书进行了初步校对；感谢我的师哥杨帆，他的鼎力相助使得本书早日出版；感谢我的师弟樊维、陈钰和师妹张玲玲、刘倩伶对本书进行了认真的校对；感谢师弟陈钰和师妹梁子才淇、王若凡为本书录制了配套音频，为读者的训练提供了参考；感谢中国广播影视出版社的编辑王佳女士和刘雨桥女士为本书的编审和校对所付出的辛苦！

　　还要特别感谢中国传媒大学播音主持艺术学院曾志华和吴洁茹两位老师，感谢她们在教学、科研任务繁重的时候抽时间阅读书稿并提出了一些中肯的建议和意见。感谢我的父母对我的悉心照顾，在我需要安慰、帮助和理解的时候，他们从未缺席，他们是我在家连日敲击键盘时最重要的朋友。

我在书里对很多问题都提出了大胆的想法，部分观点或许还有些"冒进"，恳请您批评与指正！

最后，希望书前的你喜欢眼前的这本书。

许成龙

2021 年 5 月 4 日

作者电子邮箱：mrxchl@163.com